icve 智慧职教

高等职业教育在线开放课程
新形态一体化教材

高等职业教育商贸类专业群
电子商务类专业新目录·新专标配套教材

电子商务
法律法规

（第二版）

● 主　编　赵　莉　翟小可
● 副主编　王惠霞　林佳林

U0771746

新目录
新专标

中国教育出版传媒集团
高等教育出版社·北京

内容提要

　　本书是高等职业教育商贸类专业群电子商务类专业新目录·新专标配套教材，也是首批"十四五"广东省职业教育规划教材。

　　本书以电子商务活动中特定的法律法规为主线，准确把握电子商务法与其他法律法规的适用关系，基于校企合作、产教融合的理念编写而成。本书基于电子商务运营过程，融合、提炼、归纳了电子商务主体、电子商务合同、电子支付、电子商务物流、电子商务中的知识产权、电子商务安全、电子商务争议解决七大核心知识与技能体系，系统介绍了电子商务法律法规的基本原理、知识和技能，旨在培养学生电子商务法律法规的系统化思维和实践应用。

　　本书配有微课、视频、课件等类型丰富的数字化教学资源，并在智慧职教 MOOC 学院上开设了在线开放课程。教师如需获取本书授课用 PPT、电子教案、习题答案等配套资源，请登录"高等教育出版社产品信息检索系统"（xuanshu.hep.com.cn）免费下载。

　　本书可作为高等职业院校专科、本科电子商务、移动商务、网络营销与直播电商、农村电子商务、商务数据分析与应用、市场营销等财经商贸类专业的教材，也可供电子商务从业人员参考、学习、培训使用。

图书在版编目（CIP）数据

　　电子商务法律法规 / 赵莉，翟小可主编. -- 2版. --
北京：高等教育出版社，2025. 7. -- ISBN 978-7-04
-064666-5

　　Ⅰ. D922.294

　　中国国家版本馆CIP数据核字第2025LV3143号

电子商务法律法规（第二版）
DIANZI SHANGWU FALÜ FAGUI

| 策划编辑　王　沛 | 责任编辑　王　沛 | 封面设计　赵　阳 | 版式设计　杜微言 |
| 责任绘图　马天驰 | 责任校对　刘丽娟 | 责任印制　刘思涵 | |

出版发行	高等教育出版社		网　　址	http://www.hep.edu.cn
社　　址	北京市西城区德外大街 4 号			http://www.hep.com.cn
邮政编码	100120		网上订购	http://www.hepmall.com.cn
印　　刷	运河（唐山）印务有限公司			http://www.hepmall.com
开　　本	787mm×1092mm　1/16			http://www.hepmall.cn
印　　张	19.25		版　　次	2021 年 7 月第 1 版
字　　数	400千字			2025 年 7 月第 2 版
购书热线	010-58581118		印　　次	2025 年 7 月第 1 次印刷
咨询电话	400-810-0598		定　　价	49.80元

第二版前言

党的二十大报告提出："建设覆盖城乡的现代公共法律服务体系,深入开展法治宣传教育,增强全民法治观念。推进多层次多领域依法治理,提升社会治理法治化水平。"《中华人民共和国电子商务法》(以下简称《电子商务法》)于 2018 年 8 月 31 日第十三届全国人民代表大会常务委员会第五次会议通过,并于 2019 年 1 月 1 日起施行。《电子商务法》的出台有效地保障了电子商务各方主体的合法权益,规范了电子商务行为,维护了市场秩序,促进了电子商务行业持续健康发展。《中华人民共和国民法典》(以下简称《民法典》)于 2020 年 5 月 28 日第十三届全国人民代表大会第三次会议表决通过,并于 2021 年 1 月 1 日起施行,它对电子商务合同、侵权责任认定与处罚等方面提出了新的规定,为电商行业的创新发展提供了制度供给与法律保障。2023 年 7 月,国家互联网信息办公室公布了《生成式人工智能服务管理暂行办法》,有助于企业和个人在使用生成式人工智能工具时更加谨慎地对待信息的真实性和安全性问题。电子商务产业的快速发展以及电子商务法律法规的逐步完善,对电子商务人才的法律法规素质培养提出新的要求。

与此同时,随着《国家职业教育改革实施方案》的出台,职业教育进入了创新发展的新时代,《国家职业教育改革实施方案》强调产教融合、校企合作双元育人,及时将新技术、新工艺、新规范纳入教学内容。据此,2025 年 2 月,教育部发布了《职业教育专业教学标准(2025 年)》,将电子商务法律法规作为电子商务类专业毕业生必备的知识与技能;作为电子商务类专业的基础课程,电子商务法律法规成为人才培养中不可或缺的组成部分。

在电子商务产业快速发展与职业教育创新发展同频共振的时代背景下,深入贯彻习近平法治思想,全面落实党的二十大和二十届三中全会精神,弘扬社会主义法治精神,传承中华优秀传统法律文化,培养电子商务类专业人才的法律素养成为迫切需求。广东科学技术职业学院联合广东正拓律师事务所和珠海全人一类智造科技有限公司,采用校企合作双元开发的模式,以《电子商务法》为基础,吸纳《民法典》《中华人民共和国公司法》《中华人民共和国个人信息保护法》《快递市场管理办法》等最新法律法规,考虑与其他法律法规的衔接,以电子商务活动中特定的法律法规为主线,编写了本书。本书体现了以下特点:

1. 课程思政引领,重构电子商务类专业的法律法规价值体系

本书充分挖掘知识点中蕴含的思政教育元素,设计"案例直击""德技并修"专栏,有机融入社会主义核心价值观、法治意识和国家安全观、诚信经营意识和责任担当精神,弘扬社会主义法治精神,树立社会主义法治理念,培养遵纪守法、践行法律、捍卫公平正义的传承者。

2. 前瞻实用,基于运营实际重构电子商务法律法规的内容体系

本书内容以《电子商务法》为基础,准确把握《电子商务法》与其他法律法规的适用关系,基于电子商务运营过程,设置素养目标、知识目标和能力目标三维目标,对接电子商务类专业目标岗位的素养要求,对接新版专业教学标准,服务学生成长成才和就业创业;帮助学生养成遵法守纪、崇德向善、诚实守信的职业精神,使其履行道德准则和行为规范,培养其强烈的社会责任感和社会参与意识,最终引导学生成为德智体美劳全面发展的社会主义建设者和接班人。

3. "模拟法庭"演绎以案说法,帮助学生内化知识、提升技能

目前,网络上有关电子商务法的原理与相关知识呈现出纷繁庞杂且碎片化的特点,不能充分满足人才培养的需要。本书依照企业电子商务运营实际情形,科学合理地梳理出国内外电子商务法律和政策体系,设置了"案例直击""实务拓展"和"法条速递"等栏目,运用案例剖析法律条文;设计"模拟法庭"实训,促成学生学以致用,使之更加符合技术技能人才成长规律和学生认知特点,突出职业教育类型特色,突出理论和实践相统一的特点,强调教学实践性。

4. 资源丰富,助力实现线上线下混合式教学

本书坚持以"一本教材即一门课程"的原则开发,配套建设了微课、视频、图文、课件、习题、实训、案例等丰富的数字化教学资源,推动线上线下混合式教学、自主学习等改革与创新实践。此外,本书以电商企业真实的实务案例以及律师事务所的真实案例为载体,努力将枯燥乏味的法律条文生动化、形象化和实践化,更易为学生所接受,真正做到寓教于乐。

本书由广东科学技术职业学院赵莉、翟小可共同主编与统稿,由王惠霞、林佳林担任副主编,参加编写的人员及其具体分工为:第一、六、八章由赵莉、翟小可编写,第二章由严文琪编写,第三章由王惠霞编写,第四章由林佳林、陕西财经职业技术学院闫亚飞编写,第五章由广西经贸职业技术学院曹川编写,第七章由翟小可编写。

本书在编写过程中,参考了大量国内外的文献及部分权威网站的资料,并得到了广西经贸职业技术学院、陕西财经职业技术学院、威海职业学院,以及广东正拓律师事务所和珠海全人一类智造科技有限公司的大力支持,在此表示诚挚的感谢。

由于编者水平有限,书中难免有疏漏和不足之处,恳请广大读者批评指正,以便及时修正,使本书日臻完善。

编 者

2025 年 5 月于珠海

第一版前言

在我国经济发展进入新常态的大背景下,电子商务持续多年保持高速发展,"十三五"期间,电子商务交易额年均增长率为 11.6%,并且呈现出一系列新内涵、新特征和新趋势,在大宗商品交易、个人消费服务、跨境电商、农村电商、移动电商、直播电商等领域迎来新发展,成为拉动经济增长的新引擎。电子商务在爆发式增长的同时,也呈现出了多种乱象。网络欺诈、信息泄露、知识产权和纳税等问题,正变得越来越突出。党的二十大报告提出:"建设覆盖城乡的现代公共法律服务体系,深入开展法治宣传教育,增强全民法治观念。推进多层次多领域依法治理,提升社会治理法治化水平。"2018 年 8 月 31 日第十三届全国人民代表大会常务委员会第五次会议通过了《中华人民共和国电子商务法》(以下简称《电子商务法》),并于 2019 年 1 月 1 日起正式施行。《电子商务法》的出台有效地保障了电子商务各方主体的合法权益,规范了电子商务行为,维护了市场秩序,促进了电子商务行业持续健康发展。另一方面,为加强市场法律制度建设,实现经济高质量发展,2020 年 5 月 28 日,第十三届全国人民代表大会第三次会议表决通过了《中华人民共和国民法典》(以下简称《民法典》),并于 2021 年 1 月 1 日起施行,其中对电子商务合同、侵权责任认定与处罚等方面提出了新的规定,为电商行业的创新发展提供了制度供给与法律保障。电子商务产业的发展以及电子商务法律法规的逐步完善,对电子商务人才的法律法规素质培养提出新的要求。

与此同时,随着 2019 年《国家职业教育改革实施方案》(以下简称 "职教 20 条")的出台,职业教育进入了创新发展的新时代,"职教二十条"强调产教融合、校企双元育人,及时将新技术、新工艺、新规范纳入教学内容。据此,2019 年 7 月 31 日,教育部发布了高等职业学校电子商务类专业新专标,将电子商务法律法规作为毕业生必备的知识与技能,电子商务法律法规作为电子商务类专业的基础课程,成为人才培养中不可或缺的重要组成部分。

在电子商务产业发展与职业教育创新发展的双重时代背景下,电子商务类专业人才的法律法规素质培养成为迫切需求,以《电子商务法》为基础,吸纳《民法典》《中华人民共和国著作权法》等法律的最新规定,开发《电子商务法律法规》教材恰逢其时。广东科学技术职业学院采用校企双元开发的方式,联合广东正拓律师事务所和珠海全人一类智造科技有限公司,以《电子商务法》为基础,并考虑与其他法律法规的衔接,以电子商务活动中特定的法律法规为主线,编写了本书。本书体现了以下特点:

1. 课程思政引领,重构电子商务类专业法律法规的价值体系

本书充分挖掘知识点中蕴含的思政教育元素,设计 "案例直击" "德技并修" 专栏,有机融入社会主义核心价值观、法治意识和国家安全、诚信经营和责任担当,弘扬

社会主义法治精神,树立社会主义法治理念,培养遵纪守法、信仰和践行法律、捍卫公平正义的传承者。

2. 前瞻实用,基于电子商务运营实际重构法律法规的内容体系

本书内容以《电子商务法》为基础,准确把握《电子商务法》与其他法律法规的适用关系,基于电子商务运营过程,设置知识目标、能力目标和素养目标三维目标,对接电子商务类专业目标岗位的素养要求,对接"新专标",服务学生成长成才和就业创业;帮助学生养成遵法守纪、崇德向善、诚实守信的职业精神,使其履行道德准则和行为规范,培养其强烈的社会责任感和社会参与意识,最终使学生成为德智体美劳全面发展的社会主义建设者和接班人。

3. "模拟法庭"演绎以案说法,帮助学生内化知识、提升技能

目前,网络上有关电子商务法的原理与相关知识呈现出纷繁庞杂且碎片化的特点,不能满足人才培养的需要。本书依照企业电子商务运营实际,科学合理地梳理出国内外电子商务法律和政策体系,设置了"案例直击""实务拓展"和"法条速递"等栏目,运用案例剖析法律条文;设计"模拟法庭"实训,促成学生学以致用,使之更加符合技术技能人才成长规律和学生认知特点,突出职业教育类型特色,突出理论和实践统一的特点,强调实践性。

4. 资源丰富,实现"互联网+"背景下新形态一体化教材建设

为充分体现"互联网+"的特色,坚持以"一本教材即是一门课程"的开发原则,本书配套建设了微课、动画、视频、图文、课件、习题、实训、案例等丰富的颗粒化资源,推动线上线下混合式教学、自主学习等改革与创新实践。此外,本书以电商企业真实的实务案例以及律师事务所的真实案例为载体,将枯燥乏味的法律条文生动化、形象化和实践化,更易为学生所接受,真正做到寓教于乐。

本书在编写过程中,参考了大量国内外的文献、一些学者的相关论著及部分权威网站的资料,并得到了广西经贸职业技术学院、陕西财经职业技术学院、威海职业学院,以及广东正拓律师事务所和珠海全人一类智造科技有限公司的大力支持,在此表示诚挚的感谢。

由于编者水平有限,书中难免有疏漏或不足之处,恳请广大读者批评指正,以便再版时予以修正,使其日臻完善。

编 者

2021 年 5 月于珠海

目 录

Chapter

电子商务法律法规概述

※ 素养目标
- 树立社会主义法治观念，遵纪守法，践行法律
- 强化合法合规的经营理念，坚定维护电子商务市场秩序的决心

※ 知识目标
- 掌握电子商务法的概念、特征与调整对象
- 理解电子商务立法的意义与基本原则
- 了解电子商务立法概况与促进制度

※ 能力目标
- 能够从法律角度理解电子商务活动
- 能够判断《电子商务法》的适用范围
- 能够熟练查询相关电子商务法律法规，并进行比较分析

※ 思维导图

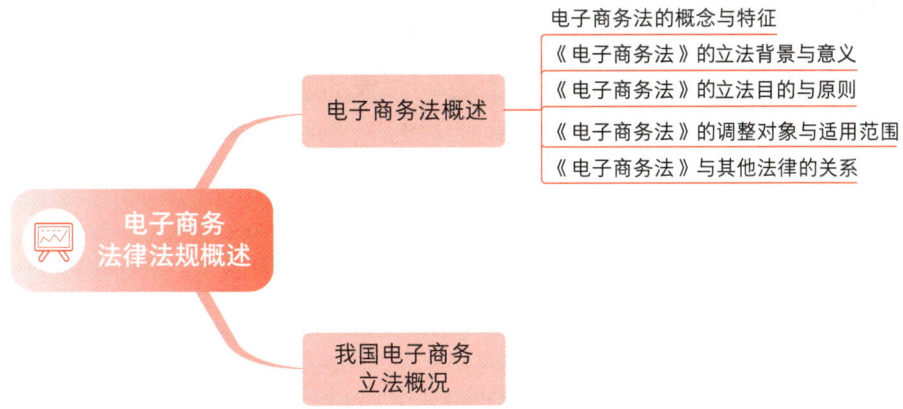

【案例导入】

数字经济时代的法治基石——以电子商务法护航经济高质量发展

在数字经济蓬勃发展的今天,电子商务已成为推动经济高质量发展的重要引擎。我国电子商务交易规模持续扩大,网络零售额占社会消费品零售总额的比重不断提升,直接和间接带动就业人数不断增长。这些成就背后,是消费者的信任与期待,是市场主体的创新与活力,更是中国经济转型升级的澎湃动力。

但繁荣背后暗藏隐忧。网络欺诈、虚假促销、数据滥用等问题屡禁不止,平台垄断、不正当竞争、知识产权侵权等现象时有发生。这些问题不仅损害消费者权益,更制约着电子商务的健康发展。相关数据显示,网络消费投诉数量持续攀升,这些数据警示我们,电子商务领域的法治建设已迫在眉睫。

《电子商务法》的施行,标志着我国数字经济治理迈入法治化、规范化新阶段。它不仅为电子商务健康发展提供了制度保障,更为全球数字经济治理贡献了中国智慧。通过构建公平、透明、可预期的法治环境,《电子商务法》必将进一步激发市场活力,促进创新驱动,推动我国数字经济行稳致远。

展望未来,随着《电子商务法》的深入实施,我国数字经济必将迎来更加规范、更高质量的发展新阶段。这不仅将惠及消费者和各个市场主体,更为构建新发展格局、推动高质量发展注入强劲动力。在法治的护航下,中国电子商务必将在数字经济的浪潮中乘风破浪,续写新的辉煌篇章。

案例思考:在数字经济高速发展的背景下,《电子商务法》如何护航数字经济高质量发展,对电子商务从业人员会产生哪些影响?

1.1 电子商务法概述

1.1.1 电子商务法的概念与特征

1. 电子商务法的概念

广义的电子商务法与广义的电子商务相对应,包括了所有调整以数据电文方式进行的商务活动的法律规范,其内容广泛,调整以电子商务为交易形式和以电子信息为交易内容的规范都包括在内,如联合国制定的《电子商务示范法》。狭义的电子商务法对应狭义的电子商务,是调整以数据电文作为交易手段,以电子商务交易形式所引起的社会关系的法律规范的总称。

在我国,作为部门法意义上的电子商务法,不仅包括以电子商务命名的法律法规,而且包括其他现有制定法中有关电子商务的法律法规,如《中华人民共和国民法典》(简称《民法典》)中关于数据电文的规定、《中华人民共和国刑法》(简称《刑法》)中关于计算机犯罪的规定等。《电子商务法》已于 2018 年 8 月 31 日第十三届全国人民代表大会常务委员会第五次会议通过,于 2019 年 1 月 1 日起施行。

2. 电子商务法的特征

(1) 国际性。电子商务法的显著特点是国际性。与电子商务的国际性相对应,电子商务法也以适应国际化的要求为特征,以此满足解决电子商务法律关系的需要。

(2) 科技性。电子商务是网络经济与现代高科技发展的产物,规范这种行为的电子商务法必须适应科学技术的发展。例如,电子商务法应当对签字技术、确认技术等技术问题做出规定。

(3) 开放性。电子商务法是规范以数据电文形式进行意思表示的法律关系的总称。数据电文的形式多样化,而且相关技术、手段与方法的应用也不断推陈出新。因此,以开放的态度对待任何技术手段与信息媒介,让各种有利于电子商务发展的设想和技术都能充分发挥作用,已成为国际组织、各国政府和企业的共识。

目前,国际组织及各国政府在电子商务立法中,大量使用开放性条款和功能等价性条款,其目的就是开拓社会各方面的资源,以促进科学技术及其社会应用的广泛发展。它具体表现在电子商务法的基本定义、基本制度和电子商务法律结构方面。

(4) 安全性。电子商务的安全性也称为安全的脆弱性。电子商务在交易方式上给商务活动提供了高效快捷的便利,与此同时也给商家带来新的问题,其中最令商家担心的就是电子商务安全问题。由于电子商务是以互联网为基础进行的,计算机黑客与计算机病毒、网络犯罪等都严重威胁着电子商务的安全。因此,电子商务法必须通过对电子商务安全问题进行规范,有效地预防和打击各种利用互联网的违法与犯罪行为,保证电子商务和计算机信息系统的安全运行。

(5)复杂性。电子商务的高科技化和互联网技术的专业性、复杂性,造成了电子商务交易关系的复杂性,由此决定了电子商务法律法规的复杂性。在电子商务交易中,当事人之间的交易必须在第三方的协助下才能完成,即在网络服务商和认证机构等提供的服务下完成。这就使电子商务的交易活动与传统交易相比,包含了多重法律关系。

1.1.2 《电子商务法》的立法背景与意义

1.《电子商务法》的立法背景

(1)电子商务迅速发展催生电子商务立法。电子商务伴随着大数据、云计算、人工智能等新技术,有力推动了互联网和实体经济的融合发展,以信息流带动技术流、资金流、人才流、物资流,促进了资源配置优化,促进全要素生产率提升,在转方式、调结构、稳增长、扩就业、惠民生、促扶贫等方面发挥了重要作用。鼓励、支持、促进电子商务的发展和创新,需要制定电子商务法。

微课:
《电子商务法》立法背景与意义

(2)电子商务问题凸显倒逼电子商务立法。电子商务在发展过程中,一些矛盾和问题已经凸显。一是法律体系和商业规则有待完善,缺乏具有权威性、综合性的电子商务法律;二是市场秩序有待规范,交易环境需要健全完善,损害消费者权益的现象时有发生,交易纠纷和商业冲突增多;三是管理体制有待理顺,原有管理方式不能完全适应电子商务快速发展的需要,交易安全保障亟待加强。通过电子商务立法规范电子商务行为、维护市场秩序已经迫在眉睫。

(3)保障各方主体权益亟待电子商务立法。保障消费者和经营者合法权益,应当坚持科学发展、依法规范、加强引导的原则。电子商务领域消费者权益保护问题十分突出,社会各界的反应较为集中。加强对电子商务消费者的保护力度,需要通过立法明确电子商务经营者特别是第三方平台的责任义务,明确消费者享有的个人信息等基本权利,鼓励和规范信用评价体系建设,形成符合电子商务发展特点的规范约束机制和争议解决机制。同时,也要通过立法来保障电子商务经营者的权益,按照政府最小干预原则,推动政府监管、行业自律、社会共治的有机结合,为电子商务的良性发展、互动创新奠定制度基础。

2.《电子商务法》的意义

颁布《电子商务法》的目的在于使行业更加规范化,使我国法律体系、行业规则以及企业内部制度都得到进一步完善。

《电子商务法》对电子商务平台的商户准入提出了更高要求,如果商户提供的商品或服务对消费者生命健康可能带来危害,则电子商务平台需要承担由此带来的刑事与民事风险。随着互联网的不断发展,越来越多的消费者通过互联网平台这一渠道与商户达成各类合作,《电子商务法》的出台标志着电子商务平台从原先的自由生长逐渐演化为合法、合规的有序发展。

（1）电商行业乱象将受遏制。伴随着电子商务高速发展而来的问题，如售卖假货、信息泄露等电商的乱象严重损害消费者利益。针对电商平台暴露出的问题，《电子商务法》提出了约束，如第二十五条规定："有关主管部门依照法律、行政法规的规定要求电子商务经营者提供有关电子商务数据信息的，电子商务经营者应当提供。有关主管部门应当采取必要措施保护电子商务经营者提供的数据信息的安全，并对其中的个人信息、隐私和商业秘密严格保密，不得泄露、出售或者非法向他人提供。"而依法负有电子商务监督管理职责的部门的工作人员，若玩忽职守、滥用职权、徇私舞弊，泄露、出售或者非法向他人提供在履行职责过程中所知悉的个人信息、隐私和商业秘密，将被依法追究法律责任。当然，针对消费者反映最多的问题，《电子商务法》也明确做了要求，如针对消费者网络交易安全、霸王条款、破除"二选一"电商垄断等方面的条款。这些条款的落地，无疑及时地遏制了目前各个电商平台出现的乱象，对规范电商领域各主体行为，维护电商行业市场秩序意义重大。

（2）健全零售业新秩序。随着信息科技的发展与变革，零售业智能化变革时代到来，这对零售业未来规范发展、智能服务及市场机制提出了更高要求。《电子商务法》的颁布，为探讨健全零售行业秩序及规则，维护零售业的健康发展，推动中国零售经济的未来之路指明了方向。

（3）微商被纳入电子商务经营者范畴。近年来，微商发展很快，但也是消费者权益受损的重灾区。在发生电子商务纠纷后的处理情况中，取证难、电子商务经营者"跑路"也是消费者在维权过程中常遇到的问题。对于那些无实体店、无营业执照、无信用担保、无第三方交易平台、进入门槛低的微商一旦与消费者发生消费纠纷，他们往往通过更换账号或直接删除"好友"关系，逃避法律责任。微商作为电子商务经营者在法律上被明确，就要承担起相应的义务与责任，这将为消费者维权提供有力的法律依据。

【德技并修】

以"新电商"赋能经济发展

党的二十届三中全会指出："健全促进实体经济和数字经济深度融合制度。""非接触经济"的繁荣、新一代数字技术的突破创新、消费者需求和行为模式的变化，推动电子商务行业从传统电商向"新电商"升级，新业态新模式不断涌现，技术层面的广泛渗透和应用层面的深度融合，催生出社交电商、直播电商、兴趣电商、信任电商、共享经济、反向定制等新模式。

"新电商"在快速发展的过程中，也面临着产品质量参差不齐、不良竞争引发行业乱象、网络隐私安全等问题和挑战，国家先后出台法律法规及多项政策为电商发展提供法制保障，进一步加强新电商相关标准体系建设，推动数字商贸诚信体系构建，营造公平竞争的数字营商环境,多方协同构建可持续发展的新电商生态,带动全产业数字化转型,促进经济社会全面转型升级。

案例思考:为促进新电商的高质量发展,我国先后出台了《电子商务法》《中华人民共和国个人信息保护法》(简称《个人信息保护法》)等一系列法律法规,这些法律法规将有效地规范电子商务的市场秩序。作为电子商务从业者,应怎样做到遵纪守法和依法合规经营?

1.1.3 《电子商务法》的立法目的与原则

1.《电子商务法》的立法目的

《电子商务法》总则第一条开宗明义,明确立法目的:"为了保障电子商务各方主体的合法权益,规范电子商务行为,维护市场秩序,促进电子商务持续健康发展,制定本法"。

《电子商务法》的指导思想可以归纳为促进发展,规范秩序,保障权益。

(1) 促进发展。促进发展是指促进电子商务持续健康发展。2015 年,习近平总书记在党的十八届五中全会上,提出了创新、协调、绿色、开放、共享的新发展理念。一场关系我国发展全局的深刻变革全面开启,开辟了中国发展新境界。2021年 3 月,第十三届全国人民代表大会第四次会议通过的《中华人民共和国国民经济和社会发展第十四个五年规划和 2035 年远景目标纲要》指出:坚持新发展理念是"十四五"时期经济社会发展必须遵循的原则之一,强调要"把新发展理念完整、准确、全面贯穿发展全过程和各领域,构建新发展格局,切实转变发展方式,推动质量变革、效率变革、动力变革,实现更高质量、更有效率、更加公平、更可持续、更为安全的发展"。《电子商务法》应贯彻新发展理念,服务和保障电子商务发展。新发展理念要求电子商务的发展是持续健康的,是以人民为中心的发展,发展的最终目的是使人民充分享受互联网和电子商务带来的便利和利益。持续健康要求规范电子商务行为,维护市场秩序;以人民为中心意味着《电子商务法》应以保护电子商务主体的合法权益为出发点,这样的立法目的符合法律规范的内在逻辑,充分体现了"促进发展、规范秩序、保障权益"的立法指导思想。

(2) 规范秩序。规范秩序是指规范电子商务行为,维护市场秩序。电子商务在发展过程中,一些矛盾和问题已经凸显。由于法律体系和商业规则有待完善,缺乏具有权威性、综合性的电子商务法律,致使一些违规行为游离于法律之外,损害消费者权益的现象时有发生,交易纠纷和商业冲突增多,市场秩序有待规范,交易环境需要健全完善。规范行为、调整社会关系是立法的逻辑起点。电子商务相关行为包括电子合同的订立、电子支付、快递物流和数字产品的交付等。电子商务市场秩序是其发展的保障,维护市场秩序需要规范电子商务行为,特别是禁止侵害其他主体的合法权益、破坏电子商务诚信、扰乱电子商务秩序的行为。在明确各方主体权利的基础上，以规范行为为切入点，以维护市场秩序为保障，最终实现电子商务的立法目的。

（3）保障权益。保障权益是指保障电子商务主体的合法权益。电子商务主体是以各种身份参与电子商务法律关系，在电子商务活动中享有权利、承担义务的自然人、法人和非法人组织，包括电子商务经营主体和消费者。

《电子商务法》保障的是所有参与电子商务活动的各方主体的合法权益，既包括消费者，也包括电子商务经营者和第三方电子商务平台经营者。

保障消费者和经营者的合法权益，应当坚持科学发展、依法规范、加强引导，加大对电子商务消费者的保护力度，通过立法明确电子商务经营者，特别是第三方电子商务平台的责任和义务，明确消费者对其个人信息享有的权利，鼓励和规范信用评价体系建设，形成符合电子商务发展特点的规范约束机制和争议解决机制。

同时，电子商务主体的法律地位是平等的，因此《电子商务法》既不过度保护消费者的权益，也不偏袒电子商务经营者，而是平等地对待参与电子商务活动的经营者（包括商品销售者、服务提供者、平台经营者等）和消费者。《电子商务法》应破除制约电子商务发展的制度障碍，保障电子商务经营主体的自由竞争、相关主体的数据权利等，同时按照政府最小干预原则，推动实现政府监管、行业自律、社会共治的有机结合，为电子商务的良性发展、互动创新奠定坚实的制度基础。

2.《电子商务法》的基本原则

（1）鼓励创新原则。电子商务发展的生命力在于创新。中国市场已成为世界领先的电子商务市场，积累了丰富的创新发展经验。为贯彻落实党中央提出的"创新是引领发展的第一动力"的要求，充分发挥立法的引领和推动作用，保障并支持电子商务的创新发展，应以技术为基础，以诚信建设为保障，使市场在资源配置中起决定性作用，更好地发挥政府作用，构建有利于电子商务创新发展的法律、政策、监管、市场竞争等营商环境，以此促进电子商务的商业模式创新，不断激发新动能，使电子商务在激发社会创新创业活力、满足人民日益增长的美好生活需要等方面发挥积极、重要的作用。

（2）公平诚信原则。从事电子商务活动，应当遵循自愿、平等、公平、诚信的原则，遵守法律法规和商业道德，建立完善的电子商务信用体系。

（3）规范监管原则。根据电子商务发展的特点，完善和创新电子商务监管。规范监管的要义在于依法、合理、适度、有效。对度的把握尤其重要，既非任意地强化监管，又非无原则地放松监管，而是宽严适度、合理有效。

（4）社会共治原则。运用互联网思维，采取互联网方式，鼓励支持电子商务各方共同参与电子商务市场治理，建立符合电子商务发展特点的协同管理体系，推动形成有关部门、电子商务行业组织、电子商务经营者、消费者等共同参与的市场治理体系。

（5）线上线下一致与融合发展原则。电子商务（线上）与传统商务（线下）是共生且竞争的关系，不存在一方取代另一方的问题。中国电子商务立法在借鉴功能等同原则、技术中立原则合理成分的基础上,适应中国现实问题的需要,创立了线上线下一致原则,即电子商务各方主体的法律地位平等,电子商务主体与其他民商事主体的法律地位平等。因此,国家应平等对待线上和线下商务活动,促进线上线下融合发展。

(6) 数据信息开发利用和保护均衡原则。这一原则的主要目的是维护电子商务交易安全,依法保护电子商务用户的数据信息,鼓励电子商务数据信息交换共享,保障电子商务数据信息依法有序自由流动和合理利用。

微课:
《电子商务法》的调整对象与范围

1.1.4 《电子商务法》的调整对象与适用范围

1.《电子商务法》的调整对象

《电子商务法》的基础是电子商务活动。电子商务作为一种商务活动,其核心是通过信息网络进行的商事活动,属于商事行为范畴,应当遵循传统商法的一般规则。因此,《电子商务法》的调整对象应当是"通过互联网等信息网络销售商品或者提供服务的经营活动"。具体来说,可以从电子商务所依托的技术、电子商务交易行为和法律属性三个维度进行界定。

(1) 互联网等信息网络。"互联网等信息网络"包括互联网、移动互联网、电信网、物联网等。将电子商务所依托的技术界定在信息网络而非仅限于互联网,既着眼于网络技术发展的现实,也考虑了网络技术和应用的未来发展,遵循技术中立原则,确保了《电子商务法》的开放性,把通过移动客户端或移动社交圈进行的经营活动也纳入《电子商务法》的调整范围。

(2) 销售商品和提供服务。销售商品既包括销售有形产品,也包括销售无形产品,如数字音乐、电子书和计算机软件的复制件等数字产品交易。

提供服务是指在线提供的服务,如网约租车、网络教育、在线租房、在线旅游等;或者是网上订立服务合同,线下履行,如家政服务。此外,还包括对销售商品和提供服务进行支撑的相关服务,如电子支付、物流快递、信用评价、网店设计等,因其与电子商务活动的密切联系,也纳入《电子商务法》的调整对象。

(3) 经营活动。电子商务的落脚点是经营活动,这里的经营活动是指以营利为目的的持续性业务活动,即商事行为。"经营"的法律属性是电子商务活动的重要特征,是判断网络上的相关行为是否构成电子商务活动的关键要素。

因此,自然人以营利为目的且持续销售商品或提供服务,应纳入《电子商务法》的调整范围,而利用网络零星、偶发地出售二手物品或闲置物品,因其不具有经营属性,所以不属于《电子商务法》的范畴。至于为这些零星、偶发的行为提供相关服务的平台,则可能属于《电子商务法》规定的电子商务经营主体,受《电子商务法》的调整。

2.《电子商务法》的适用范围

《电子商务法》第二条第一款指出:"中华人民共和国境内的电子商务活动,适用本法"。第二款指出："本法所称电子商务,是指通过互联网等信息网络销售商品或者提供服务的经营活动。"经营活动是指以营利为目的的商务活动,包括上述销售商品、提供服务和相关辅助经营服务活动。准确界定经营活动,是区分电子商务活动与其他网络活动的关键,从而确定《电子商务法》的基本适用范围。国外、国际立法在界定适用范围时也采用类似的做法,突出了电子商务经营性的特征。

除了经营性之外,还有境内性的特征。经营活动属于民事活动。根据《民法典》第十二条的规定:"中华人民共和国领域内的民事活动,适用中华人民共和国法律。法律另有规定的,依照其规定。"因此,《电子商务法》第二条第一款的规定与《民法典》的规定相一致。

境内电子商务活动涉及境内经营者和境外经营者两种情况,这两种情况下,《电子商务法》的适用范围与条件有所不同。

(1) 境内经营者。《电子商务法》适用于我国境内经营者的电子商务活动,但跨境电子商务并未被排斥于本法适用范围之外。我国电子商务经营者从事跨境电子商务活动,应当遵守《电子商务法》及进出口监管的法律、行政法规的规定。根据我国法律建立、经我国相关部门进行市场主体登记、取得我国相关行政许可(如经营者网站登记)的法人、非法人组织或者自然人,不论属于何种类型,均属于我国境内的经营者。

◉【法条速递】

从事经营性互联网信息服务,应当向省、自治区、直辖市电信管理机构或者国务院信息产业主管部门申请办理互联网信息服务增值电信业务经营许可证(以下简称经营许可证)。

省、自治区、直辖市电信管理机构或者国务院信息产业主管部门应当自收到申请之日起 60 日内审查完毕,作出批准或者不予批准的决定。予以批准的,颁发经营许可证;不予批准的,应当书面通知申请人并说明理由。

申请人取得经营许可证后,应当持经营许可证向企业登记机关办理登记手续。

——《互联网信息服务管理办法》第七条

因此,在我国获得经营性互联网信息服务许可证的电子商务网站与平台,从事电子商务活动,不论其实际投资人或者所隶属的企业是否在我国境内,均应适用《电子商务法》。

在我国境内建立的外资企业、中外合资企业、中外合作企业(三资企业)是根据我国法律成立的企业,如亚马逊公司在中国成立的子公司,与我国公民、法人、其他组织之间或者相互之间进行的电子商务活动,属于我国境内的电子商务活动。

另外,在跨境电子商务的出口贸易中,我国经营者为了提高效率与节约成本,深入海外买家所在国家,在当地建立的储存商品的海外仓。这些仓储设施处于我国境外,应当遵守所在国家或地区的法律。

(2) 境外经营者。电子商务活动天然具有全球性的特点,难以根据国家地域截然分割。因此,境外电子商务经营者的活动在我国境内产生影响的,可视情况决定是否扩展适用《电子商务法》。《电子商务法》扩展适用可分为三类,即电子商务平台服务导致的扩展适用、保护我国消费者的扩展适用、依据国际条约或者协定的扩展适用。

① 电子商务平台服务导致的扩展适用。境外法人或者非法人组织使用我国电子商务平台服务从事经营活动的,即便依据外国法律建立,也并未在我国取得市场主体登记、经营性网站许可证,但是仍应受《电子商务法》的管辖,除非境外经营者与我国平台经营者明确协议约定排除我国法律的适用。

② 保护我国消费者的扩展适用。电子商务是通过互联网等信息网络进行的经营活动,经营者可以面对全球市场提供商品与服务,消费者也可以在全球各地购买与消费。我国消费者受惠于电子商务的发展,已经成为"全球购"的主力。但是,一旦在跨境交易中发生争议或者合法权益受到损害,则难以维权。我国绝大部分消费者缺乏应用外国法、在境外寻求法律救济的能力,高昂的维权成本也令人望而却步。

为了保护消费者的合法权益,境外经营者与境内消费者之间的民事关系适用消费者所在地法律,已经成为国际社会普遍接受的法律适用的原则。因此,经常居所地为我国的消费者与境外电子商务经营者之间购买商品与服务的合同,应适用《电子商务法》的规定。

③ 依据国际条约或者协定的扩展适用。跨境电子商务是我国对外贸易的重要组成部分。我国与其他国家、地区所缔结或参加的国际条约、协定规定跨境电子商务活动适用《电子商务法》的,应从其规定。

❌【实务拓展】

我国发起或参与的国际协定或条约有规定的适用《电子商务法》

随着我国"一带一路"倡议的实施及我国电子商务企业的全球化经营活动的开展,我国已经或者正在发起,或者参与多个国际双边(例如,我国与澳大利亚签订的双边自由贸易协定)、国际多边(例如,我国参与了世界贸易组织服务贸易协定的谈判)、区域性贸易协定(例如,我国与东盟十国、澳大利亚、新西兰、印度、日本、韩国签署的《区域性全面经济伙伴关系协定》)或者国际投资协定(例如我国与非洲国家签署的投资协定),以维护我国的经济贸易利益,保障我国企业走出国门后的合法权益,保护我国消费者的合法权益,并彰显世界第二大经济体的国际经济贸易影响力。

在这些国际双边、多边、区域性国际条约、协定中,我国及其他国家与地区本着互利互惠的原则,规定相关跨境电子商务活动适用我国《电子商务法》的,自当适用。

3.《电子商务法》的例外情形

有关网络内容的服务,金融类产品和服务,利用信息网络提供新闻信息、音视频节目、出版以及文化产品等内容方面的服务,不适用本法。

(1) 有关网络内容的服务。关于提供网络新闻信息、播放网络音视频节目、提供网络出版与互联网文化产品等内容方面的服务,国家有专门的法律、行政法规与部门规章加以管理与规范,不属于《电子商务法》管辖。

需要注意的是,如果电子商务合同的交易标的为在线传输的网络音视频节目、网络出版物、互联网文化产品或者网络新闻信息的,其合同成立、履行等交易行为应适用《电子商务法》的相关规定。但前提条件是这些交易标的符合国家相关网络内容服务管理的规定,具有合法性,可以依法采用网络传输。否则,电子商务经营者就违反了《电子商务法》中关于交易标的合法性的规定,应依法承担法律责任,受到相应的行政处罚。

(2) 金融类产品与服务。为了保障国家经济安全与公民、法人的财产安全,国家应当对于互联网金融类产品与服务加强监管与规范。这方面的监管法律、制度与措施正在逐步建立与完善的过程中。除互联网支付之外,将互联网金融类产品与服务排除于《电子商务法》适用范围之外,是与现阶段互联网经济发展水平、法律需求及电子商务法的能力与体量相适应的。值得注意的是,《电子商务法》将金融类产品和服务排除于交易标的之外,但是并未排除电子支付在电子商务合同履行中的作用。

(3) 音视频及网络出版。在线服务种类繁多,且差异较大,《电子商务法》只调整具有普遍性的服务和相关支撑服务。对于特殊类型的服务,如单纯的信息发布,提供新闻信息服务、问答服务等涉及的内容管理,以及利用信息网络播放音视频节目、网络出版等涉及意识形态安全的服务领域,考虑到监督管理的专业性和特殊性,不纳入电子商务法的调整范围。

1.1.5 《电子商务法》与其他法律的关系

电子商务立法是电子商务领域的综合性与基础性的立法,涵盖了一系列与网络销售商品与提供服务相关的法律问题与法律关系,包括电子商务经营者、电子商务合同的订立与履行、电子支付、物流快递、争议解决、知识产权保护、数据保护、市场竞争、消费者权益保护、进出口管理、政府监督管理、法律责任等。综合性的电子商务法涉及众多法律部门与法律规范。为了保证我国法律体系的统一性,尽量避免《电子商务法》与其他相关法律、行政法规发生冲突,《电子商务法》第二条第三款对此做了规定。但是,该条款并非意味着只要其他法律、行政法规对于销售商品或者提供服务有规定,《电子商务法》就被排除适用。

《电子商务法》的法律规范与现有法律规范相比,依其创新程度,可以大致分为创新性规范、补充性规范与更新性规范三类。在处理与其他法律、行政法规的关系上,电子商务法三类规范的适用有所不同。

1. 创新性规范

《电子商务法》创造性地创立了新的法律制度与规范。例如,关于电子商务平台经营者、电子支付、物流快递、网上争议解决、信用评价、电子商务市场竞争、跨境电子商务监管等问题,之前的法律、行政法规并无明确、系统的规定,仅散见于大量部门规章之中,《电子商务法》则填补了法律在这些方面的空白,创设了新的法律制度与规范,不仅发展了我国现有的法律体系,而且为后续的法律发展奠定了基础(如电子支付将来或可以专门立法)。《电子商务法》中的创新性规范与其他法律、行政法规没有任何冲突与矛盾,应予适用。

2. 补充性规范

《电子商务法》虽然是综合性立法,但是已成为一个巨大的各类法律的汇编。对于某些法律问题,之前的法律、行政法规中已经存在比较全面、系统、成熟的法律规范的,《电子商务法》不再重复规定,而是尽量与之衔接,建立互操作性,保障我国法律体系的和谐统一。与此同时,针对电子商务的特点与实际需要,《电子商务法》对于现有法律、行政法规进行了适度的补充。

3. 更新性规范

《电子商务法》在某些方面修改并更新了现有的法律规范。在《电子商务法》中,更新性规范的比重不大,但是确实存在。例如,《电子商务法》在原《中华人民共和国侵权责任法》(自《民法典》2021 年 1 月 1 日施行起废止)第三十六条第二款"网络用户利用网络服务实施侵权行为的,被侵权人有权通知网络服务提供者采取删除、屏蔽、断开链接等必要措施。网络服务提供者接到通知后未及时采取必要措施的,对损害的扩大部分与该网络用户承担连带责任",以及《信息网络传播权保护条例》相关法律法规的基础上发展与完善,建立了关于电子商务平台知识产权治理措施的法律规范体系,由知识产权保护规则、治理措施及法律责任几个部分构成。《电子商务法》规定的电子商务平台知识产权治理措施适用于著作权、商标权、专利权等各类知识产权。《信息网络传播权保护条例》第十四条至第十七条规定的同类法律制度则仅适用于著作权及表演、录音录像等邻接权。

总之,对《电子商务法》关于法律适用范围的规定不应仅依据字面含义加以僵化与狭义地解释,而是应当结合立法目的、现实需要与法律规范之间的关系,综合判断,让《电子商务法》发挥应有的作用。

1.2
我国电子商务立法概况

我国在 1994 年开始出现电子商务模式。近些年来,我国电子商务得到迅猛发展。电子商务已成为社会经济发展的新增长点,将改变商业经营的方式,促进经济发展。因此,要确保电子商务的健康发展,就必须以健全的法律保障为基础和前提。面对迅速发展的电子商务新的交易形式,要保证目前电子商务健康有序的发展,就必须充分利用法律法规加以保护,保证电子商务交易的正常进行。目前我国电子商务立法包括《电子商务法》《中华人民共和国电子签名法》(简称《电子签名法》)、《中华人民共和国网络安全法》(简称《网络安全法》)等法律,以及行政法规与规章、地方性法规等。

目前,我国主要的与电子商务相关的法律法规有以下四种:

1. 法律

(1)《电子商务法》。经第十三届全国人民代表大会常务委员会第五次会议审议并通过,自 2019 年 1 月 1 日起施行,成为我国电商领域首部综合性法律。《电子商务法》全文共七章八十九条,主要对电子商务经营者、电子商务合同的订立与履行、电子商务争议解决、电子商务促进和法律责任几个部分作出规定,使电子商务活动有法可依。

(2)《电子签名法》。2004 年,第十届全国人民代表大会常务委员会第十一次会议通过了《电子签名法》(自 2005 年 4 月 1 日起施行),后于 2015 年和 2019 年经过两次修正。这是我国电子商务和信息化领域的第一部专门法律,该法通过确立电子签名法律效力、规范电子签名行为、维护各方合法权益,从法律制度上保障电子交易安全,为我国电子商务安全认证体系和网络信任体系的建立奠定了重要基础。

(3)《中华人民共和国刑法》(简称《刑法》)。1979 年 7 月 1 日第五届全国人民代表大会第二次会议通过了《刑法》,自 1980 年 1 月 1 日起施行,先后经历过多次修正。最新修订后的《刑法》自 2024 年 3 月 1 日起施行。其中明确规定了计算机犯罪的罪名,包括非法侵入计算机系统罪、破坏计算机信息系统功能罪、破坏计算机程序罪,为保护计算机信息系统的安全,促进计算机的应用与发展,保证电子商务的顺利开展提供了有力的法律保障。

(4)《网络安全法》。2016 年 11 月 7 日,第十二届全国人民代表大会常务委员会第二十四次会议通过了《网络安全法》,自 2017 年 6 月 1 日起施行。这是我国第一部全面规范网络空间安全管理方面问题的基础性法律,是我国网络空间法治建设的重要里程碑,是依法治网、化解网络风险的法律重器,是让互联网在法治轨道上健康运行的重要保障。

(5)《民法典》。2020 年 5 月 28 日,第十三届全国人民代表大会第三次会议表决通过了《民法典》,自 2021 年 1 月 1 日起施行。《民法典》在法律体系中居于基础性地位,也是市场经济的基本法。《中华人民共和国合同法》《中华人民共和国侵权责任法》等法律同时废止。

(6)《个人信息保护法》。经第十三届全国人大常委会第三十次会议表决通过,并于 2021 年 11 月 1 日起施行。该法是为了保护个人信息权益,规范个人信息处理活动,促进个人信息合理利用而根据宪法制定的法规。

(7)《中华人民共和国公司法》(简称《公司法》)。2023 年 12 月 29 日,第十四届全国人民代表大会常务委员会第七次会议表决通过了新修订的《公司法》,自 2024 年 7 月 1 日起正式施行。此次修订旨在适应新时代经济社会发展的需要,进一步完善公司治理结构,优化营商环境,保护投资者合法权益,促进社会主义市场经济健康发展。

2. 行政法规

(1)《计算机软件保护条例》,该条例于 1991 年 6 月由国务院发布,新条例于 2001 年 12 月颁布,于 2002 年 1 月 1 日起施行,旧条例同时废止。2011 年 1 月和 2013 年 1 月,国务院对该条例进行了两次修订。该条例对保护计算机软件著作权人的权益,调整计算机软件在开发、传播和使用中发生的利益关系,鼓励计算机软件的开发与应用十分重要,起到了促进软件产业和国民经济信息化发展的目的。

(2)《中华人民共和国计算机信息系统安全保护条例》,该条例于 1994 年 2 月由国务院发布并实施,根据 2011 年 1 月 8 日国务院令第 588 号令《国务院关于废止和修改部分行政法规的决定》修订。该条例明确规定由公安部主管全国计算机信息系统安全保护工作。该条例第七条规定:"任何组织或者个人,不得利用计算机信息系统从事危害国家利益、集体利益和公民合法利益的活动,不得危害计算机信息系统的安全。"该条例详细规定了计算机信息系统的安全保护制度、安全监察及相关的法律责任。

(3)《互联网信息服务管理办法》,该办法于 2000 年 9 月 20 日由国务院第 31 次常务会议通过,于 2000 年 9 月 25 日公布施行。2021 年 1 月 8 日,国家网信办就《互联网信息服务管理办法(修订草案征求意见稿)》公开征求意见,意见反馈截止日期为 2021 年 2 月 7 日。该办法将互联网服务分为"经营性"与"非经营性"两类,并分别实施"许可"与"备案"制度。作为经营性互联网信息服务的电子商务经营者,应当向省、自治区、直辖市电信管理机构或者国务院信息产业主管部门申请办理互联网信息服务增值电信业务经营许可证。与此同时,从事新闻、出版、教育、医疗保健、药品、医疗器械等互联网信息服务的,需要向有关行政部门前置审批。这是电子商务经营者市场准入的基础门槛。

(4)《信息网络传播权保护条例》,该条例于 2006 年 5 月 10 日由国务院第 135 次常务会议通过,自 2006 年 7 月 1 日起施行。2013 年 1 月 16 日在国务院第 231 常务会议上,国务院通过了修改该条例的决定,新条例自 2013 年 3 月 1 日起施行。该条例对包括网络著作权的合理使用、法定许可、避风港原则、版权管理技术等一系列内容做了相应规定,区分了著作权人、电子商务服务商、用户的权益,较好地做到了产业发展与权利人利益、公众权利的平衡,为电子商务中的著作权法律保护奠定了基础。

(5)《生成式人工智能服务管理暂行办法》,该办法于 2023 年 7 月由国家互联网信息办公室等七部门联合发布,明确了生成式人工智能服务的定义和适用范围,要求服务提供者承担主体责任,确保生成内容的合法性、真实性和安全性。办法强调数据安全和隐私保护,禁止非法收集和使用用户数据,并要求对生成内容进行标识以防止虚假信息传播。同时,建立了投诉举报机制,加强社会监督,旨在规范生成式人工智能服务的健康发展,保护用户权益和社会公共利益。

(6)《互联网信息服务算法推荐管理规定》,该规定由国家互联网信息办公室等部门发布,自2022年3月1日起施行,旨在规范算法推荐服务,包括生成式人工智能技术的应用。该规定要求算法透明、公平,防止算法歧视和滥用,同时强调用户权益保护,赋予用户选择权和知情权,确保算法推荐服务的合法性和公正性,促进技术应用的健康发展。

另外,还有《中华人民共和国计算机信息网络国际联网管理暂行规定》(1996年2月由国务院发布实施)、《中华人民共和国计算机信息网络国际联网管理暂行规定实施办法》(1998年2月由国务院信息化工作领导小组发布实施)、《互联网域名管理办法》(2017年8月16日由工业和信息化部公布,自2017年11月1日起施行)。

3. 部门规章、地方性法规、其他规范性文件

除了法律和行政法规,各部门和省市也会发布一些地方性法规和规范文件,常见的与电子商务相关的部门规章、地方性法规和规范性文件如表1-1所示。

表1-1　常见的与电子商务相关的部门规章、地方性法规和规范性文件

实施时间	文件名称	颁发部门
1997年12月	《计算机信息网络国际联网安全保护管理办法》	公安部
1999年1月	《关于采取有效措施防范金融计算机犯罪的通知》	中国人民银行
2000年1月	《计算机信息系统网络国际联网保密管理规定》	国家保密局
2000年5月	《关于对网络广告经营资格进行规范的通告》	北京市工商行政管理局
2000年6月	《关于规范网站销售信息发布行为的通告》	北京市工商行政管理局
2000年12月	《全国人民代表大会常务委员会关于维护互联网安全的决定》	全国人大常委会第十九次会议
2001年6月	《网上银行业务管理暂行办法》	中国人民银行
2003年2月	《广东省电子交易条例》	广东省第九届人民代表大会常务委员会
2006年3月	《互联网安全保护技术措施规定》	公安部
2007年6月	《中华人民共和国海关进出境印刷品及音像制品监管办法》	海关总署

实施时间	文件名称	颁发部门
2008 年 4 月	《电子出版物出版管理规定》	新闻出版总署
2011 年 4 月	《第三方电子商务交易平台服务规范》	中华人民共和国商务部
2012 年 11 月	《支付机构预付卡业务管理办法》	中国人民银行
2013 年 4 月	《网络发票管理办法》	国家税务总局
2014 年 3 月	《网络交易管理办法》	国家工商行政管理总局
2015 年 10 月	《网络商品和服务集中促销活动管理暂行规定》	国家工商行政管理总局
2016 年 9 月	《互联网广告管理暂行办法》	国家工商行政管理总局
2016 年 12 月	《关于海关特殊监管区域和保税监管场所保税货物流转管理的公告》	海关总署
2017 年 3 月	《网络购买商品七日无理由退货暂行办法》	国家工商行政管理总局
2017 年 9 月	《国家税务总局关于跨境应税行为免税备案等增值税问题的公告》	国家税务总局
2018 年 1 月	《国务院办公厅关于推进电子商务与快递物流协同发展的意见》	国务院办公厅
2018 年 10 月	《财政部、税务总局、商务部、海关总署关于跨境电子商务综合试验区零售出口货物税收政策的通知》	财政部、税务总局、商务部、海关总署
2019 年 4 月	《市场监督管理行政处罚程序暂行办法》	国家市场监督管理总局
2020 年 1 月	《国家税务总局关于跨境电子商务综合试验区零售出口企业所得税核定征收有关问题的公告》	国家税务总局
2020 年 9 月	《最高人民法院关于审理涉电子商务平台知识产权民事案件的指导意见》	最高人民法院
2021 年 1 月	《商务部办公厅关于推动电子商务企业绿色发展工作的通知》	商务部办公厅
2021 年 5 月	《网络交易监督管理办法》	国家市场监督管理总局
2021 年 5 月	《网络直播营销管理办法 (试行)》	国家互联网信息办公室、公安部、商务部等七部门
2021 年 6 月	《电子商务平台知识产权保护管理》(GB/T 39550—2020)	国家知识产权局

实施时间	文件名称	颁发部门
2022年3月	《互联网信息服务算法推荐管理规定》	国家互联网信息办公室、工业和信息化部、公安部、国家市场监督管理总局
2022年3月	《关于进一步规范网络直播营利行为促进行业健康发展的意见》	国家互联网信息办公室、国家税务总局、国家市场监督管理总局
2023年8月	《生成式人工智能服务管理暂行办法》	国家互联网信息办公室等七部门
2024年9月	《网络反不正当竞争暂行规定》	国家市场监督管理总局
2025年1月	《网络数据安全管理条例》	国务院

4. 电子商务行业规范

电子商务行业规范是电子商务法律的重要补充,它能够规范和引导电子商务企业走上健康有序的竞争之路。例如,《抵制恶意软件自律公约》2006年由中国互联网协会组织会员单位签署。该协会采用自律的形式,组织对恶意软件的讨论并加以定义,以避免网民的各种权益受到侵害。

【课后习题】

一、单选题

1. 电子商务法的调整对象是（   ）。

    A. 电子商务交易活动

    B. 电子商务交易活动中发生的各种社会关系

    C. 电子商务交易流程

    D. 电子商务交易模式

2. 《电子商务示范法》是由（   ）于1996年通过的。

    A. 联合国国际贸易法委员会

    B. 国际商会

    C. 欧盟贸易法委员会

    D. 美国贸易法委员会

3. （   ）被称为"社会生活的百科全书,"是新中国第一部以法典命名的法律,在法律体系中居于基础性地位,也是市场经济的基本法。

    A.《电子商务法》   B.《商标法》

C.《刑法》　　　　　　　　　　D.《民法典》

4. 维护电子商务交易安全,依法保护电子商务用户数据信息,鼓励电子商务数据信息交换共享,保障电子商务数据信息依法有序自由流动和合理利用,体现了电子商务立法的(　　)基本原则。

    A. 社会共治　　　　　　　　　B. 公平诚信

    C. 规范监管　　　　　　　　　D. 数据信息开发利用和保护均衡

5. (　　)是我国第一部全面规范网络空间安全管理方面问题的基础性法律,是我国网络空间法治建设的重要里程碑,是依法治网、化解网络风险的法律重器,是让互联网在法治轨道上健康运行的重要保障。

    A.《网络安全法》　　　　　　　B.《电子签名法》

    C.《合同法》　　　　　　　　　D.《计算机信息系统安全保护条例》

二、多选题

1. 电子商务法具有(　　　　)的特征。

    A. 国际性　　　　　　B. 科技性　　　　　　C. 开放性

    D. 安全性　　　　　　E. 复杂性

2. 电子商务立法的基本原则包括(　　　　)。

    A. 鼓励创新　　　　　　　　　B. 公平诚信

    C. 规范监管　　　　　　　　　D. 社会共治

3. 《电子商务法》的调整对象包括(　　　　)。

    A. 互联网等信息网络　　　　　B. 销售商品和提供服务

    C. 经营活动　　　　　　　　　D. 金融类产品与服务

4. 《电子商务法》的法律规范与现有其他法律规范相比,依其创新程度可以大致分为(　　　　)规范三类。

    A. 包含性　　　　　　　　　　B. 补充性

    C. 更新性　　　　　　　　　　D. 创新性

5. 电子商务立法的指导思想可以归纳为(　　　　)。

    A. 促进发展　　　　　　　　　B. 保障安全

    C. 规范秩序　　　　　　　　　D. 保障权益

三、判断题

1. 电子商务立法的基本目标就是在电子商务活动中建立公平的交易规则。(　　)

2. 电子商务法律关系客体是指电子商务的各方参与者,即享有权利、承担义务的当事人。(　　)

3. 金融类产品和服务,利用信息网络提供新闻信息、音视频节目、出版,以及文化产品等内容方面的服务,适用《电子商务法》。(　　)

4.《电子商务法》的目的在于引领行业更加规范化,无论是我国法律体系、行业规则,还是企业内部制度都得到了进一步完善。(　　)

5.《电子商务法》已于 2018 年 8 月 31 日第十三届全国人民代表大会常务委员会第五次会议通过并施行。(　　)

四、案例题

随着我国电子商务化进程不断加快,催生了新的消费方式和商业模式,也使电子商务行业实现了快速发展。但是,我国在很长一段时期缺少专门的对电商领域进行监管的法律,出现了"刷单""大数据杀熟"等行业乱象,使消费者在电子商务过程中处于相对弱势的地位,让电商行业的发展处于畸形状态,而《电子商务法》的出台则为整个电商行业注入了强心剂。

请分析:

1. 对消费者而言,《电子商务法》成为维护自身权益的"利剑",为什么?

2. 对经营者而言,《电子商务法》是其必须遵循的规则和必须履行的责任,为什么?

C h a p t e r

电子商务主体法律制度

※ **素养目标**
- 培养诚实守信、合法合规的经营意识
- 树立保护消费者个人信息的意识
- 树立行政部门秉公执法、执法为民的意识

※ **知识目标**
- 了解电子商务主体的基本概念及理论
- 掌握电子商务经营者的类型、义务及规制
- 熟悉电子商务消费者相关权益
- 掌握电子商务服务者的类型及主要规制
- 熟悉电子商务的监管部门以及其职责

※ **能力目标**
- 能够分析电子商务经营者、服务者的类型
- 能够观察和剖析电子商务经营者是否履行基本法律义务
- 能够运用所学知识开展电子商务经营合法合规检查

※ 思维导图

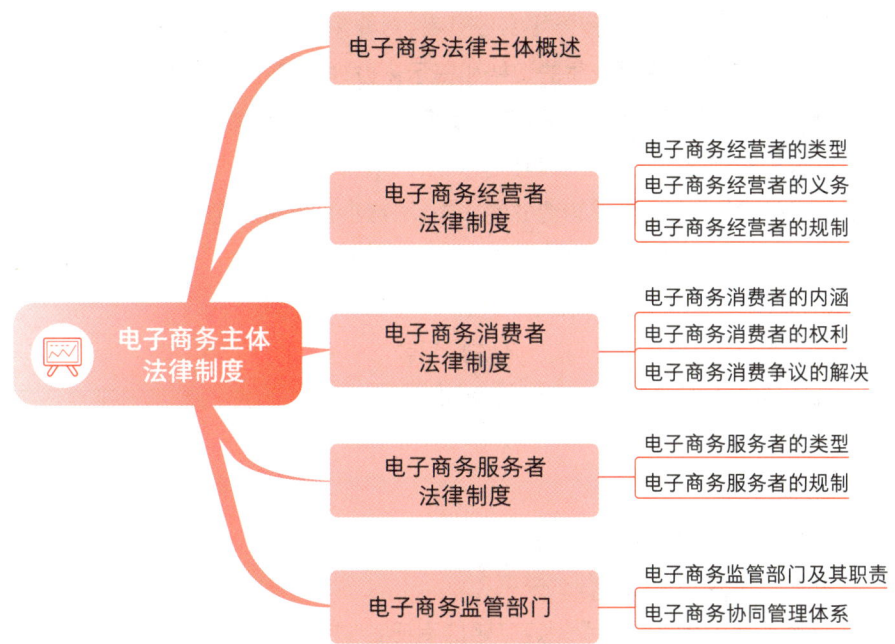

【案例导入】

平台出现假冒产品，平台经营者同平台内经营者共同承担赔偿责任

　　陈某在某网络购物平台上的邓某经营的网店购买了"清华同方"品牌一体机计算机 3 台，单价为 6 706.7 元。陈某收货后，发现计算机开机速度慢，总是有卡顿现象，后仔细查看了包装和计算机配置，发现该计算机包装及计算机机身都没有 3C 认证标志，节能能效标识也没有生产厂家、型号等信息，包装上出品方是深圳 A 公司，制造商是广州 B 公司，包装盒上贴一小纸条，上标注清华同方。陈某即在清华同方官网对该系列型号进行了查询，发现没有此型号，于是就在国家认证认可查询中心对出品方 A 公司、制造商 B 公司的 3C 进行了查询，均发现没有所购一体机的认证和备案，他又对清华同方股份有限公司进行了查询，没有所购产品厂家的 3C 认证备案。结合上述情况，陈某觉得自己买的产品是假冒清华同方一体机计算机，于是陈某联系网购平台，要求网购平台冻结邓某押金和货款，并要网购平台依据《电子商务法》的规定披露邓某的营业执照，网购平台没有披露，仅提供了卖家入驻拼多多平台的身份证号码，并无营业执照。同时，陈某购买产品时，邓某在店铺的产品销售页面承诺："假一赔十。"据此，陈某将邓某和网购平台诉至法院，陈某的诉求为：第一，邓某退回购买计算机的货款 6 706.7 元；第二，邓某和网购平台支付十倍赔偿金 67 067 元，并且通过媒体赔礼道歉；第三，邓某和网购平台承担陈某维权所花费的交通费、律师费等各项费用共 5 000 元。

法院一审审理认为：邓某所出售的计算机属于假冒品牌产品，应当退还购物款项。邓某"假一罚十"的承诺是自愿作出，且不违反法律的强制性规定，故该承诺合法有效。网购平台作为电子商务平台经营者，对要求进入平台的销售者或提供服务的经营者，有审查行政许可资质的资格和提示未办理市场主体登记的经营者依法办理登记的义务，而网购平台不能证明其尽到了该项审查提示义务，其疏漏行为导致了邓某在拼多多购物平台上没有在销售页面上公示营业执照信息及行政许可信息，属于无证经营行为，对由此给陈某造成的损失，网购平台负有一定责任，依法应承担连带赔偿责任。陈某维权所花费的交通费、律师费等各项费用共计 5 000 元，因陈某未提交证据证明其损失，故对此主张法院不予支持。

最后法院判决：第一，由邓某退还陈某货款 6 706.7 元；陈某同时将所购清华同方一体机计算机 3 台退还邓某；第二，由邓某赔偿陈某 67 067 元，网购平台承担连带赔偿责任。

案例思考：

1. 开网店需要营业执照吗？

2. 邓某和网购平台属于什么关系？

3. 网购平台为什么需要承担连带赔偿责任？

4. 如果邓某没有承诺"假一赔十"，还需要对陈某赔偿吗？

2.1
电子商务法律主体概述

法律主体是指各类法律关系中，享有权利、负有义务以及承担责任的自然人、法人和非法人组织。如买卖关系中，买方和卖方是买卖关系中的主体，他们在这个买卖关系中互有权利和义务。

电子商务主体是指借助计算机、互联网、信息技术实施商事行为并因此而享有权利和承担义务的自然人、法人和非法人组织。电子商务主体往往使用其网络 ID 或网名参与电子商务活动。而这个网络 ID 或网名只是虚拟网络中的一个代号，并不是电子商务主体本身，网络 ID 或网名背后的权利主体才是电子商务主体。

谁是电子商务交易主体？

李某在微信上认识了一个微信名为"胜南运动鞋专卖"的运动鞋卖家。通过微信交流、付款，李某从该卖家处购买了一双阿迪达斯运动鞋。李某在使用一周后发现运动鞋鞋底开胶，后经证实该鞋为假冒产品。因为找不到卖家也没有其个人的信息，李某以在微信上购得假冒产品为由将微信诉至法院，要求赔偿其损失。法院经审理认为微信不是该案适格主体，驳回了李某的诉讼请求。

在本案中，李某实际应该起诉谁？

案例思考：微商售假案件一旦发生，起诉谁就成了首先要解决的问题。在本案中微信仅仅是一个沟通平台，不属于这起电子商务交易中的主体，因此不承担责任。

狭义的电子商务主体，仅指电子商务中的商事主体，即电子商务法中的电子商务经营者。电子商务经营者包括四类：电子商务平台经营者，例如：淘宝、天猫、京东等；平台内经营者，指平台上的商家；自建网站经营者，如华为商城等；通过其他网络服务销售商品或提供服务的电子商务经营者，如微商、直播销售等（见图2-1）。

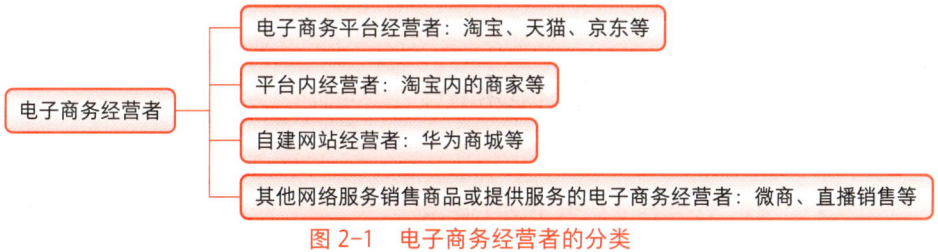

图 2-1 电子商务经营者的分类

广义的电子商务主体，是指所有参与电子商务中的相关主体，既包括狭义上的电子商务商事主体，也包括消费者、物流服务方、支付服务方、政府等主体。这些主体之间因电子商务产生各类法律关系，是电子商务经营过程中不可或缺的参与主体。广义的电子商务主体之间的关系如图2-2所示。

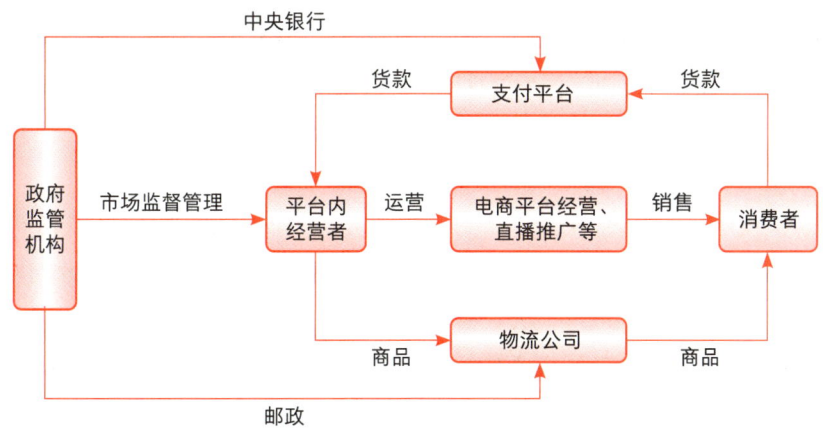

图 2-2 广义的电子商务主体之间的关系

【案例直击】

2.2
电子商务经营者法律制度

2.2.1　电子商务经营者的类型

1. 电子商务经营者的定义

　　从电子商务法律角度看,电子商务经营者是指通过互联网等信息网络销售商品或者提供服务经营活动的自然人、法人和非法人组织。电子商务经营者的含义包含了以下三个要素。

　　(1) 以互联网等信息网络为媒介。电子化、网络化是电子商务的基本属性。电子商务经营者的经营活动以各类信息网络为媒介,进行信息交流、广告推广、销售商品、提供服务、订立协议、支付等经营活动。广泛依赖信息网络进行经营活动,使电子商务经营者形成了其有别于传统经营的自身特点。

　　(2) 销售商品或者提供服务。电子商务近年来发展迅速,电子商务模式已经从最初的网络产品零售发展到几乎覆盖所有贸易领域。随着信息技术和互联网技术的不断进步,移动互联网、物联网、大数据、云计算等数字技术为电子商务创造了丰富的应用场景,不断催生了新营销模式和新商业业态,电子商务的模式越来越多元化。为了适应电子商务不断产生新模式的特点,《电子商务法》对电子商务活动采取了一个

微课:
电子商务经
营者的类型

广义的界定。除了销售商品之外,把近年发展出来的共享出行、餐饮外卖、教育培训等各类型网络服务也都纳入了电子商务的范畴。

需要指出的是,根据《电子商务法》第二条的规定,对于金融类产品和服务,利用信息网络提供新闻信息、音视频节目、出版以及文化产品等内容方面的服务,不在《电子商务法》的调整范围之列,即从事"网络销售商品或者提供服务"不包括上述商品和服务。

(3) 从事的是经营活动。并不是所有通过信息网络销售商品或提供服务的经营者都属于电子商务经营者。电子商务经营者除了满足上述两个要素外,其从事的活动必须是经营活动。经营活动是一种以营利为目的的持续性的行为。如个人通过网络出售自用的二手物品,就不属于电子商务经营者的范畴。

《电子商务法》对电子商务采用开放性的界定标准,把各类通过信息网络进行销售商品或者提供服务的经营者纳入电子商务经营者的范围,既符合当下电子商务的实际情况,也为未来的电子商务发展保留了空间。

2. 电子商务经营者分类

电子商务经营者根据其经营载体,可以分为四类:电子商务平台经营者、平台内经营者、自建网站的电子商务经营者、通过其他网络服务销售商品或者提供服务的电子商务经营者。

(1) 电子商务平台经营者。电子商务平台经营者是指在电子商务中为交易双方或者多方提供网络经营场所、交易撮合、信息发布等服务,供交易双方或者多方独立开展交易活动的法人或者非法人组织。电子商务平台并不等于电子商务平台经营者,日常观念中经常把二者混同。目前,有代表性的电子商务平台有淘宝、天猫、京东、拼多多等。

【实务拓展】

常见的电子商务平台经营者

常见的电子商务平台经营者如表 2-1 所示。

表 2-1　常见的电子商务平台经营者

平台	平台经营者
淘宝	浙江淘宝网络有限公司
天猫	浙江天猫网络有限公司
京东	北京京东叁佰陆拾度电子商务有限公司
拼多多	上海寻梦信息技术有限公司
美团	北京三快科技有限公司
携程	上海携程商务有限公司

现实中,电子商务平台经营者常常不只是第三方角色,有的平台经营者会自行销售商品或提供服务,如京东就有自营商品和服务。

【法条速递】

电子商务平台经营者在其平台上开展自营业务的,应当以显著方式区分标记自营业务和平台内经营者开展的业务,不得误导消费者。

电子商务平台经营者对其标记为自营的业务依法承担商品销售者或者服务提供者的民事责任。

——《中华人民共和国电子商务法》第三十七条

电子商务产业兴起的一个重要因素就是电子商务平台的快速兴起。目前电子商务平台经营者在电子商务行业中占据主导地位,处于一个多寡头的状态。由于电子商务平台经营者与传统经营者有着显著区别,具有其特殊性,传统民商法能适用在电子商务平台经营者的规范较少,因此电子商务平台经营者是《电子商务法》主体规范的主要对象。

(2) 平台内经营者。平台内经营者是指通过电子商务平台销售商品或者提供服务的电子商务经营者。电子商务经营者中绝大多数是平台内经营者,因为对于大多数电子商务经营者来说,自身都没有搭建网络平台来销售商品或提供服务的能力。

平台内经营者依附电子商务平台,在他人搭建的电子商务平台进行交易行为。平台内经营者不仅需要受到法律的约束,而且需要遵守电子商务平台的规则。平台内经营者与电子商务平台经营者之间通过服务协议建立起一种服务合同关系。虽然双方是平等的合同关系,但平台内经营者实际处于弱势地位。电子商务平台经营者往往会通过搜索排名、信用评价、内部惩戒、服务协议等手段对平台内经营者进行事实上的管理。

平台内经营者主要是在经营渠道和媒介使用上与传统商务经营者存在区别,但不存在很多的特殊之处。因此,为保证线上线下法律适用的一致性,平台内经营者与传统商务经营者在大多时候适用的民商事法律法规是相同的。

(3) 自建网站的电子商务经营者。自建网站的电子商务经营者与平台内经营者类似,仅在经营渠道和媒介使用上与传统商务经营者存在区别。但是并非所有自建网站的企业都属于电子商务经营者,需要这些网站具备向社会不确定第三方销售商品或者提供服务的功能。如果企业仅在自建网站中介绍、宣传、推广企业或企业的产品和服务,则不属于电子商务经营者的范畴。

(4) 通过其他网络服务销售商品或提供服务的电子商务经营者。《电子商务法》中还有一个兜底性内容,即通过其他网络服务销售商品或者提供服务也属于电子商务经营者。例如,近年来随着社交平台及娱乐应用平台的广泛使用以及功能的多元化发展,社交电商快速发展。就社交电商而言,通过社交平台销售商品或者提供服务,符合利用"网络销售商品或者提供服务"的本质属性,应纳入《电子商务法》的调整范围。当前利用抖音、微信这类社交、娱乐类平台销售商品或者提供服务的经营者已经具有相当大的规模。

目前直播电商发展迅速,其主流模式是通过直播平台介绍、宣传商品或者服务,再通过链接转至其他平台销售商品或者提供服务。对网络主播、直播平台经营者而言,如果仅是单纯地宣介商品或者服务,其法律地位为广告发布者或者是广告经营者。

3. 电子商务经营者主体登记及经营许可制度

电子商务领域有一类典型的违法行为,就是无照无证经营。在我国现行法律框架下,要从事经营活动涉及"证""照"两个层面的要求,即要具有工商部门的营业执照,以及许可审批部门的许可证或者其他批准文件。营业执照是从事经营活动的基本要求,而许可证是一些商业领域的进一步准入要求。例如,随着直播电商、社群电商的发展,一些个人商户通过抖音、微信等平台销售自制的糕点、卤制品、酱料等食品,这些商家除了需要获得营业执照,还需要获得食品生产许可证、食品经营许可证或者小作坊生产许可证等,只有至少具备上述三个行政许可之一,才可以在线上开展相关的经营活动。

【法条速递】

网络交易经营者不得违反法律、法规、国务院决定的规定,从事无证无照经营。除《中华人民共和国电子商务法》第十条规定的不需要进行登记的情形外,网络交易经营者应当依法办理市场主体登记。

——《网络交易监督管理办法》第八条

电子商务经营者应当依法办理市场主体登记。但是,个人销售自产农副产品、家庭手工业产品,个人利用自己的技能从事依法无须取得许可的便民劳务活动和零星小额交易活动,以及依照法律、行政法规不需要进行登记的除外。

——《中华人民共和国电子商务法》第十条

(1) 电子商务经营者主体登记制度。市场主体登记是国家对从事市场经营活动的准入要求,也是经营者在参与市场经济活动中需要遵守的基本义务。这个制度并非是针对电子商务经营活动所专门设计的,线上电子商务经营者和线下传统经营者遵守的法律法规是一致的。在我国目前的法律框架下,可选择的市场主体形式主要有:个体工商户、个人独资企业、合伙企业、公司四大类。

2024 年 7 月 1 日起施行的新修订的《中华人民共和国公司法》(简称《公司法》)规定,公司登记机关可以发给电子营业执照。电子营业执照与纸质营业执照具有同等法律效力。

《公司法》规定公司登记事项包括:(1) 名称;(2) 住所;(3) 注册资本;(4) 经营范围;(5) 法定代表人的姓名;(6) 有限责任公司股东、股份有限公司发起人的姓名或者名称。公司登记机关应当将前款规定的公司登记事项通过国家企业信用信息公示系统向社会公示。

电子商务经营者应当办理市场主体登记的规定也有例外,自然人在以下四种情况下可以豁免市场主体登记:

第一,个人销售自产农副产品;

第二,个人销售家庭手工业产品;

第三,个人利用自己的技能从事依法无须取得许可的便民劳务活动;

第四,个人从事依法无须取得许可的零星小额交易活动。

由于电子商务平台经营者需要获得电信增值业务行政许可,而这个许可自然人无法申请。因此,电子商务经营者中除了电子商务平台经营者不能是自然人外,另三类电子商务经营者市场主体形式可以是个体工商户、个人独资企业、合伙企业、公司。在特定情况下可以是自然人。需要注意的是,由于商事经营行为需要有独立承担责任的能力,因此电子商务经营者是自然人的需要具有完全民事行为能力。

【法条速递】

依法设立的公司,由公司登记机关发给公司营业执照。公司营业执照签发日期为公司成立日期。

—— 《中华人民共和国公司法》第三十三条

公司营业执照记载的事项发生变更的,公司办理变更登记后,由公司登记机关换发营业执照。

—— 《中华人民共和国公司法》第三十六条

公司设立分公司,应当向公司登记机关申请登记,领取营业执照。

—— 《中华人民共和国公司法》第三十八条

违反本法规定,虚报注册资本、提交虚假材料或者采取其他欺诈手段隐瞒重要事实取得公司登记的,由公司登记机关责令改正,对虚报注册资本的公司,处以虚报注册资本金额百分之五以上百分之十五以下的罚款;对提交虚假材料或者采取其他欺诈手段隐瞒重要事实的公司,处以五万元以上二百万元以下的罚款;情节严重的,吊销营业执照;对直接负责的主管人员和其他直接责任人员处以三万元以上三十万元以下的罚款。

—— 《中华人民共和国公司法》第二百五十条

(2) 电子商务经营者经营许可制度。在一些特定的经营领域,需要获得行政许可才可以经营。也就是说,电子商务经营者从事经营活动,依法需要取得行政许可的,应当取得行政许可。当然,电子商务经营方式本身不涉及行政许可问题的,目前没有专门的电子商务行政许可。

目前,电子商务经营者面临的经营许可可以分为两类。

第一类是对线上线下经营者普遍适用的行政许可。例如,在常见的食品、药品、出版业等经营领域,不管线上线下经营者,都需要获得相关行政许可才可以进行这类领域的经营活动。

第二类是电子商务特有的行政许可。例如,依照《互联网信息服务管理办法》的规定,经营性的互联网信息服务采取许可制,非经营性互联网信息服务采取备案制。显然,电子商务平台属于经营性的互联网信息服务,应当获得相应的行政许可。通常,电子商务平台经营者需要依法申请行政许可的业务是第二类增值电信业务中的信息服务业务与第二类增值电信业务中的在线数据处理与交易处理业务服务项目,该项目的行政许可审批机构是通信管理部门。

【 法条速递 】

从事无证经营的,由查处部门依照相关法律、法规的规定予以处罚。

——《无证无照经营查处办法》第十二条

从事无照经营的,由工商行政管理部门依照相关法律、行政法规的规定予以处罚。法律、行政法规对无照经营的处罚没有明确规定的,由工商行政管理部门责令停止违法行为,没收违法所得,并处 1 万元以下的罚款。

——《无证无照经营查处办法》第十三条

明知属于无照经营而为经营者提供经营场所,或者提供运输、保管、仓储等条件的,由工商行政管理部门责令停止违法行为,没收违法所得,可以处 5 000 元以下的罚款。

——《无证无照经营查处办法》第十四条

任何单位或者个人从事无证无照经营的,由查处部门记入信用记录,并依照相关法律、法规的规定予以公示。

——《无证无照经营查处办法》第十五条

【 案例直击 】

美团入驻商家无证经营药品案

江西省南昌市市场监督管理局根据国家药品网络销售监测平台监测线索,对美团入驻商家江西炜和堂电子商务公司进行检查。检查中发现,该商家使用伪造的药品经营许可证通过网络销售布洛芬缓释胶囊等药品。经查实,违法所得 1.13 万元,涉案货值金额 1.64 万元。江西省南昌市场监督管理局要求该商家立刻关停相关业务,并没收违法所得 1.13 万元,罚款 10 万元。

案例思考:江西炜和堂电子商务公司为何被处罚,违反了《电子商务法》的哪些条款?

【德技并修】

以数字赋能农产品电商高质量发展

党的二十大报告提出,要"全面推进乡村振兴""坚持农业农村优先发展""加快建设农业强国"。

推进乡村振兴,数字经济是重要抓手。近年来,电子商务逐渐成为农产品销售的重要渠道,农村电商成为推动农业升级、农村发展、农民增收,助力乡村振兴的新引擎。2023 年,我国农产品网络零售增势较好,全国农产品网络零售额 5 870.3 亿元,同比增长 12.5%,增速较 2022 年提升 3.3 个百分点,电子商务在推动乡村经济高质量发展方面发挥着重要作用。

案例思考:农村电商经营者作为电子商务活动重要参与主体,应该遵守哪些法律法规?

2.2.2 电子商务经营者的义务

电子商务经营者从事经营活动,应当遵循自愿、平等、公平、诚信的原则,遵守法律和商业道德,公平参与市场竞争,履行消费者权益保护、环境保护、知识产权保护、网络安全与个人信息保护等方面的义务。在电子商务经营者所需承担的法律义务中,除了传统经营者需承担民商事法律义务外,还有以下两类具有电子商务特点的法律义务。

1. 电子商务经营者一般义务

(1) 诚信经营义务。

① 销售的产品或者提供的服务符合保障人身、财产安全的要求和环境保护要求,不得销售或者提供法律、行政法规禁止交易的产品或者服务。

② 全面、真实、准确、及时地披露产品或者服务信息,保障消费者的知情权和选择权。

③ 不得以虚构交易、编造用户评价等方式进行虚假或者引人误解的商业宣传,欺骗、误导消费者。

④ 依法出具纸质发票或者电子发票等购货凭证或者服务单据。

（2）依法纳税义务。

电子商务经营者依法履行纳税义务，依法享受税收优惠。不需要办理市场主体登记的电子商务经营者在首次纳税义务发生后，依照税收征收管理法律法规申请办理税务登记，并如实申报纳税。

（3）公开公示义务。

① 电子商务经营者在其首页显著位置，持续公示营业执照信息、与其经营业务有关的行政许可信息或提供链接标识。相关信息发生变更，及时更新公示信息。

② 自行终止从事电子商务，提前三十日在首页显著位置持续公示有关信息。

🏛 【法条速递】

公司应当按照规定通过国家企业信用信息公示系统公示下列事项：

（一）有限责任公司股东认缴和实缴的出资额、出资方式和出资日期，股份有限公司发起人认购的股份数；

（二）有限责任公司股东、股份有限公司发起人的股权、股份变更信息；

（三）行政许可取得、变更、注销等信息；

（四）法律、行政法规规定的其他信息。

公司应当确保前款公示信息真实、准确、完整。

——《中华人民共和国公司法》第四十条

（4）信息保护义务。

① 电子商务经营者收集、使用其用户的个人信息，遵守法律、行政法规有关个人信息保护的规定。

② 电子商务经营者明示用户信息查询、更正、删除以及用户注销的方式、程序，不设置不合理条件。用户注销的，电子商务经营者应立即删除该用户的信息。

③ 有关主管部门依照法律法规要求电子商务经营者提供有关电子商务数据信息时，电子商务经营者应当配合提供。

（5）消费者权益保护义务。

① 搭售产品或者服务时，需要以显著方式提请消费者注意，不将搭售产品或者服务作为默认同意的选项。

② 电子商务经营者按照承诺或者与消费者约定的方式、时限向消费者交付产品或者服务，并承担产品运输中的风险和责任。

③ 电子商务经营者按照约定向消费者收取押金，应明示押金退还的方式、程序，不得对押金退还设置不合理条件。消费者申请退还押金，符合押金退还条件的，电子商务经营者应当及时退还。

④ 公司从事经营活动，应当充分考虑公司职工、消费者等利益相关者的利益以

及生态环境保护等社会公共利益，承担社会责任。

2. 电子商务平台经营者的特别义务

（1）对平台内经营者的信息审查登记义务。

① 电子商务平台经营者应要求申请进入平台销售商品或者提供服务的经营者提交其身份、地址、联系方式、行政许可等真实信息，进行核验、登记，建立登记档案，并定期核验更新。

② 电子商务平台经营者按照规定向市场监督管理部门报送平台内经营者的身份信息，提示未办理市场主体登记的经营者依法办理登记，并配合市场监督管理部门，针对电子商务的特点，为应办理市场主体登记的经营者办理登记提供便利。电子商务平台经营者依照税收征收管理法律、行政法规的规定，向税务部门报送平台内经营者的身份信息和与纳税有关的信息。

✖【案例直击】

平台未履行定期审核义务被判承担连带责任

三仙书阁是贵州省毕节市金海湖新区每峰百货店的网络店铺，经营者为许某某，其在某电商平台上销售盗版《结构性改革》图书。中信出版集团发现后，将许某某与寻梦公司告上法庭，要求停止侵权并赔偿损失。

一审法院未支持中信出版集团要求寻梦公司共同承担赔偿责任的诉讼请求，中信出版集团上诉后，法院二审认为，每峰百货店在电商平台开设三仙书阁销售图书，属于必须办理市场主体登记的情形。虽然寻梦公司在三仙书阁入驻平台时进行了资质审核，但之后一直未履行《网络交易监督管理办法》第二十四条第一款关于对平台内经营者身份等信息至少每六个月核验更新一次的义务，导致已注销的每峰百货店仍在此电商平台以三仙书阁名义销售盗版书籍。该行为属于《最高人民法院关于审理涉电子商务平台知识产权民事案件的指导意见》第十一条第一项规定的"未履行制定知识产权保护规则、审核平台内经营者经营资质等法定义务"，可以认定为寻梦公司应当知道侵权行为存在，其应当对每峰百货店侵犯知识产权的行为承担连带责任。

案例思考：电子商务平台对商家具有管理的权利和义务，对不符合平台规则的内容应尽审慎的注意义务。平台有义务审查商家的资质资格，并定期更新，尽可能避免消费者、其他权利人权益受损。

（2）制定、公示和合理使用平台服务协议及交易规则义务。

① 制定规则义务。电子商务平台经营者应当制定平台服务协议和交易规则，明确进入和退出平台、产品和服务质量保障、消费者权益保护、个人信息保护等方面的权利和义务。

② 公示义务。电子商务平台经营者在其首页显著位置持续公示平台服务协议

和交易规则信息或者上述信息的链接标识,并保证经营者和消费者能够便利、完整地阅览和下载。修改平台服务协议和交易规则,应当公开征求意见,确保有关各方能够及时充分表达意见。平台内经营者不接受修改内容,要求退出平台的,电子商务平台经营者不得阻止,并按照修改前的服务协议和交易规则承担相关责任。

③ 合理使用义务。电子商务平台经营者不利用服务协议、交易规则以及技术等手段,对平台内经营者在平台内的交易、交易价格以及与其他经营者的交易等进行不合理限制或者附加不合理条件,或者向平台内经营者收取不合理费用。

(3) 管理平台交易义务。电子商务平台经营者负责记录、保存平台上发布的产品和服务信息、交易信息,并确保信息的完整性、保密性、可用性。产品和服务信息、交易信息保存时间自交易完成之日起不少于三年。

(4) 维护交易秩序和安全义务。电子商务平台经营者采取技术措施和其他必要措施保证其网络安全、稳定运行,防范网络违法犯罪活动,有效应对网络安全事件,保障电子商务交易安全。

(5) 建立健全信用评价制度义务。电子商务平台经营者应当建立健全信用评价制度,公示信用评价规则,为消费者提供评价的途径。电子商务平台经营者不得删除消费者的评价。

电子商务平台经营者根据产品或者服务的价格、销量、信用等以多种方式向消费者显示产品或者服务的搜索结果;对于竞价排名的产品或者服务,显著标明"广告"。

(6) 对平台内的违法经营处置义务。

① 产品质量违法处置。电子商务平台经营者知道或者应当知道平台内经营者销售的产品或者提供的服务不符合保障人身、财产安全的要求,或者有其他侵害消费者合法权益行为,应当采取必要措施。如果没有采取必要措施,依法与该平台内经营者承担连带责任。

电子商务平台经营者对提供关系消费者生命健康的产品或者服务的平台内经营者的资质资格需要尽到审慎审核义务。如没有尽到审核义务或者对消费者没有尽到安全保障义务,造成消费者损害的,需要承担相应的责任。

② 知识产权侵权处置。知识产权权利人认为其知识产权受到侵害的,有权通知电子商务平台经营者采取删除、屏蔽、断开链接、终止交易和服务等必要措施。电子商务平台经营者接到通知后,应当及时采取必要措施,并将该通知转送平台内经营者。此时,平台经营者如进行了相关措施,就不用为该侵权行为承担责任,这一规则被称为"避风港原则"。

如平台内经营者提交不存在侵权行为的声明,电子商务平台经营者将该声明转送发出通知的知识产权权利人,并告知其可以向有关主管部门投诉或者向人民法院起诉。

电子商务平台经营者知道或者应当知道平台内经营者侵犯知识产权的,应当采取删除、屏蔽、断开链接、终止交易和服务等必要措施。如果没有采取必要措施,与侵权人承担连带责任。这一规则是"避风港原则"的排除原则,被称为"红旗原则"。

2.2.3　电子商务经营者的规制

微课：
电子商务经营者的规制

随着电子商务业务的快速发展,行业内部显露出越来越多的法律问题,其中虚假宣传、产品质量、偷税漏税等问题尤为突出。针对电子商务突出问题,电子商务经营活动中主要适用的规制有:

1. 广告宣传规制

广告,是指通过网站、网页、互联网应用程序等互联网媒介,以文字、图片、音频、视频或者其他形式,直接或者间接地推销产品或者服务的商业广告。

广告中对产品的性能、功能、产地、用途、质量、成分、价格、生产者、有效期限、允诺等或者对服务的内容、提供者、形式、质量、价格、允诺等有表示的,应当准确、清楚、明白。广告不得含有虚假或者引人误解的内容,不得欺骗、误导消费者。

✖ 【实务拓展】

互联网广告主要形式

（1）推销产品或者服务的含有链接的文字、图片或者视频等形式的广告;

（2）推销产品或者服务的电子邮件广告;

（3）推销产品或者服务的付费搜索广告;

（4）推销产品或者服务的商业性展示中的广告,法律、法规和规章规定经营者应当向消费者提供的信息的展示依照其规定;

（5）其他通过互联网媒介推销产品或者服务的商业广告。

广告不得有的情形

（1）使用或者变相使用中华人民共和国的国旗、国歌、国徽,军旗、军歌、军徽;

（2）使用或者变相使用国家机关、国家机关工作人员的名义或者形象;

（3）使用"国家级""最高级""最佳"等用语;

（4）损害国家的尊严或者利益,泄露国家秘密;

（5）妨碍社会安定,损害社会公共利益;

（6）危害人身、财产安全,泄露个人隐私;

（7）妨碍社会公共秩序或者违背社会良好风尚;

（8）含有淫秽、色情、赌博、迷信、恐怖、暴力的内容;

（9）含有民族、种族、宗教、性别歧视的内容;

（10）妨碍环境、自然资源或者文化遗产保护。

广告常见违规词汇（包含但不仅限于）:

最、第一、顶级、绝佳、绝对、极品、完美、首选、必备、冠军、全能、顶尖、极致、领先、底价、抄底、领导品牌、世界级、好到广告法不让说、唯一、极佳、前所未有、第一选择、全能冠军、性价比之王、独一无二、销量金牌、极致、最大让利、最纯粹。

【案例直击】

"神奇化妆品"没有科学依据

"淡化脸上的老年斑、黄褐斑、蝴蝶斑、雀斑、黑斑,让皮肤变得光滑、细嫩、有光泽、有亮度……"是什么化妆品有如此神奇的用途?在义乌市某电子商务商行的直播间,主播在直播销售多款普通化妆品过程中,多次使用"淡斑""变白"等词语。事实上,祛斑类、美白类化妆品属于特殊化妆品,由国家实行注册管理。化妆品的功效宣称应当有充分的科学依据,为普通化妆品赋予它不具有的特殊功效,违反了《中华人民共和国广告法》《化妆品监督管理条例》等法律法规规定。

网络不是法外之地,直播营销面对的受众广,商品多,主播更应提前做好商品"功课",避免翻车。更不能为了销量信口开河、胡编乱造,欺骗消费者。市场监管机关对当事人做出行政处罚,责令停止发布广告并消除影响,处罚款 10 万元。

案例思考:夸张的表达方式是当下网络语言中的一个特点,但是在经营活动中广告宣传话不能乱说、词不能乱用。电子商务经营者在广告中需要注意法律红线,谨防其中的风险。

2. 产品销售规制

销售依法需要许可的产品,需要获得相应行政许可。不得销售法律、行政法规禁止交易的产品;销售者应当建立并执行进货检查验收制度,验明产品合格证明和其他标识;采取措施,保证销售产品的质量;不得掺杂、掺假,不得以假充真、以次充好,不得以不合格产品冒充合格产品。

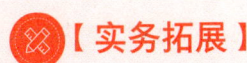

【实务拓展】

产品质量及包装要求

销售的产品质量应当符合下列要求:

(1)不存在危及人身、财产安全的不合理的危险,有保障人体健康和人身、财产安全的国家标准、行业标准的,应当符合该标准;

(2)具备产品应当具备的使用性能,但是,对产品存在使用性能的瑕疵做出说明的除外;

(3)符合在产品或者其包装上注明采用的产品标准,符合以产品说明、实物样品等方式表明的质量状况。

销售的产品或者其包装上的标识必须真实,并符合下列要求:

(1)有产品质量检验合格证明;

(2)有中文标明的产品名称、生产厂厂名和厂址;

(3)根据产品的特点和使用要求,需要标明产品规格、等级、所含主要成分的

名称和含量的,用中文相应予以标明;需要事先让消费者知晓的,应当在外包装上标明,或者预先向消费者提供有关资料;

（4）限期使用的产品,应当在显著位置清晰地标明生产日期和安全使用期或者失效日期;

（5）使用不当,容易造成产品本身损坏或者可能危及人身、财产安全的产品,应当有警示标志或者中文警示说明。裸装的食品和其他根据产品的特点难以附加标识的裸装产品,可以不附加产品标识。

销售者售出的产品如果存在:① 不具备产品应当具备的使用性能而事先未做说明的;② 不符合在产品或者其包装上注明采用的产品标准的;③ 不符合以产品说明、实物样品等方式表明的质量状况的。存在以上情况的,应当负责修理、更换、退货;给购买产品的消费者造成损失的,需要赔偿消费者损失。

生产者和销售者发现销售出去的产品存在缺陷时,应当及时采取警示、召回等补救措施。如果没有及时采取补救措施或者补救措施不力造成损害的,需要承担侵权责任。

3. 税务规制

依法纳税,是所有公民以及商事主体应尽的基本义务。从事生产、经营的纳税人自领取营业执照之日起 30 日内,向生产、经营地或者纳税义务发生地的主管税务机关申报办理税务登记。

纳税人发生纳税义务后,在税法规定的期限内向主管税务机构进行纳税申报手续。

根据我国目前税法体系,电子商务经营者经营活动主要需要缴纳的是增值税和所得税。

（1）增值税。根据《中华人民共和国增值税法》,在中国境内销售货物,提供加工修理修配劳务和销售服务、无形资产、不动产以及进口货物的单位和个人,为增值税的纳税人,应当缴纳增值税。因此,目前电子商务经营者的业务,无论是电子商务平台经营者的增值电信业务,还是电子商务经营者销售产品或者提供服务,都属于增值税的征收范围。

 【实务拓展】

增值税计税方式

增值税纳税人可以分为一般纳税人和小规模纳税人,两者计税方式不同。一般纳税人应纳税额计算公式:应纳税额＝当期销项税额 (销项税额＝销售额×税率) －当期进项税额 (进项税额＝买价×扣除率),小规模纳税人应纳税额计算公式:应纳税额＝销售额×征收率。小规模纳税人增值税征收率如表 2-2 所示,一般纳税人增值税征收率如表 2-3 所示。

表 2-2　小规模纳税人增值税征收率(电子商务经营者常用项目)

纳税主体	简易计税	征收率
小规模纳税人以及允许适用简易计税方式计税的一般纳税人	小规模纳税人销售货物,提供加工、修理修配劳务和销售应税服务,无形资产;一般纳税人发生按规定适用或者可以选择适用简易计税方法计税的特定应税行为,但适用 5% 征收率的除外	3%
	纳税人销售旧货;小规模纳税人(不含其他个人)以及符合规定情形的一般纳税人销售自己使用过的固定资产,可依 3% 征收率减按 2% 征收增值税	3% 减按 2%

表 2-3　一般纳税人增值税征收率(电子商务经营者常用项目)

纳税人	增值税项目	税率
一般纳税人	销售货物、加工修理修配服务、有形产租赁服务、进口货物	13%
	销售或者进口: 1. 农产品、食用植物油、食用盐; 2. 自来水、暖气、冷气、热水、煤气、石油液化气、天然气、二甲醚、沼气、居民用煤炭制品; 3. 图书、报纸、杂志、音像制品、电子出版物; 4. 饲料、化肥、农药、农机、农膜; 5. 国务院规定的其他货物	9%
	交通运输服务	9%
	邮政服务	9%
	基础电信服务	9%
	增值电信服务	6%
	信息技术服务	6%
	文化创意服务	6%
	物流辅助服务	6%
	鉴证咨询服务	6%
	广播影视服务	6%
	商务辅助服务	6%
	其他现代服务	6%
	有形动产租赁服务	13%
	不动产租赁服务	9%
	文化体育服务	6%
	教育医疗服务	6%
	旅游娱乐服务	6%
	餐饮住宿服务	6%
	居民日常服务	6%
	其他生活服务	6%

（2）所得税。经营者在经营过程中除了增值税外,还需要就经营所得缴纳所得税。

在中国境内,企业和其他取得收入的组织(以下统称企业)为企业所得税的纳税人,一般按 25% 的税率缴纳企业所得税。小型微利企业自 2023 年 1 月 1 日至 2024 年 12 月 31 日,按 20% 的税率缴纳企业所得税。

个人独资企业、合伙企业不适用企业所得税法,目前个人独资企业、合伙企业经营所得与个体工商户和自然人一样都是缴纳个人所得税。

【法条速递】

经营所得,适用百分之五至百分之三十五的超额累进税率(税率表附后);

个人所得税税率表二(经营所得适用)		
级数	全年应纳税所得额	税率（%）
1	不超过 30 000 元的	5
2	超过 30 000 元至 90 000 元的部分	10
3	超过 90 000 元至 300 000 元的部分	20
4	超过 300 000 元至 500 000 元的部分	30
5	超过 500 000 元的部分	35

(注:本表所称全年应纳税所得额是指依照本法第六条的规定,以每一纳税年度的收入总额减除成本、费用以及损失后的余额)

——《中华人民共和国个人所得税法》第三条(二)

经营所得,以每一纳税年度的收入总额减除成本、费用以及损失后的余额,为应纳税所得额。

个人将其所得对教育、扶贫、济困等公益慈善事业进行捐赠,捐赠额未超过纳税人申报的应纳税所得额百分之三十的部分,可以从其应纳税所得额中扣除;国务院规定对公益慈善事业捐赠实行全额税前扣除的,从其规定。

——《中华人民共和国个人所得税法》第六条

【案例直击】

某网络主播被罚 13.41 亿元敲响警钟

浙江省杭州市税务部门公布了对某网络主播偷逃税案件的处理情况。经查,该网络主播在三年间,通过隐匿个人收入、虚构业务转换收入性质虚假申报等方式偷逃税款 6.43 亿元,其他少缴税款 0.6 亿元。杭州市税务局稽查局依据相关法律法规,对其追缴税款、加收滞纳金并处罚款,共计13.41亿元。

国家支持新经济新业态发展不应成为新业态从业人员逃避纳税义务的护身符。税务部门作出的处理处罚决定体现了税法权威和公平公正,再次警示网络主播从业人员,网络直播行业不是"法外之地",不只是头部主播,每个取得收入、符合纳税标准的网络主播都应自觉依法纳税,承担与其收入和地位相匹配的社会责任。

案例思考:该网络主播有哪些违反法律法规的行为?作为电商从业人员,你从中得到什么启示?

2.3
电子商务消费者法律制度

在经济学中,市场经济三大主体分别是政府、企业和消费者。可见,消费者是经济活动中的重要一环。在电子商务交易中,交易的虚拟化、市场的全球化等特性,使得交易双方全凭一个互联网软件交流,交易双方可能各在地球一端,电子商务的消费者处在相对弱势的地位。因此,相较传统消费方式,电子商务消费者的权益更易受侵害,维权也更艰难。对电子商务消费者权益的保护,在电子商务法律中占有重要的地位。如何取得消费者的信任,是电子商务发展中的重要课题。

2.3.1 电子商务消费者的内涵

1. 消费

消费是指利用社会产品来满足人们各种需要的过程。从消费目的进行划分,可分为生产性消费和生活性消费。

2. 消费者

从《消费者权益保护法》的角度,消费者是指为生活消费需要购买、使用商品或者接受服务,由国家专门法律确认其主体地位和保护其消费权益的个人。可见,《消费者权益保护法》定义的消费者仅为进行生活性消费的个人,生产性消费不在《消费者权益保护法》保护之列。例如,企业因生产需要购买原材料就不在《消费者权益保护法》保护之列。在传统贸易领域,生产性消费双方的权利义务主要依靠双方的合同进行约定。

3. 电子商务消费者

在电子商务消费者权益保护领域,既适用传统的消费者保护法律,也存在一些电子商务特有的保护规则。这些特有的保护规则不仅仅适用于进行生活性消费的消费者,同样适用于进行生产性消费的消费者。从广义来看。电子商务的消费者包括生活性消费者和生产性消费者两类。

2.3.2 电子商务消费者的权利

消费者的权利,是指消费者在消费活动中依法享有的权利的总和。

消费者在经济活动中,相对于企业和政府总是处在弱势地位。

我国《消费者权益保护法》在借鉴国际先进做法的基础上,结合了我国实际情况,明确了消费者享有以下十一项权利:

(1) 安全保障权。《消费者权益保护法》第七条规定:"消费者在购买、使用商品和接受服务时享有人身、财产安全不受损害的权利。

消费者有权要求经营者提供的商品和服务,符合保障人身、财产安全的要求。"

(2) 知悉真情权。《消费者权益保护法》第八条规定:"消费者享有知悉其购买、使用的商品或者接受的服务的真实情况的权利。

消费者有权根据商品或者服务的不同情况,要求经营者提供商品的价格、产地、生产者、用途、性能、规格、等级、主要成分、生产日期、有效期限、检验合格证明、使用方法说明书、售后服务,或者服务的内容、规格、费用等有关情况。"

(3) 自主选择权。《消费者权益保护法》第九条规定:"消费者享有自主选择商品或者服务的权利。

消费者有权自主选择提供商品或者服务的经营者,自主选择商品品种或者服务方式,自主决定购买或者不购买任何一种商品、接受或者不接受任何一项服务。

消费者在自主选择商品或者服务时,有权进行比较、鉴别和挑选。"

(4) 公平交易权。《消费者权益保护法》第十条规定:"消费者享有公平交易的权利。

消费者在购买商品或者接受服务时,有权获得质量保障、价格合理、计量正确等公平交易条件,有权拒绝经营者的强制交易行为。"

(5) 依法求偿权。《消费者权益保护法》第十一条规定:"消费者因购买、使用商品或者接受服务受到人身、财产损害的,享有依法获得赔偿的权利。"

 【案例直击】

网购减肥产品致食物中毒

王某通过淘宝在李某经营的"小欠正品代购"网店花费 3 200 元购买了 6 盒"官方正品 90 斤瘦身巧克力豆加强版买 2 送 1"。王某收到该产品服用后出现昏迷状况，经送医确诊为食物中毒。经查该产品为三无产品，也未达到我国食品、药品的质量标准。此后王某将李某诉致法院，法院经审理后作出判决，李某因销售不合格的三无产品侵害了王某的人身健康权，赔偿王某医疗费等损失 9 000 元，同时根据《食品安全法》第一百四十八条规定支付王某损失三倍的赔偿金 27 000 元。

案例思考：销售商品或提供服务致使消费者人身、财产受到损害时，除赔偿消费者损失外，根据《消费者权益保护法》《食品安全法》《中华人民共和国产品质量法》(简称《产品质量法》) 等法律法规还需支付一定数额的赔偿金。

(6) 结社权。《消费者权益保护法》第十二条规定："消费者享有依法成立维护自身合法权益的社会组织的权利。"

(7) 受教育权。《消费者权益保护法》第十三条规定："消费者享有获得有关消费和消费者权益保护方面的知识的权利。

消费者应当努力掌握所需商品或者服务的知识和使用技能，正确使用商品，提高自我保护意识。"

(8) 受尊重权。《消费者权益保护法》第十四条规定："消费者在购买、使用商品和接受服务时，享有人格尊严、民族风俗习惯得到尊重的权利，享有个人信息依法得到保护的权利。"

(9) 监督权。《消费者权益保护法》第十五条规定："消费者享有对商品和服务以及保护消费者权益工作进行监督的权利。

消费者有权检举、控告侵害消费者权益的行为和国家机关及其工作人员在保护消费者权益工作中的违法失职行为，有权对保护消费者权益工作提出批评、建议。"

(10) 反悔权。《消费者权益保护法》第二十五条规定："经营者采用网络、电视、电话、邮购等方式销售商品，消费者有权自收到商品之日起七日内退货，且无需说明理由，但下列商品除外：

(一) 消费者定作的；(二) 鲜活易腐的；(三) 在线下载或者消费者拆封的音像制品、计算机软件等数字化商品；(四) 交付的报纸、期刊。

除前款所列商品外，其他根据商品性质并经消费者在购买时确认不宜退货的商品，不适用无理由退货。

消费者退货的商品应当完好。经营者应当自收到退回商品之日起七日内返还消费者支付的商品价款。退回商品的运费由消费者承担；经营者和消费者另有约定的，按照约定。"

(11) 个人信息受保护权。《消费者权益保护法》第二十九条规定："经营者收集、使用消费者个人信息，应当遵循合法、正当、必要的原则，明示收集、使用信息的目的、方式和范围，并经消费者同意。经营者收集、使用消费者个人信息，应当公开其收集、使用规则，不得违反法律、法规的规定和双方的约定收集、使用信息。

经营者及其工作人员对收集的消费者个人信息必须严格保密,不得泄露、出售或者非法向他人提供。经营者应当采取技术措施和其他必要措施,确保信息安全,防止消费者个人信息泄露、丢失。在发生或者可能发生信息泄露、丢失的情况时,应当立即采取补救措施。

经营者未经消费者同意或者请求,或者消费者明确表示拒绝的,不得向其发送商业性信息。"

 【德技并修】

"大数据杀熟"不可取

"大数据杀熟"这个词逐渐进入人们视野,不过这一现象或已持续多年。国外一些网站早就有之,第一起"杀熟"事件还要追溯到2000年,有亚马逊用户在删除了浏览器Cookies之后,发现之前浏览过的一款DVD售价从26.24美元变成了22.74美元。亚马逊CEO贝索斯站出来向公众道歉,并且说明这只是向不同的顾客展示的差别定价实验,只是测试阶段,保证和客户数据没有关系,最后亚马逊停止了这一实验。

有一种看法认为,这种"杀熟"属于经济学中"价格歧视"的定价策略,属于商家正常的商业策略并无不妥。"价格歧视"是指商家将同一商品根据买家对于价格的敏感程度不同销售不同价格,以达到利润最大化的行为。例如,麦当劳、肯德基等快餐企业经常以各种方式发放优惠券,对于价格敏感的人就会收集、使用优惠券,而对优惠价格不敏感的人直接原价购买。

将"大数据杀熟"完全对等于"价格歧视"并不恰当。关键在于,麦当劳的优惠和正常价格都是透明公开的。但"大数据杀熟"处于隐蔽状态,多数消费者是在不知情的情况下"被溢价"了。

目前,消费者在网上购买机票、酒店、电影、旅游等商品或服务时,存在老客户看到的价格反而比新客户要高出许多的情况。如果是为了吸引新客户,给新客户比较大的折扣,其实无可厚非。但如果是因为老客户"忠诚度"更高,使得老客户要支付高于"正常价格"的金额,甚至越是老客户价格越高,就明显背离了朴素的诚信原则。依据大数据所形成的用户画像和消费习惯进行精准营销,实际上是技术上的进步,商家能根据客户需求提供更好的商品和服务。但是,商家是如何获取以及使用消费者的个人消费信息进行大数据分析的,其中是否有侵害消费者个人隐私权利的情况,这些问题,都是需要正视的。

案例思考:你是否碰到过个人信息被泄露的情况?你如何看待"大数据杀熟"这个问题?你对技术伦理如何看待?

2.3.3　电子商务消费争议的解决

根据中国互联网络信息中心的统计数据,截至2024年12月,我国网络购物用户规模达11.08亿人。电子商务消费者越来越多,电子商务消费的争议也不可避免地大量增加。电子商务消费争议通常有争议金额较小、维权成本高、跨地域甚至跨国界等特点。电子商务消费者在权益受侵害时,因维权困难往往被迫放弃自身的合法权益。因此,支持与鼓励多元争议解决机制,是当下电子商务消费争议的发展方向。目前电子商务消费争议,有以下5种方式解决:

(1) 协商和解。电子商务经营者与消费者可以自行协商解决争议,这种方式是一般争议解决的首选项。但是需要争议双方的同意,如争议较大,一般难以依靠协商的方式解决。

(2) 调解。调解是指中立的第三方在当事人之间调停疏导,帮助交换意见,提出解决建议,促成双方化解矛盾的活动。

在我国,因调解第三方的不同,主要可分为民间调解、行政调解、司法调解等。例如,消费者权益保护协会在受理消费争议后一般会进行调解工作,现在一些知名的电子商务平台,如天猫、京东、苏宁都建立起了平台内商家与消费者的纠纷调解机制。行政、司法机构也提供了线上调解的渠道(见图2-3)。

图 2-3　北京版权调解云平台

(3) 向行政部门投诉。消费者在交易中往往处于弱势地位,国家对于消费者的合法权益会提供一定程度的行政保护。行政部门除了以职能主动进行监督、规范经营者行为,主动保护所有消费者的权益以外,还受理消费者相关投诉,保护具体投诉消费者的权益。例如,市场监督管理部门会定期检查市场,查处售假的商家。当消费者购买到假货后,向市场监督管理部门投诉,市场监督管理部门会在职能范围内保护消费者权益。目前,消费者权益保护主要是由市场监督管理局的相关部门负责,其全国投诉电话为"12315"。

(4) 仲裁。仲裁在商事领域中是常用的纠纷解决机制。相对前两种争议解决方式,仲裁裁决具有权威性和强制性。而相对诉讼,仲裁的程序又更加灵活。目前,很多地方成立了专门的小额消费争议仲裁机构,提供小额消费争议免费仲裁,例如,珠横琴粤澳深度合作区的小额消费争议仲裁中心。同时,还有很多仲裁机构提供线上仲裁服务。这些仲裁方式很适合电子商务消费争议的解决,是解决电子商务消费纠纷的有效途径。

(5) 诉讼。诉讼是争议解决的最后途径和终极保障。与其他途径相比,诉讼有国家强制力作为保障,争议解决最权威、最彻底。和解、调解、仲裁都是需要争议双方都同意才能进行的,但诉讼单方即可发起。不过诉讼的程序是法定的,有严格的形式要求,时间成本和经济成本较高。目前,一些法院为了及时化解电子商务领域的纠纷,设立了电子商务网上法庭。例如,浙江设立的互联网法庭,以及北京互联网法院(见图 2-4)。

图 2-4　北京互联网法院

⊗【实务拓展】

在线争端解决机制 ODR

在线争端解决机制(Online Dispute Resolution, ODR),是一种新型非诉讼型争议解决机制,随着电子商务发展应运而生的一种高速便捷的纠纷解决机制。目前 ODR 的模式主要有:在线交涉、在线调解、在线仲裁。

（1）在线协商。争议双方可以通过 ODR 提供的程序自主沟通解决争议。采取这种方式简单便捷。这种方式往往是通过某种计算机程序全自动进行。

（2）在线调解。争议双方在自愿的基础上，在线提出调解申请，然后由调解机构指定调解员进行调解。调解员按照规定的程序以及公平的原则，帮助争议双方达成解决方案。调解员的专业素养以及调解技能成为影响纠纷解决的重要因素。在线调解是 ODR 中使用最多、最重要的一种方式。

（3）在线仲裁。在线仲裁是 ODR 中比较正式的一种纠纷解决方式。能够处理相对复杂的纠纷。在线仲裁一般需要争议双方愿意将争议交予仲裁的协议。仲裁员需要听取双方的陈述，审查相关的事实和证据，然后作出裁决。其裁决一般针对争议双方有拘束力，而无司法执行力。

除了上述几种方式之外，一些电商平台内部设立有一些有特色的 ODR。例如淘宝的大众评审、闲鱼的小法庭。

淘宝大众评审。淘宝买家因纠纷申请大众评审介入，淘宝随机选择资深买家和卖家作为评审员，淘宝将评审员的多数意见作为终局裁决。

闲鱼小法庭。在闲鱼平台进行二手交易发生纠纷时，买卖双方的纠纷被提交到闲鱼小法庭，双方辩论并上传证据材料，系统随机抽取信用较高的 17 名评审员，评审员根据双方辩论以及证据投票，获得半数以上投票的一方胜诉。

电商平台 ODR 直接面向消费者处理纠纷，节约了消费者的维权成本，提高了争议解决效率，提升了电商平台的消费体验。

电子商务平台经营者在电子商务交易中处于一个特殊的地位，既是交易的服务者，又具备平台交易管理者的属性。为提高平台内商品、服务的质量，保护平台内消费者的合法权益，电子商务平台经营者也有一些具体的保护机制。例如，消费者权益保证金、先行赔付、投诉、举报等机制。

【德技并修】

"仅退款"中的诚信问题

A 公司系拼多多电商平台商铺经营者，张某通过拼多多平台从 A 公司购买了 2 支售价为 9.9 元的中性笔，张某收到 A 公司货物后，通过拼多多平台向 A 公司反映有质量问题，A 公司同意退货退款，但拼多多平台介入，拼多多平台向张某发送了"退货退款、仅退货、仅退款"等选项进行选择，张某选择"仅退款"。

A 公司诉至法院，要求张某赔偿因仅退款不退还货物导致其损失的货款 9.9 元，同时要求张某支付因诉讼产生的维权损失 500 元。

张某在 A 公司经营的商铺购买商品，双方之间的买卖合同已经成立，A 公司向张某交付了货物，张某也依约支付了货款，双方之间的买卖合同已完成。

张某向 A 公司反映有质量问题，A 公司亦同意退货退款，视为双方同意解除合同，但张某选择仅退款不退货的行为不仅违背诚实信用原则，也不符合《民法典》的规定。

承办法官向张某耐心讲解网络平台消费规则和《民法典》的相关规定，张某认识到自己"仅退款不退货"的行为有违诚信。最终，张某同意支付 A 公司货款及 A 公司的维权损失共计 150 元。

案例思考："仅退款"已成为各主流电商平台售后服务措施之一，对于消费者来说，虽然申请退款符合网络平台消费规则，但依据诚实信用的原则，这种仅退款不退货的行为不符合法律保护消费者权益的初衷，触及法律底线。

2.4 电子商务服务者法律制度

2.4.1 电子商务服务者的类型

在电子商务领域，除了电子商务经营者以及电子商务平台经营者外，还有一些服务者为电子商务交易提供辅助性服务。电子商务服务者是电子商务不可或缺的一部分，它们为电子商务交易提供广告推广、数据分析、支付和物流等服务。

1. 广告服务者

广告服务者主要为电子商务经营者提供广告及推广服务。当下最热门的电子商务广告服务者莫过于电子商务主播。广告服务者根据工作内容的不同主要可以分为广告经营者和广告发布者。广告经营者是指接受委托提供广告设计、制作、代理服务的经营者；广告发布者是指为广告主或者广告主委托的广告经营者发布广告的经营者。

2. 大数据服务者

随着大数据技术的发展，越来越多的大数据技术应用到了电子商务领域。大数据服务者主要为电子商务经营者提供数据仓库、数据安全、数据分析、数据挖掘等服务。

3. 支付服务者

目前电子商务在线支付方式主要有电子银行支付和第三方支付。

(1) 电子银行支付是传统支付结算机构结合互联网信息技术提供的一种线上服务。

(2) 第三方支付是随着电子商务的迅猛发展应运而生的一种支付方式。第三方支付服务者是指为电子商务交易提供支付、结算服务的非金融机构。例如,微信、支付宝就是典型的第三方支付工具。

4. 快递物流服务者

快递物流服务者是指为电子商务提供运输、仓储、装卸、搬运、包装、流通加工、配送、信息处理等活动的服务者。

2.4.2 电子商务服务者的规制

1. 广告服务者的规制

(1) 不设计、制作、代理、发布法律、行政法规规定禁止的广告或广告内容。不在互联网发布处方药和烟草广告。

(2) 医疗、药品、特殊医学用途配方食品、医疗器械、农药、兽药、保健食品的广告,必须经广告审查机关审查才能发布。

 【案例直击】

药物广告植入娱乐节目被罚 90 万元

重庆盖勒普霍斯医药有限公司为推销产品,在《吐槽大会》第三季第 4、6、7 期片尾小剧场中通过演员口播"999 皮炎平绿色装,止痒就是快,无色无味更清爽""推荐您用 999 皮炎平绿色装""我发现这个 999 皮炎平,无色无味还很清爽,这个好啊,而且止痒还挺快的"等内容的方式发布广告,但不能提交广告审查机关对广告进行审查的文件,且广告中未标明禁忌和不良反应,也未标明"请按药品说明书或者在药师指导下购买和使用"字样。

上海市市场监督管理局执法总队依据《广告法》第十六条第一款第 (四) 项和第二款、第四十六条的规定以及第五十八条第一款第一项、第十四项对重庆盖勒普霍斯医药有限公司作出行政处罚,责令停止发布违法广告,并处罚款 90 万元。该案例被国家市场监督管理总局列入虚假违法广告典型案件。

案例思考:近年来,国家加大了对药品广告违法的处置力度。药品广告应当经广告审查机关批准才能发布。此外,药品广告的内容应当真实、合法,不得含有虚假的内容。

(3) 广告使用数据、统计资料、调查结果、文摘、引用语等引证内容的,应当真实、准确,并表明出处。引证内容有适用范围和有效期限的,应当明确表示。

(4) 利用互联网发布、发送广告,不影响用户正常使用网络。在互联网页面以弹出等形式发布的广告,应当显著标明关闭标志,确保一键关闭。不以欺骗方式诱使用户点击广告内容。

（5）没有经过同意或者请求，不向单位和个人的住宅、交通工具等发送广告，也不得以电子信息方式向其发送广告。电子信息广告应当明示发送者的真实身份和联系方式，并向接收者提供拒绝继续接收的方式。

（6）不得提供或者利用应用程序、硬件等对他人正当经营的广告采取拦截、过滤、覆盖、快进等限制措施。

（7）不得利用网络通路、网络设备、应用程序等破坏正常广告数据传输，篡改或者遮挡他人正当经营的广告，擅自加载广告。

2. 大数据服务者的规制

（1）建设、运营网络或者通过网络提供服务，应当依照国家强制性要求，采取技术措施和其他必要措施，保障网络安全，稳定运行，有效应对网络安全事件，防范网络违法犯罪活动，维护网络数据的完整性、保密性和可用性。

（2）网络产品、服务具有收集用户信息功能的，其提供者应当向用户明示并取得同意；涉及用户个人信息的，还应当遵守《网络安全法》和《个人信息保护法》等有关法律、行政法规关于个人信息保护的规定。

（3）不得从事窃取网络数据等危害网络安全的活动；不得提供专门用于窃取网络数据等危害网络安全活动的程序、工具；明知他人从事危害网络安全的活动的，不得为其提供技术支持、广告推广、支付结算等帮助。

【法条速递】

违反国家有关规定，向他人出售或者提供公民个人信息，情节严重的，处三年以下有期徒刑或者拘役，并处或者单处罚金；情节特别严重的，处三年以上七年以下有期徒刑，并处罚金。

违反国家有关规定，将在履行职责或者提供服务过程中获得的公民个人信息，出售或者提供给他人的，依照前款的规定从重处罚。

窃取或者以其他方法非法获取公民个人信息的，依照第一款的规定处罚。

单位犯前三款罪的，对单位判处罚金，并对其直接负责的主管人员和其他直接责任人员，依照各该款的规定处罚。

——《中华人民共和国刑法》第二百五十三条之一

个人信息处理者应当根据个人信息的处理目的、处理方式、个人信息的种类以及对个人权益的影响、可能存在的安全风险等，采取下列措施确保个人信息处理活动符合法律、行政法规的规定，并防止未经授权的访问以及个人信息泄露、篡改、丢失：

（一）制定内部管理制度和操作规程；

（二）对个人信息实行分类管理；

（三）采取相应的加密、去标识化等安全技术措施；

（四）合理确定个人信息处理的操作权限，并定期对从业人员进行安全教育和培训；

（五）制定并组织实施个人信息安全事件应急预案；

（六）法律、行政法规规定的其他措施。

——《中华人民共和国个人信息保护法》第五十一条

✖【案例直击】

央视"3·15"曝光多家非法窃取、贩卖个人信息的灰产公司

央视"3·15"晚会聚焦互联网领域侵犯互联网用户个人信息的灰色产业链，揭露多家企业通过技术手段非法获取用户个人信息，以"精准获客"的形式非法获利。

据调查，云企智能科技有限公司推出的"云客引流"软件，可将商家设定的关键词作为标签，在短视频平台评论区自动扫描并抓取用户电话、微信等联系方式，同时具备监控同行直播数据、实施"截流引流"功能。

企腾网络技术有限公司开发的"火眼云"系统，宣称拥有 20 亿条用户画像，该系统不仅能抓取公众号关注用户及微信群成员手机号，还可通过用户阅读或转发文章的行为标记数据。更为严重的是，启科科技有限公司利用运营商三网通信数据，通过"精准通客户管理平台"实时获取用户信息，其数据库涵盖 3 800 项个人标签、2 亿网站及 6 万个互联网品牌，日均处理数据量达 100 亿条。

此类商业模式已形成完整黑产链，通过伪造资质注册企业账号获取数据接口，利用技术漏洞突破平台监管，最终将用户信息转化为可交易商品。"3·15"晚会揭露此事后，公安部门及网络监管部门第一时间介入调查。

案例思考：近年来，大数据技术发展迅速。对公开的数据进行收集、提取、分析可以带来商机，但是窃取私密的个人信息数据就是违法行为了，甚至会触及《刑法》，再好的技术也应当在法律框架内使用。

3. 支付服务者的规制

（1）设立全国性商业银行的注册资本最低限额为 10 亿元人民币。设立城市商业银行的注册资本最低限额为 1 亿元人民币，设立农村商业银行的注册资本最低限额为 5 000 万元人民币。注册资本应当是实缴资本。

（2）成立第三方支付机构在全国范围内从事支付业务的，其注册资本最低限额为 1 亿元人民币；拟在省级范围内从事支付业务的，其注册资本最低限额为 3 千万元人民币。注册资本最低限额为实缴货币资本。

（3）非金融机构提供支付服务，需要经过中国人民银行批准取得《支付业务许可证》，成为支付机构。

（4）第三方支付机构之间的货币资金转移需要委托银行业金融机构办理。支付

机构不能办理银行业金融机构之间的货币资金转移,除非获得特别许可。

(5) 第三方支付机构按照核准的业务范围从事经营活动,不得将业务外包。《支付业务许可证》不得转让、出租、出借。

(6) 第三方支付机构应当公开披露支付业务的收费项目和收费标准,收费项目和收费标准需要向中国人民银行备案。

(7) 第三方支付机构应当制定支付服务协议,明确其与客户的权利和义务、纠纷处理原则、违约责任等事项。协议需要向中国人民银行备案。

(8) 第三方支付机构接受的客户备付金不属于支付机构的自有财产,备付金需要在商业银行开立备付金专用存款账户存放。支付机构根据客户发起的支付指令转移备付金。不能以任何形式挪用客户备付金。

(9) 第三方支付机构应当按规定妥善保管客户身份基本信息、支付业务信息、会计档案等资料。保守客户的商业秘密,不对外泄露。

(10) 第三方支付机构开展跨境收付和结售汇等有关业务。需要支付机构取得中国人民银行颁发的《支付业务许可证》,许可业务范围必须包括互联网支付。根据《支付机构跨境外汇支付业务试点指导意见》,申请方案经所在地国家外汇管理局分局、外汇管理部初审,报国家外汇管理局核准。

4. 快递物流服务者的规制

(1) 快递企业需符合企业法人条件,也就是说,从事快递业务的商事主体需为企业法人。

(2) 从事快递业务需要有一定经济实力。在省、自治区、直辖市范围内经营,注册资本不低于 50 万元人民币,跨省、自治区、直辖市经营的,注册资本不低于 100 万元人民币,经营国际快递业务的,注册资本不低于 200 万元人民币。

(3) 需要建立安全保障制度和措施,包括保障寄递安全、服务人员和用户人身安全、用户信息安全的制度,符合国家标准的各项安全措施。同时需要具备严格的保密管理制度,包括保密管理规定、保密纪律、保密责任制度等,定期开展保密工作检查。能够提供服务承诺、收寄验视、业务查询、退回邮件处理、服务赔偿、投诉受理等服务。

(4) 获得邮政管理部门的快递业务经营许可,获得《快递业务经营许可证》。

(5) 开办快递末端网点,需要在开办之日起 20 日内向邮政管理部门备案。快递末端网点不需要办理营业执照。

(6) 不能经营由邮政企业专营的信件寄递业务,不能寄递国家机关公文。不能将信件打包后作为包裹寄递。

(7) 根据海关总署公告 2018 年第 194 号《关于跨境电子商务零售进出口商品有关监管事宜的公告》等文件规定,快递物流企业参与跨境电子商务零售进口业务,除了需要获得国家邮政管理部门颁发的《快递业务经营许可证》,还需要依据海关报关单位注册登记管理相关规定,在所在地海关办理注册登记。

2.5 电子商务监管部门

2.5.1 电子商务监管部门及其职责

电子商务行政监管是指行政职能部门依照职权对电子商务市场交易进行监督管理的行为。

1. 电子商务行政监管体系

我国行政部门对电子商务形成了从中央到地方较为完整的监管体系。

中央政府层面,负责的是电子商务发展促进、监督管理等工作,其对于电子商务监管主要分为两个层次。

第一层次是最主要、最直接的监管部门。国家市场监督管理总局是电子商务市场经营的主管部门,主要负责工商准入、市场交易、广告等方面的监管。工信部主要负责信息服务领域市场准入等方面的监管。

第二层次是在电子商务交易过程中某个环节或领域的监管部门。包括税务、金融、海关、邮政、交通运输、文化旅游等部门。监管的是税收、支付、物流等具体的细分领域或义务范围。

地方层面,负责电子商务的具体管理工作,可以根据地方行政区域实际情况,确定电子商务的部门职责划分。

2. 电子商务主要行政监管部门

(1) 国家市场监督管理总局。专门下设有网络交易监督管理司。该司主要负责:① 拟订实施网络商品交易及有关服务监督管理的制度措施;② 组织指导协调网络市场行政执法;③ 组织指导网络交易平台和网络经营主体规范管理;④ 组织实施网络市场监测;⑤ 依法组织实施合同、拍卖行为监督管理,管理动产抵押物登记;⑥ 指导消费环境建设。

(2) 工业和信息化部。工业和信息化部是负责推进、管理工业与信息化的行政部门,与电子商务相关的职责有:① 指导软件业发展,拟订并组织实施软件、系统集成及服务的技术规范和标准;② 协调公用通信网、互联网、专用通信网的建设,促进网络资源共享;③ 对电信与信息服务实行监管,负责市场准入管理,监管服务质量;④ 组织拟订并实施高技术产业中涉及信息产业等的规划、政策和标准;⑤ 组织拟订行业技术规范和标准,指导行业质量管理工作。

(3) 商务部。商务部是主管商务领域的行政部门,与电子商务相关的职责有:① 负责推进流通产业结构调整,推动物流配送、电子商务等现代流通方式的发展;② 负责制定进出口商品、加工贸易管理办法和进出口管理商品、技术目录,拟订促进外贸增长方式转变的政策措施,指导贸易促进活动和外贸促进体系建设。

3. 电子商务行政监管的原则

(1) 公平监管原则。对不同类型的电子商务,无论是线上还是线下的市场主体,都适用同样的法律制度,公平的对待。依法依规实施监管,平等保护各类市场主体的合法权益。

(2) 依法监管原则。行政部门完全依法依规进行监督,不超越法律所赋予的权限。

(3) 简政放权原则。政府要精简机构,把经营管理权下放给企业。建立负面清单制度,减少对市场的过度干预,法无禁止即可为。发挥企业的活力、发展的动力和全社会的创造力。

2.5.2　电子商务协同管理体系

我国电子商务市场监管,不单是由行政部门负责的。我国电子商务市场的监管是由政府、电子商务行业组织、电子商务经营者,以及消费者共同构建起一个协同管理的体系。这一体系由政府作为主导,利用其强制性和权威性进行领导。政府在监管体系中处于核心位置,电子商务行业组织、电子商务经营者和消费者也都参与进来,构成一个多元的监管体系。

电子商务监管参与者的职责分工如下:

(1) 政府部门。其职责主要是制定制度、政策,维护电子商务市场的交易秩序,依照其职能和权限采取相应的监督管理措施,制裁电子商务活动中的违法行为。

(2) 电子商务行业组织。其主要职责是依照其章程提供服务并约束其成员的行为,促进行业规范发展,加强行业自律。

(3) 电子商务经营者。其作为电子商务市场交易中的经营主体,一般是被监管的对象。但实际上,电子商务市场很大程度都是通过平台交易实现的。在电子商务平台,经营者作为被监管对象的同时,对平台内的交易也具有监管的职责。其主要通过制定和实施平台内的规则,实现对平台内电子商务交易的管理和约束。

(4) 消费者。消费者主要通过投诉、举报机制,对电子商务交易中的违法行为进行监督。

我国电子商务协同管理体系中,政府、电子商务行业组织、电子商务经营者以及消费者各司其职。政府部门依职权负责行政监管,电子商务行业组织自律管理,电子商务平台内部自治管理,消费者通过维权举报监督,构建起一个多层次、立体监管的模式。

 【模拟法庭】

特价与官方指导价一致侵犯消费者权益

"双 11"期间,小李在某购物平台购买了店铺名为"喝好酒"的卖家销售的白酒 6 瓶。该白酒网上商品页面描述为:中国名牌白酒 52 度 500 ml "双 11"特价,

6瓶特惠价8765元。交易完成后,小李查询上述网店发现其购买的白酒,在网店店铺中标注的商品价格原价和特价相等,而在该白酒官网中的官方指导价也和小李的购买价相同。小李认为卖家以特价作为宣传误导消费者,属于欺诈行为。于是,小李将卖家告上了法院,要求其为侵害消费者权益的行为承担赔偿责任。根据购物平台提供的信息,网店"喝好酒"的注册公司为酒神公司。

请同学们以小组为单位,以模拟法庭为训练形式,分析:

(1)卖家的行为是否属于虚假宣传?

(2)小李哪项消费者权利受到了侵害?

(3)小李应该把"喝好酒"网店还是酒神公司作为被告?

(4)卖家应承担怎样的赔偿责任?

实训目的:

将法律法规教育与司法实践结合起来,旨在加深学生对电子商务主体法律制度以及消费者权益保护制度的理解,了解民事诉讼活动程序,体验法官、律师、当事人等角色,熟悉法庭氛围和司法审判实践过程,培养学生探寻法律事实的能力和综合运用法律解决实际问题的能力,提高学生在电子商务经营过程中的合法合规意识。

实训要求:

(1)学生训练前复习《电子商务法》《消费者权益保护法》《广告法》等有关知识产权法律制度的有关内容,明确训练要求。

(2)采取分组训练方式,小组进行模拟角色分工,明确审判长、审判员、控诉人、辩护人、原告、被告、书记员等各个角色的工作职责,在老师指导下熟悉案情。

实训内容:

1. 模拟法庭的组织

学生分组:① 审判组,包括审判长、审判员和书记员,进行角色分工,制作审判流程、案由、案件争议焦点、庭审笔录等;② 当事人组,包括原告、被告,进行角色分工,并制作起诉状、答辩状、证据等;③ 辩论组,包括控诉人和辩护人,与当事人沟通,制作代理词、辩论词等。

2. 开庭审理

(1)庭审准备。

诉讼参与人入场,书记员宣布法庭纪律:

_____

_____

审判人员入场,审判长宣布开庭:

_____

(2)法庭调查。

① 起诉与答辩。

原告方宣读起诉书:_____

被告方宣读答辩状：_____

_____

② 法庭调查取证：

原告方举证：_____

_____

被告方举证：_____

_____

原、被告双方进行质证：_____

_____

③ 案件事实交叉提问：

_____

_____

④ 案件争议焦点归纳：

_____

_____

（3）法庭辩论。

原告方发言：_____

_____

被告方发言：_____

_____

自由辩论：_____

_____

（4）休庭评议、宣判。

_____

_____

_____

3. 教师点评

_____

_____

_____

实训思考：

（1）本案件争议焦点有哪些？

（2）除了向法院起诉外，还可以用什么方式来维护消费者权益？

（3）在参与模拟审判训练中，有哪些收获与不足，如何改进？

【课后习题】

一、单选题

1. 下列选项中不属于电子商务经营者的是（   ）。

    A. 电子商务平台经营者　　　　B. 电子商务广告商

    C. 电子商务平台内经营者　　　D. 自建网站电子商务经营者

2. 电子商务平台经营者不能是（   ）。

    A. 有限责任公司　　　　　　　B. 股份有限公司

    C. 自然人　　　　　　　　　　D. 合伙企业

3. 关于广告，下列说法正确的是（   ）。

    A. 广告可以夸大其词

    B. 广告应当准确

    C. 广告可以使用中国国旗

    D. 广告可以使用"最顶级"这样的词汇

4. 消费者享有最基本的权利是（   ）。

    A. 自主选择权　　　　　　　　B. 公平交易权

    C. 安全保障权　　　　　　　　D. 知情权

5. 电子商务中以下（   ）商品可以七天无理由退货。

    A. 图书　　　　　　　　　　　B. 冰激凌

    C. 报纸　　　　　　　　　　　D. 数字音乐

二、多选题

1. 下列情况中，自然人可以不进行工商登记，直接进行电子商务经营的是（   ）。

    A. 个人销售自产农副产品

B. 个人销售家庭手工业产品

C. 个人利用自己的技能从事依法无须取得许可的便民劳务活动

D. 个人从事依法无须取得许可的零星小额交易活动

2. 下列选项中属于电子商务平台经营者义务的是（　　　　　）。

A. 对平台内经营者信息进行审查

B. 制定平台内交易规则

C. 建立平台内信用评价制度

D. 处罚违规经营的平台内经营者

3. 电子商务平台经营者可以是（　　　　　）。

A. 有限责任公司　　　　　　　　　B. 股份有限公司

C. 自然人　　　　　　　　　　　　D. 合伙企业

4. 下列商品中不可以在互联网发布广告的商品是（　　　　　）。

A. 烟草　　　　　B. 酒类　　　　　C. 保健品　　　　　D. 处方药

5. 在互联网销售下列（　　　　　）商品需要获得行政许可。

A. 食品　　　　　B. 图书　　　　　C. 药品　　　　　D. 玩具

三、判断题

1. 只要是通过互联网卖东西的，都是电子商务经营者。（　　　）

2. 个人通过互联网销售自家产的农副产品，可以不进行市场主体登记。（　　　）

3. 消费者在电子商务平台内产生的消费信息，电子商务平台经营者可以根据经营需要任意使用。（　　　）

4. 网购中产生的纠纷，在平台方介入并作出处理后，争议双方就不得再就此争议向人民法院提起诉讼。（　　　）

5. 电子商务经营者可分为电子商务平台经营者和平台内经营者两类。（　　　）

四、案例题

李某在某电商平台"美丽优品贸易"店铺处购买了美国 Aussie 袋鼠洗发水护发素套装 2 套，单价 132 元，共计 264 元。李某收到商品后发现外包装上无中文标签，同时使用商品后头皮出现过敏现象。其后，李某通过平台聊天工具询问"美丽优品贸易"的客服人员，客服表示李某购买时未要求提供中文标签。李某要求客服提供产品的合格证明与检验报告，客服表示无法出示产品的合格证明与检验报告。后经查实"美丽优品贸易"销售的该款产品不符合我国相关的产品安全标准。

本案例相关法律法规：《中华人民共和国产品质量法》（简称《产品质量法》）第二十七条、第三十六条，《最高人民法院关于审理食品药品纠纷案件适用法律若干问题的规定》第十五条、第十七条，《化妆品卫生监督条例》第二条。

请分析:

1. "美丽优品贸易"的经营者是否需要对李某承担赔偿责任?

2. 如"美丽优品贸易"的经营者不愿意承担赔偿责任,李某可以通过哪些渠道维权?

3. 如"美丽优品贸易"的经营者需要承担赔偿责任,根据法律法规李某可以主张多少赔偿金?

03

第三章

Chapter

电子商务合同的法律制度

※ **素养目标**
- 培养诚实守信、严守契约的职业操守
- 培养维护社会公共利益、遵守公序良俗的道德观念

※ **知识目标**
- 熟悉电子商务合同、电子签名、电子认证的概念及特征
- 熟悉电子商务合同订立的原则
- 掌握要约邀请、要约与承诺的具体认定
- 掌握电子商务合同效力、履行的具体规则

※ **能力目标**
- 能够判断电子商务合同是否成立
- 能够辨别电子商务合同的法律效力
- 能够运用合同法律武器维护国家利益和自身的合法权益

※ 思维导图

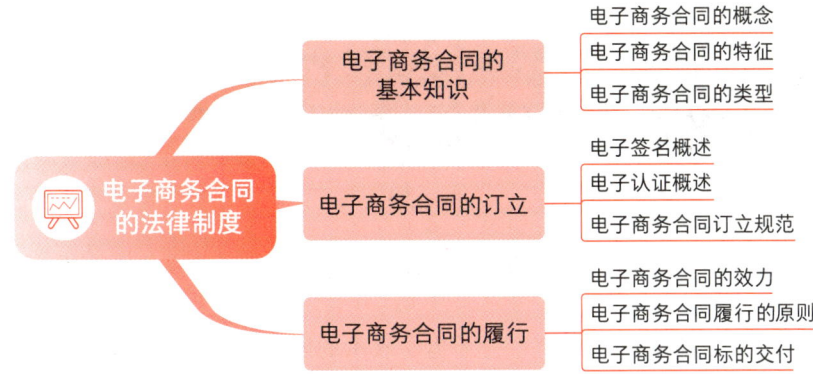

【案例导入】

★ 网上116元买部帕萨特,该合同是否成立?是否有效?

韩某有一天在网上浏览,发现一辆二手帕萨特汽车起拍价只有10元人民币,他想可能是网站在搞促销活动,就参加了竞拍。几轮下来他成功了,成交价是116元。网站通过电子邮件进行了确认,并给他发来了电子合同。韩某根据网站提供的电话,跟卖主联系,卖主是一家卖二手车的汽车经销公司,也收到了网站发来的那份电子合同,但是该汽车经销公司坚决不同意交车,理由是这份合同无效,因为第一,汽车的底拍价是10万元而不是10元,在网站上显示的10元底拍价是由于其工作人员输入失误造成的;第二,他们认为116元就把车卖了,这样的合同是不公平的。韩某的手上有三份证据:一是网络公司给他发来的电子确认书,二是电子合同,三是整个交易过程的证据。经过多次交涉无果,韩某最后只好把汽车经销公司告到法院。

案例思考:

(1)这个网上竞拍的电子商务合同是否成立?为什么?

(2)该合同是否有效?为什么?

案例思考:在数字经济时代,电子合同已经广泛存在于各行各业中,例如网上银行、互联网金融、电子商务、电子公文流转、旅游、O2O运营、物流等。电子合同的大规模推广已是大势所趋。

正规的电子合同平台会提供全流程的电子合同服务,包括实名认证、数字证书签发、合同签署、合同查阅及下载、合同存证、司法取证等内容,开创了安全、高效、合规和环保的商业交易新体验,有助于拓展商业活动的场景,让商业更自由,交易更高效。

3.1
电子商务合同的基本知识

3.1.1　电子商务合同的概念

电子商务合同又称电子合同,随着电子技术的迅猛发展,以其传输快捷方便、环保节约等特点得以出现。根据联合国国际贸易法委员会《电子商务示范法》、我国的《民法典》《电子签名法》,同时结合世界各国颁布的电子交易法,电子商务合同可以定义为:电子商务合同是平等主体的自然人、法人和非法人组织之间以数据电文的形式所形成的设立、变更、终止财产性民事权利义务关系的协议。

在民事活动中,当事人订立合同,可以采用书面形式、口头形式或者其他形式。书面形式是合同、信件、电报、电传、传真等可以有形地表现所载内容的形式。以电子数据交换、电子邮件等方式能够有形地表现所载内容,并可以随时调取查用的数据电文,视为书面形式。

联合国《电子商务示范法》规定:如果法律要求信息必须采用书面形式,若某一数据电文所包含的信息可以存取以便日后查阅,则符合该要求。

【法条速递】

视听资料包括录音资料和影像资料。

电子数据是指通过电子邮件、电子数据交换、网上聊天记录、博客、微博客、手机短信、电子签名、域名等形成或者存储在电子介质中的信息。

存储在电子介质中的录音资料和影像资料,适用电子数据的规定。

——《最高人民法院关于适用〈中华人民共和国民事诉讼法〉的解释》

第一百一十六条

【案例直击】

手机短信具有书面通知的效力

原告是一家制冷设备公司,被告李某是几家幼儿园的相关负责人,多年来双方一直有买卖空调的合作。"某年8月,李某说要新装十台空调柜机,我们接单后即按要求进行了配送。"庭审时,原告陈述是因为自身疏忽,过了两年之久,直至公司内部对账后才发现这批货物虽然早已配送,但货款未收。根据原告提供的发货单,涉案货物价款为 50 630 元;在配送单上有李某的签字。被告李某辩称:"我们之间确实早有合作,但涉案的单子是两年前的,而且配送单上签收所写的字不是我本人所签,至于是不是当时有人代签,时间这么长早就记不清了。"

随后,原告向法庭出示了数条短信证据。当年 8 月 28 日,李某向原告业务员发送手机短信,具体内容为"A 幼儿园地址:XX 街送两台五匹柜,三台三匹柜""B 幼儿园地址:XX 路送五台三匹柜""今天送"。对短信的真实性,被告李某没有异议。

法院调查发现,原告收到短信后,对空调的配送进行了安排,原告提交的发货单、配送单、拍摄的照片以及销售系统内的相应报表与本案所涉及的买卖内容在时间、地址、销售对象及其电话号码、空调型号等方面都吻合,可以证实原告履行了送货义务。

至于被告李某辩称的签字不是其本人所签的意见,承办法官指出:考虑到现实送货中委托他人代收代签可能存在等情形,不能据此直接否认买卖行为不存在。

因此,法院一审、二审均认定双方的空调买卖合同关系是成立的,原告已完成了相关的送货义务,被告应支付相关货款。

案例思考:以短信方式进行商务沟通具有便捷性、易保存性等优点。根据我国《电子签名法》的相关规定,以手机短信发送通知具有书面通知的效力。此案中李某的短信相当于要约,原告以行动作出了承诺,双方的合同是成立的。

3.1.2 电子商务合同的特征

电子商务合同不再以一张纸为原始凭证,而是一组电子信息,它是对传统合同形式的补充,是一种新的合同形式。因此,电子商务合同仍具有商务合同的一般特征,但同时具有"电子"的特殊性。与传统书面合同相比,电子商务合同的特殊性主要表现在以下八个方面:

微课:
电子商务合同的特征

1. 合同订立主体的虚拟性和广泛性

传统书面合同往往是交易双方通过面对面协商在线下订立的,交易主体相对受到限制;而订立电子商务合同的双方或多方当事人不需要见面,在虚拟市场进行合同的订立,其交易主体可以是全球的任何自然人、法人和非法人组织。甚至有些电子商务合同的订立是由事先设定好的自动信息系统代表当事人实施的,订立过程根本没有当事人的参与。

2. 合同订立方式的特殊性

电子商务合同订立的整个过程所采用的是电子形式且符合易保全的特性,通过电子邮件、EDI 等方式进行电子商务合同的谈判、签订及履行等。这种合同意思表示电子化、合同形式电子化,大大节约了交易成本,提高了经济效益。同时,整个交易过程都需要一系列国际国内技术标准予以规范,如电子签名、电子认证等。这些具体标准是电子商务合同存在的基础,如果没有相关的技术与标准,电子商务合同是无法实现和存在的。

3. 合同订立具体过程的一次性

传统书面合同一般会经过要约、反要约再到承诺的多次磋商的过程;而在电子商务合同的订立中,要约和承诺均可以用电子形式完成,例如,EDI 合同、点击合同,只要接收的相关信息符合预先设定的程序,计算机就可以自动做出相应的意思表示,因此不会有反复磋商的过程,一旦发出电子数据,即产生要约或承诺的法律后果。

4. 合同成立和生效构成条件的功能等同性

我国《民法典》第四百六十九条第一款规定:"当事人订立合同,可以采用书面形式、口头形式或者其他形式。"如果采用书面形式,必须将签字、盖章或者与签字盖章具有相同法律效果的行为实施时才能成立并生效,附条件的在条件成就时生效。本质上,电子商务合同既不是书面形式,也不是口头形式,表示合同生效的传统签字盖章方式被电子签名、电子认证所代替。联合国《电子商务示范法》采用"功能等同"原则解决这个问题,规定电子商务合同满足法定的条件时,即视为书面形式和可靠的签名。

5. 合同表现形式的非纸面性

传统书面合同的表现形式是纸介质的合同,有原件与复印件之分,而电子商务合同的表现形式是数据电文,不存在原件与复印件的区分。电子商务合同内容等信息记录在计算机或磁盘等中介载体中,其修改、流转、储存等过程均在计算机内进行,本身具有易消失性和易改动性,因此,在评估其证据效力时,会考虑到生成、存储或传递该数据电文办法的可靠性。

6. 合同当事人权利和义务内容的复杂性

电子商务合同当事人除了享有和承担传统合同当事人之间实体和程序上的权利与义务外,还享有和承担由电子商务合同本身特性所决定的特殊形式的权利与义务,如用户守则制定、注册条件设定、电子签名、信息公示、保密等。

7. 合同的履行和支付的多样性

基于不同的交易内容,有些电子商务合同的履行甚至与订立没有时间间隔;有的电子商务合同与传统书面合同相比,履行与订立出现较长的时间间隔。在支付方式上,电子商务合同通过电子支付是常态,而传统合同通过电子支付只是一种选择。

8. 合同生效地点的相对固定性

传统合同的生效地点一般为合同成立的地点,而采用数据电文形式订立的合同,收件人的主营业地为合同成立的地点;没有主营业地的,其经常居住地为合同成立的地点。

3.1.3 电子商务合同的类型

传统合同的分类以法律是否设有规范并赋予一个特定名称为标准,分为典型合同与非典型合同。我国《民法典》依据合同所反映的交易关系的性质,规定了买卖、赠予、租赁、承揽等19种典型合同。电子商务合同作为合同的一种,也可以按照传统合同的分类方式进行划分,但基于其特殊性,还可以将其分为以下几种类型:

1. 根据电子商务合同订立的方式不同分类

根据电子商务合同订立的具体方式不同,可分为点击合同、利用电子数据交换(Eletronic Data Interchange,EDI)订立的合同和利用电子邮件(E-mail)订立的合同。

(1) 点击合同。当人们在网上注册用户账号或会员时,网站会要求用户填写有关信息,并点击"我同意"之后才可以进行相关活动,这种必须点击"同意"的合同,称为点击合同。点击合同是从传统格式合同演变而来的,是电子形式的格式合同。

格式合同也叫标准合同,是指由一方当事人事先制定的,并适用于不特定第三人,第三人不得加以改变的合同。大型企业面对的是为数众多的消费者,相互之间进行的是频繁重复、内容固定的各种交易,格式合同可以满足社会经济高效运转的需求,缩短交易时间,降低交易成本,无须讨价还价。

在全球经济步入数字经济时代以后,电子商务作为数字经济时代的主要经济贸易模式之一,其合同当事人已不再局限于本国的地域范围和有限的行业选择,这种全球化、多元化的电子商务活动必然对传统的合同形式提出更高的要求,高效率、低成本已成为合同最突出的特征。于是,点击合同作为格式合同的一种,成为网络服务提供商和网络内容提供商的最佳选择。

(2) 以电子数据交换方式订立的合同。以EDI方式订立的合同是指按照一个公认的标准,将商业或行政事务处理转换成结构化的事务处理报文数据格式,并借助计算机网络实现的一种数据电文传输方法。典型的以EDI方式订立合同的流程如下:一个生产企业的EDI系统通过网络收到一份订单,该系统可以自动处理该订单,检查订单是否符合要求,若符合要求则向订货方发确认报文,通知企业管理系统安排生产,向零配件供应商订购零配件,向交通部门预订货运集装箱,到海关、商检等部门办理出口手续,通知银行结算并开具EDI发票,从而将整个订货、生产、销售过程贯穿起来。EDI订单从法律性质上可被看作要约,信息处理系统核查确认为承诺。EDI系统订立合同流程如图3-1所示。

相对于传统的交易方式,EDI合同的突出价值在于取消了传统的书面贸易文件,代之以电子资料交换,大大节约了交易的时间和费用,使贸易流转更为迅速,从而实现了低费用、高效益的基本商业目的。

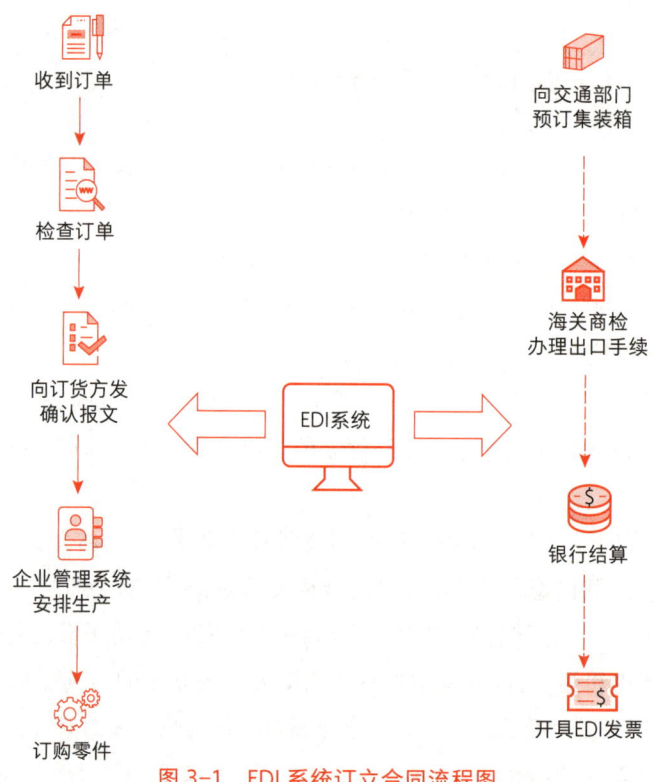

图 3-1　EDI 系统订立合同流程图

　　(3) 以电子邮件方式订立的合同。以电子邮件方式订立电子合同比较常见,当事人通过电子邮件方式完成要约和承诺过程而订立合同。电子邮件是互联网上应用最广泛的通信工具,较之 EDI 合同,以电子邮件方式订立的合同更能清楚地反映订约双方的意思表示。但电子邮件在传输过程中易被截取、修改,故安全性较差。在实践中,当事人以电子邮件方式订立合同的,应当采用电子签名,以确保电子邮件的真实性。当然,对于现实生活中大量存在的双方在交易过程中均认可的未使用电子签名的邮件,仍应依当事人的约定确认其效力。

2. 根据电子商务合同标的物的属性分类

　　根据电子商务合同标的物的属性不同,可分为网络服务合同、软件授权合同、需要物流配送的合同等。

（1）网络服务合同。网络服务合同是指网络用户为购买商品或接受服务而与网络服务提供商或经营者之间通过网络订立的合同。

从合同形式的角度分析，网络服务合同属于一种典型的电子合同，因为网络用户的注册过程完全是通过互联网进行的，所以注册过程也就是合同缔结的方式，完全是电子化的；从合同内容的角度分析，网络服务合同属于格式合同，因为通常在网络服务合同中，服务合同都是由网络服务提供商事先拟定好的格式合同，所以当用户注册时，主要按照服务商确定的程序浏览各项条款后，点击"确认"即可完成服务合同的缔结。

（2）软件授权合同。软件授权合同通常是指软件权利人基于软件的特性，在销售过程中往往采取格式合同的形式，他们以塑料封套包装其软件，并在包装上注明"未经著作权人书面同意，不得作该授权之外的任何使用"，而且消费者在拆封时即视为同意这一约定。

软件授权合同的使用是有其积极意义的。这些格式条款总结了人们的交易习惯，减少了不确定性，降低了为达成交易规范和反复推敲合同条款所需成本，便于当事人形成合意，有效促进知识产权的利用。但是，权利人一旦拥有了这把利器，就倾向于将其效用发挥到极致，他们通常会使用格式合同对使用者做非常严格的限制。

（3）需要物流配送的合同。这类合同标的物一般都是实物，只有进行货物配送才能履行完成合同。

3. 根据电子商务合同当事人之间的关系分类

根据电子商务合同当事人之间的关系，可分为以下四种：B2C 合同，即企业与个人在电子商务活动中所形成的合同；C2C 合同，即个人与个人在电子商务活动中所形成的合同；B2B 合同，即企业之间从事电子商务活动所形成的合同；B2G 合同，即企业与政府进行电子商务活动所形成的合同。

3.2
电子商务合同的订立

3.2.1　电子签名概述

1. 电子签名的概念

电子签名，是指数据电文中以电子形式所含、所附的用于识别签名人身份并表明签名人认可其中内容的数据。通俗来讲,电子签名就是通过密码技术对电子文档进行的电子形式的签名。

2. 可靠的电子签名

可靠的电子签名应当具备的法定条件如下:

(1) 电子签名制作数据用于电子签名时,属于电子签名人专有;

(2) 签署时电子签名制作数据仅由电子签名人控制;

(3) 签署后对电子签名的任何改动能够被发现;

(4) 签署后对数据电文内容和形式的任何改动能够被发现。

一项电子签名同时符合上述四个条件,视为可靠的电子签名。当事人也可以选择使用符合其约定的可靠的电子签名。可靠的电子签名与手写签名或者盖章具有同等法律效力。

3. 电子签名的种类

(1) 电子化签名。电子化签名是把手写签名与数字化技术结合起来的签名,使用者在特别设计的感应板上用笔手写输入名字,由计算机程序识别,并做出反应后再经过密码化处理,然后将该签名资料与其所要签署的文件相结合,以完成原先以纸面为媒介物的情况下亲手签名所要完成的签署及证明动作。

电子技术的发展使得这种电子签名只要签署一次,存入计算机系统,就可以重复使用。电子化签名与被签署的文件相结合,在未经授权的情况下,他人无法看到签名。这种电子化签名经过特殊的加密处理,使他人无法轻易复制签名或篡改已经签署过的文件,如果遭到篡改,就会留下记录,通过计算机技术被发现,安全性比较高。电子化签名的伪造或欺诈,与传统手写签名被仿冒的问题相似,如果出现疑似仿冒的签名,仍需利用传统的笔迹鉴定技术。

(2) 生理特征签名。生理特征签名,是利用人的生理特征各不相同的特点来进行身份认证与签名。目前,有很多生物识别技术可以用于身份认证与签名,包括:虹膜识别、视网膜识别、面部识别、声音识别、指纹识别技术。目前,面部识别技术、指纹识别技术广泛应用于公安、保安、机要部门、商业等领域。

(3) 数字签名。数字签名技术,简单来说就是通过某种密码运算生成一串唯一性的无法伪造电子数据,以这串具有唯一性的电子数据代替书写签名或盖章。

数字签名技术的核心执行机构是电子认证服务提供商,也就是通称的 CA 身份认证机构(Certificate Authority)。由 CA 身份认证机构颁发的数字证书,记载了合同当事人在网络上的身份信息等,可以理解为合同当事人的"电子身份证",用于确保合同签署人的身份可识别,不可抵赖。

简而言之,数字签名是电子签名技术的一种,也是目前比较成熟且全球应用最为普遍的电子签名技术。

【案例直击】

电子签名可靠,电子合同有效

A公司和B旅行社达成合作,A公司负责为B旅行社的旅游产品招徕游客,交由B旅行社接待。当天,双方通过法大大平台签订了一份电子合同。后来,由于B旅行社违约,某次已经确认的行程被迫取消,A公司收到大量游客投诉。A公司退还了游客的款项,并为此支付了4万多元的赔款。不久之后,A公司一纸诉状将B旅行社诉至法院。

A公司表示,本案涉及的合同通过电子签章形成,电子签章的真伪由第三方电子合同平台法大大审查确认。随后,A公司向法大大平台申请了文件签署真实性证明报告,并向法院递交了该报告。

经过审理,法院对这个案件作出判决,认定在法大大平台上签署的旅游电子合同依法成立并有效。

法院判决:"原告提交的旅游者委托接待合同、法大大平台文件签署真实性证明报告、产品取消单、投诉确认单、付款回单、委托接待合同、公证书及庭审中的陈述意见等证据相互印证,可以确认其真实性。据此,可以确认原、被告之间签订的委托接待合同依法成立并有效,双方均应当依约履行义务。"

案例思考:签署电子合同的时候,有哪些可信任的电子合同、电子签名服务平台?

【实务拓展】

电子签名助力网络强国、数字中国建设

党的二十大报告提出,加快建设"网络强国""数字中国"。作为数字化转型的重要工具,电子签名技术正在多行业、多领域落地开花,已基本覆盖金融、电子政务、医疗、房地产等行业。借助电子签名,在线预约汽车试驾;启用电子签约服务,商品房买卖实现网签备案不见面;通过电子合同,远程委托平台购买理财类产品……电子签名正应用于人们日常生活的方方面面,展现出巨大的发展潜力。

建设数字中国是数字经济时代推进中国式现代化的重要引擎,是构筑国家竞争新优势的有力支撑,作为数字经济时代的基础设施,电子签名、电子认证迎来新一轮发展机遇。

3.2.2 电子认证概述

在签署电子合同过程中,虽然电子签名技术与电子认证技术都是其保障机制,但是两者的手段和目的又有所区别。电子签名是解决身份认证和完整性问题,也就是

常说的身份鉴别和防篡改；电子认证则服务于电子签名，侧重交易人身份的有效性，CA 身份认证机构为交易人颁发第三方数字证书。

1. 电子认证的定义

电子认证是以电子认证证书（又称"数字证书"）为核心技术的加密技术，它以公开密钥基础设施（Public Key Infrastructure，PKI）技术为基础，对网络上传输的信息进行加密、解密、数字签名和数字验证。电子认证是电子政务和电子商务的核心环节，可以确保网上传递信息的保密性、完整性和不可否认性，确保网络应用的安全。

2. 电子认证的特征

电子认证以其所具有的以下四大特征在信息化应用中起着基础性、关键性的作用。

（1）真实性。确保交易双方的真实身份、信息内容真实以及交易发生时间的真实性。

（2）完整性。确保双方交易的信息是完整的、没有被篡改过和伪造过。

（3）机密性。确保电子交易中数据电文、交换数据、信息的保密性，使之不被交易双方以外的无关个体获知。

（4）不可否认性。不可否认性确保了交易双方不能对其参与过交易的事实抵赖，它为日后可能存在的交易纠纷提供了一个可信的证据。

【法条速递】

电子签名需要第三方认证的，由依法设立的电子认证服务提供者提供认证服务。

——《中华人民共和国电子签名法》第十六条

提供电子认证服务，应当具备下列条件：

（一）取得企业法人资格；

（二）具有与提供电子认证服务相适应的专业技术人员和管理人员；

（三）具有与提供电子认证服务相适应的资金和经营场所；

（四）具有符合国家安全标准的技术和设备；

（五）具有国家密码管理机构同意使用密码的证明文件；

（六）法律、行政法规规定的其他条件。

——《中华人民共和国电子签名法》第十七条

【案例直击】

电子认证为电子签名保驾护航

某年 4 月,甲方京汇公司与丙方梦川玖公司通过京东金融平台签订了《京东贷款合同》并向丙方发出了贷款,丙方未及时还款。9 月,甲方与乙方袁某 (梦川玖公司的法定代表人) 通过京东金融平台签订了《最高额保证合同》,约定乙方自愿为债务人梦川玖公司向甲方提供最高额 (限额为 200 万元) 的保证担保。后乙方主张自己不是丙方法定代表人,没有签订《最高额保证合同》,以他人冒用其名义为由,未及时还款。甲方将乙方和丙方告上法庭。

甲方向法院提供了以下五种证据材料:

(1) 在京东金融平台的企业实名认证平台中显示了梦川玖公司的相关信息,其中包括法定代表人证件页:姓名为袁某,身份证号及身份证正反面照片,审核时间为贷款合同签订前两年。

(2) 乙方袁某通过京东金融平台注册账户时进行了实名身份认证,提供了包括身份证、个人名下银行账号、手机号在内的信息,通过身份认证后注册成功。

(3) 北京天威诚信电子商务服务有限公司出具的《说明函》《商用密码产品销售许可证》《电子认证服务使用密码许可证》《电子认证服务许可证》、营业执照,用以证明袁某签订的《最高额保证合同》上袁某的电子签名是经过第三方电子认证服务公司认证的,合法有效。

(4) 北京市国信公证处出具的《公证书》,用以证明袁某作为梦川玖公司的法定代表人签订《最高额保证合同》前进行了实名身份认证,实名身份认证时袁某提供了个人身份信息、银行账号、手机号等信息,用以证明签订《最高额保证合同》是袁某本人的真实意思表示。

(5) 微信、支付宝转账网页截图,用以证明袁某作为梦川玖公司的法定代表人,其签订《最高额保证合同》时进行实名身份认证所用的银行账号是其本人名下银行账号。

同时,袁某不能提供有效证据证明他人冒用自己名义,因此法院认为签订合同是袁某的真实意思表示。

法院判决:① 梦川玖公司于判决生效之日起十日内偿还京汇公司借款本金、利息及逾期罚息;② 袁某就上述确定的款项向京汇公司承担连带清偿责任。

案例思考:电子签名发生法律效力需要满足两个生效要件:一是需要第三方认证的电子签名已通过认证;二是属于法律规定的可靠的电子签名,即电子签名人的真实意思表示。本案中,电子签名已通过第三方认证机构的认证;因袁某不能提供有效证据证明他人冒用自己名义,因此法院认为签订合同是袁某的真实意思表示。

对于个人而言,身份证、用户密码等信息,个人应当妥善保管,一旦出现遗失、被盗等情况应当尽快办理相关手续,以保障自身权益。

3.2.3 电子商务合同订立规范

电子商务合同订立规范,包括订立原则与订立过程。与传统合同基本相同,又有所区别。

1. 电子商务合同的订立原则

(1) 平等原则。平等原则是指电子商务合同的当事人法律地位平等,这些当事人在充分协商达成一致意思表示的前提下订立合同的原则。这一原则包括三方面内容:第一,合同当事人的法律地位一律平等。不论所有制性质,也不论单位大小和经济实力强弱,其地位都是平等的。第二,合同中的权利义务对等。当事人所取得财产、劳务或工作成果与其履行的义务大体相当;要求一方不得无偿占有另一方的财产,侵犯他人权益;要求禁止平调和无偿调拨。第三,合同当事人必须就合同条款充分协商,只有意见取得一致,合同才能成立;任何一方都不得凌驾于另一方之上,不得把自己的意志强加给另一方,更不得以强迫命令、胁迫等手段签订合同。

(2) 自愿原则。电子商务合同当事人订立合同,应当遵循自愿原则,按照自己的意思设立、变更、终止合同关系。自愿原则包括:第一,是否订立合同自愿;第二,与谁订合同自愿;第三,合同内容由当事人在不违法的情况下自愿约定;第四,当事人可以协议补充、变更有关内容;第五,双方也可以协议解除合同;第六,可以自由约定违约责任,发生争议时当事人可以自愿选择解决争议的方式。

(3) 公平原则。电子商务合同当事人订立合同,应当遵循公平原则,合理确定各方的权利和义务。公平原则要求合同双方当事人之间的权利义务要公平合理,具体包括:第一,在订立合同时,要根据公平原则确定双方的权利和义务;第二,根据公平原则确定风险的合理分配;第三,根据公平原则确定违约责任。

 【案例直击】

对已签订的合同单方面要求提价,公平吗?

某工程公司甲承建某企业乙的办公楼,约定钢材以 1 500 元 / 吨的价格向乙结算。谁知开工三个月后钢材价格每吨飙升到 3 000 元,甲干得越多亏得越多,只好要求乙方调整价格,但乙方说:已经签订的合同要改,岂不是违约?甲转而提起诉讼,请求变更合同或者解除合同。法院会支持吗?

案例思考:根据公平原则,应支持甲方诉求,但考虑到物价的涨跌属于商业风险,工程公司把价格签死,不留余地,无法应对商业的风险,也应该负一定的责任。

(4) 诚信原则。诚信原则要求电子商务合同当事人在订立合同的全过程中遵循

微课:
要约邀请、要约

诚信原则,秉持诚实,恪守承诺。在合同的缔结阶段,虽然尚未存在合同关系,但根据诚信原则,进入磋商阶段的当事人之间已经存在合同义务了,要向对方提供缔结合同所必要的信息,并为对方保守秘密。合同一旦有效成立,应当严格遵守,这本身是诚信的基本要求,为了实现合同目的,当事人要根据合同的性质、目的和双方交易习惯履行通知、协助、保密等义务。合同的权利义务终止后,诚实信用原则也应该继续履行,包括履行通知、协助和尽保密义务等。

🏛 【德技并修】

合同当事人应秉持诚信,恪守承诺

某房地产公司与李某签订了商品房内部认购合同书,该认购合同约定了双方的名称、住所、房屋的基本情况、单价、总价款、付款方式、付款时间等内容。合同签订当日,李某即向某房地产公司交纳全部购房款。其后,该房地产公司在案涉开发项目已经取得土地使用证、建设用地规划许可证、建设工程规划许可证与建筑工程施工许可证的情况下,以案涉房屋未取得商品房预售许可证为由,将李某起诉至法院,请求认定双方签订的内部认购合同无效。

法院认为,李某在签订认购合同当日即支付了全额购房款,该房地产公司作为销售方的合同目的已经实现,但其不积极履行己方合同义务,在房地产市场出现价格大幅上涨的情况下提起本案诉讼主张合同无效,违背诚实信用原则。该房地产公司签约时未取得商品房预售许可证,虽然违反了商品房预售许可制度,但案涉楼盘在一审诉讼前已经取得了除预售许可证之外的"四证",工程主体已经建成,在李某上诉过程中,案涉楼盘也取得了商品房预售许可证,预售制度所欲避免的风险在本案中已经不存在。因此,该公司签约时未取得商品房预售许可证的事实,并不必然导致其签订认购合同的民事法律行为无效。该公司为获取超出合同预期的更大利益,违背合同约定,提起本案诉讼主张合同无效,显然与社会价值导向和公众认知相悖,人民法院不予支持。

案例思考:本案不因开发商签约时未取得商品房预售许可证而机械认定房屋认购合同无效,而是结合合同目的、合同履行情况、商品房预售制度的立法目的等因素,认定商品房预售制度所欲避免的风险在本案中已经不存在,开发商提起本案诉讼是为获取超出合同利益的恶意违约行为,故而对开发商违背诚信的行为给予否定性评价,依法保护了消费者合法权益,维护了房地产交易的稳定性,引导市场交易主体诚信经营、严守契约,是一份有温度、有力量的公正判决。

诚信不仅是社会主义核心价值观的基础,也是《民法典》对民事主体从事民事活动所规定的基本原则之一。

(5) 合法与不违背公序良俗原则。民事主体从事民事活动,不得违反法律,不得违背公序良俗。这一原则有两个要求：一是民事主体从事民事活动，不得违反各种法律的强制性规定，即合法原则。二是民事主体从事民事活动不得违背公序良俗。公序，即公共秩序，是指政治、经济、文化等领域的基本秩序；良俗，即善良的风俗，是指基于社会主流道德观念的习俗。公序良俗原则要求民事主体遵守社会公共秩序，遵循社会主体成员所普遍认可的道德准则，它可以弥补法律禁止性规定的不足，既是建设法治国家与法治社会的重要内容，也是衡量社会主义法治与德治建设水准的重要标志。

（6）绿色原则。绿色原则是指民事主体从事民事活动，应当有利于节约资源、保护生态环境。这一原则对民事主体通过行动节约资源、保护生态环境起到了引导、鼓励的作用。民事主体应遵循该条款规定，在各类民事活动中履行节约资源、保护生态环境的义务。例如，企业事业单位和其他生产经营者应当防止、减少环境污染，对生态破坏所造成的环境损害依法承担责任；公民应当增强环境保护意识，采取低碳、节俭的生活方式，自觉履行环境保护义务。

✖ 【案例直击】

植树造林符合绿色原则

甲方持有林权证载明其拥有一块林地，在林木砍伐后未重新栽种林木并常年荒废，作为同村村民的乙擅自在甲的林地植树造林，后林木长大，甲乙因林木收益处置发生争执，甲诉至法院，请求确认所有权并要求乙将该块林地恢复原状；乙以甲为林地受益人提出反诉，要求甲向其支付林木费用 1 万元。

法院判定：甲持林权证证明其是林地的权利人，《民法典》第二百四十条规定："所有权人对自己的不动产或者动产，依法享有占有、使用、收益和处分的权利。"故甲对该林地依法享有占有、使用、收益和处分的权利，乙擅自在甲的林地植树造林，已构成侵权；但是，乙植树造林的行为客观促进了生态环境的保护，有效防止了水土流失的恶果，且甲并未在乙植树造林期间主张权利。经鉴定乙方所植林木的评估价值为 1 万元，根据公平、绿色原则，甲要求恢复原状的诉讼请求不应得到支持，并向乙支付林木费 1 万元。

案例思考：绿色原则，既传承了人与自然和谐相处的传统文化理念，又体现了新的发展思想，有利于缓解我国人口增长与资源紧张之间的矛盾，促进人与自然的和谐共处，实现可持续发展。

2. 电子商务合同的订立过程

电子商务合同的订立是合同当事人利用数据电文方式作出意思表示并通过互联网发出以达成合意的过程。电子商务合同的订立过程和传统合同一样，也是需要通过要约、承诺的方式完成的，只不过要约、承诺的方式不同而已。

《电子商务法》第五十条规定："电子商务经营者应当清晰、全面、明确地告知用户订立合同的步骤、注意事项、下载方法等事项，并保证用户能够便利、完整地阅览和下载。电子商务经营者应当保证用户在提交订单前可以更正输入错误。"

（1）电子商务合同的要约与要约邀请。

① 要约。要约是希望与他人订立合同的意思表示，该意思表示应当符合两个条件：第一，内容具体确定；第二，表明经受要约人承诺，要约人即受该意思表示约束。

所谓内容具体确定，是要求要约的内容应当具备合同成立所必需的条款，以确保该要约经受要约人承诺后是可以付诸实施的。通常认为，要约至少应包括标的、数量与价格三项，并根据交易的具体情况而增加。

要约一经生效，要约人不得随意改变要约的内容，亦不得撤回要约；受要约人取得作出承诺以使合同成立的权利。

要约生效的条件是：第一，要约必须以订立合同为目的；第二，要约必须对特定的人发出；第三，要约内容必须具体明确；第四，要约必须表明一旦受要约人承诺，要约人即受要约的约束。但是在特殊合同中，如悬赏广告，虽然欠缺了第二个要件，是向不特定人发出的，但由于广告中的内容表明一旦由当事人承诺了广告中的条件，发布广告的当事人必须受要约的约束，也属于要约。

② 要约邀请。要约邀请是希望他人向自己发出要约的表示。拍卖公告、招标公告、招股说明书、债券募集办法、基金招募说明书、商业广告和宣传、寄送的价目表等为要约邀请。商业广告和宣传的内容符合要约条件的，构成要约。

③ 电子商务合同的要约与要约邀请。随着网络技术的不断发展，新的交易形式不断出现。要约与要约邀请在电子商务环境中究竟应该如何区分，需要根据具体情况判断。下面就网站广告和点击即成立合同来分析要约与要约邀请的区别：

第一，关于网站广告。首先，必须考虑当事人的意图，当事人是否明确表示希望与他人订立合同。商家的意思表示是浏览者判断该商品信息是属于要约还是要约邀请的重要根据。如果网站广告和网络商品展示的发布人表明"广告和信息仅供参考""须以我方最后确认为准"等，表明发布人没有表达与他人订立合同的意思表示，因此这种情况属于要约邀请。商品样品上标有"样品""试用品"字样的也视为要约邀请。其次，要考虑信息的内容，当事人必须确定网上广告和商品信息的内容是否明确具体，是否包含主要合同条款，以及发布人是否表示在经受要约人做出承诺后即受该意思表示的约束。

第二，关于点击合同。互联网上关于点击合同有两类，一是先点击"我接受"后点击"发送"完成合同订立；二是直接点击"我同意"便完成订立。根据《联合国国际合同使用电子通信公约》相关规定，通过一项或者数项电子通信提出的订立合同的提议，只要不是向一个或数个特定当事人提出的，而是供使用信息系统的当事人一般查询的，应当视为要约邀请；但是，提议中明确指出提议当事人打算在提议获得承诺时受约束的除外。可见，点击合同属于要约。

（2）电子商务合同的承诺。《民法典》第四百七十九条规定："承诺是受要约人同意要约的意思表示。"承诺的法律效力在于一经承诺并送达要约人,合同即告成立。

电子承诺是针对网络上发出的电子要约作出的承诺。电子承诺人既可以用电子邮件的形式,也可以用点击的方式作出承诺。如果仅仅是在网上进行谈判,在网下通过面对面的签约或者以电话、电报等方式作出承诺,仍然属于传统合同订立中的承诺,而不是在订立电子合同中作出的承诺。

电子承诺应具备的条件是:

① 电子承诺应由受要约人作出。

② 电子承诺应当在要约确定的期限内送达要约人。

要约没有确定承诺期限的,若要约是以对话方式作出的,应当即时作出承诺;若要约是以非对话方式作出的,承诺应当在合理期限内到达。

受要约人超过承诺期限发出承诺,或者在承诺期限内发出承诺,按照通常情形不能及时到达要约人的,为新要约;但是,要约人及时通知受要约人该承诺有效的除外。

③ 电子承诺的内容应当与电子要约的内容一致。

电子承诺的内容与电子要约的内容一致,并非所有的内容都一致,只要实质内容一致即可。承诺只要在实质上与要约的内容一致,电子合同即可成立。受要约人对要约的内容作出实质性变更的,为新要约。有关合同标的、数量、质量、价款或者报酬、履行期限、履行地点和方式、违约责任和解决争议方法等的变更,是对要约内容的实质性变更。

承诺对要约的内容作出非实质性变更的,除要约人及时表示反对或者要约表明承诺不得对要约的内容作出任何变更外,该承诺有效,合同的内容以承诺的内容为准。

④ 电子承诺应当以通知的方式作出;但是,根据交易习惯或者要约表明可以通过行为作出承诺的除外。

 【案例直击】

要约一经承诺,合同即成立

某年10月9日,晨光生物公司向永民生公司发布了收购辣椒颗粒微信,内容为:"你好,晨光生物公司计划订购辣椒颗粒。合同时间是自合同签订之日起20天。请认真核实数量后填报。你报的数量是向晨光生物公司承诺可供货数量,晨光生物公司有选择要或不要的权利。数量请在明天(10号)早晚按以下模板回复,超期回复将失效。回复手机号137×××××××× 或185××××××××。请按模板回复,谢谢配合!"

10月10日，永民生公司按模板微信回复晨光生物公司："如果晨光生物公司辣椒颗粒正常价格定到0.73元，我可提供颗粒200吨。承诺保证按此数量完成合同，数量不再增加也不再减少。"

10月11日，晨光生物公司通过微信将"永民生公司辣椒颗粒采购合同"发给永民生公司。

10月12日，永民生公司将盖好章的合同拍照通过微信发给了晨光生物公司。

10月16日，晨光生物公司向永民生公司发布了要求供应商报送送货计划的微信。后来晨光生物公司工作人员多次给永民生公司打电话，但均未与永民生公司取得联系，10月23日永民生公司回复短信："很抱歉，我现在不方便回电话。"10月28日永民生公司回复短信："稍后给你电话，好吗？"但之后永民生公司没有回复电话，也一直未向晨光生物公司供货。晨光生物公司将永民生公司告上法庭。

法院判决：晨光生物公司与永民生公司签订的《辣椒颗粒采购合同》是双方当事人真实的意思表示，内容亦不违反我国法律、行政法规的强制性规定，应属合法有效。双方均应依约履行合同义务。该合同成立并生效，永民生公司违约，自判决生效之日起十日内支付原告晨光生物公司违约金200 000元。

案例思考：交易双方订立合同的过程，实质上是一系列的要约、新要约和最后的承诺；承诺一旦作出，合同即宣告成立，双方应该按照合同约定切实履行合同义务。

(3) 电子要约、电子承诺的撤回与撤销。要约的撤回是指撤回要约的通知应当在要约到达相对人前或者与要约同时到达相对人。承诺的撤回同理。

要约可以撤销，撤销要约的意思表示以对话方式作出的，该意思表示的内容应当在受要约人作出承诺之前为受要约人所知道；撤销要约的意思表示以非对话方式作出的，应当在受要约人作出承诺之前到达受要约人。

承诺不能撤销，因为一旦承诺合同即宣告成立。

相比传统方式，电子要约、电子承诺在撤回方面要更加困难。在电子传输的瞬时性下，要约一旦发出，几乎同时到达受要约人。在《民法典》中规定的撤回通知需要在要约送达要约人之前或同时，因此，电子要约、电子承诺的撤回，除非发生断电停网、网络拥挤或服务器故障等情况，否则不管是"之前"还是"同时"都无法实现。

电子要约的撤销，也要区分订立电子商务合同的形式。在EDI方式下，因为要约到达的同时系统发出承诺，因此无法撤销。而电子邮件方式，由于要约达到后，受要约人不能无时差做出承诺，中间存在时间差，因此要约有撤销的可能性。

【案例直击】

要约的风险

株洲霓裳制衣有限公司生产了大批棉衣,按照对方习惯的联系方式,向广州、汉口的两家公司发了传真,向南昌某公司发了电子邮件,最后,向作为后备对象的贵阳某公司发了信件,表示如愿要货,请于 10 月底前回复,保证 11 月上旬发货。

谁知才过一天,上海的某外贸公司就来洽谈,表示可以全部购进。两家公司一拍即合,可是,发出那么多的要约怎么处理呢?

(1)到贵阳的信件不可能到达,可以先打个电话撤回要约。

(2)采用电子邮件、传真这些即发即收的通信手段都已经生效,撤回已经来不及;由于本要约确定了承诺期限,所以也不可撤销。

(3)10 月 25 日汉口公司回复承诺,老总吩咐手下:向对方表示歉意,请对方提出索赔意见,以便协商。

(4)10 月 28 日南昌公司回复,要求调低价格,老总就长出了一口气;直至月底,广州毫无消息,老总也就如释重负了。

案例思考:作为市场经济的主体,毁要约不仅会给企业、个人带来风险,也会伤害企业品牌形象,给合作伙伴留下不诚信的印象。因此,在发出要约时,应该考虑到规避要约风险。例如,要约人应充分预测商品的市场价格变动趋势;要约人采用要约邀请的方式发出要约;要约人缩短要约的承诺期限;不要发出多份不可撤销要约等。企业和个人在日常工作中需要多加注意,谨慎对待,尽量避免毁约。

（4）电子商务合同的成立时间。电子商务合同的成立时间,关键是承诺的生效时间,一般认为收件人收到承诺的数据电文的时间即为生效的时间。

 【法条速递】

以对话方式作出的意思表示,相对人知道其内容时生效。

以非对话方式作出的意思表示,到达相对人时生效。以非对话方式作出的采用数据电文形式的意思表示,相对人指定特定系统接收数据电文的,该数据电文进入该特定系统时生效;未指定特定系统的,相对人知道或者应当知道该数据电文进入其系统时生效。当事人对采用数据电文形式的意思表示的生效时间另有约定的,按照其约定。

——《中华人民共和国民法典》第一百三十七条

当事人采用信件、数据电文等形式订立合同要求签订确认书的,签订确认书时合同成立。

当事人一方通过互联网等信息网络发布的商品或者服务信息符合要约条件的,对方选择该商品或者服务并提交订单成功时合同成立,但是当事人另有约定的除外。

——《中华人民共和国民法典》第四百九十一条

由此可见,确定接收时间以"进入"为准,即以数据电文进入收件人的或其指定的信息系统之时为准,而不管收件人是否检查或者是否阅读传送的信息内容。

在 EDI 合同中,当事人用电子数据发出电文即为要约,对方当事人用电子数据发出电文即为承诺。

当事人一方通过互联网等信息网络发布的商品或者服务信息符合要约条件的,对方选择该商品或者服务并在提交订单成功时合同成立,但是当事人另有约定的除外。

（5）电子商务合同成立的地点。电子商务合同成立地点的确定,涉及发生合同纠纷后由何地、何级法院管辖及其适用法律问题。

《民法典》第四百九十二条规定:"承诺生效的地点为合同成立的地点。采用数据电文形式订立合同的,收件人的主营业地为合同成立的地点;没有主营业地的,其住所地为合同成立的地点。当事人另有约定的,按照其约定。"

 【案例直击】

合同成立的地点涉及法院的管辖权

原告湘平公司与被告方远公司签订《物资采购合同》。在合同前期,被告方远公司尚能按约如期提供货物,并开具相应的发票,但次年 6 月,原告湘平公司再向被告方远公司采购货物并支付货款后,被告方远公司却没能提供货物,之后原告湘平公司多次联系被告方远公司负责人刘敏(即合同约定的联系人),要求其按期送货未果。原告向长沙市天心区人民法院提起上诉,被告认为该法院对本案不具有管辖权。

该法院经审查认为,原告湘平公司提起诉讼的依据是《物资采购合同》,该合同第9条第1款约定:"甲乙双方因本合同发生争议,应当友好协商;协商不成的,双方同意将本合同引起的或与本合同有关的一切争议提交甲方住所地有管辖权的人民法院解决。"本案甲方住所地即原告湘平公司住所地位于长沙市天心区,故长沙市天心区人民法院对本案有管辖权。

案例思考:合同纠纷的当事人可以书面协议选择被告住所地、合同履行地、合同签订地、原告住所地、标的物所在地等与争议有实际联系地点的人民法院管辖,但不得违反级别管辖和专属管辖的规定。

电子商务合同订立的整个过程所采用的是电子形式且符合易保全的特性,通过电子邮件、EDI、点击等方式进行电子商务合同的谈判、签订,这种合同方式大大节约了交易成本,提高了经济效益。

3.3
电子商务合同的履行

3.3.1 电子商务合同的效力

《民法典》第五百零二条第一款规定:"依法成立的合同,自成立时生效,但是法律另有规定或者当事人另有约定的除外。"因此,合同成立即生效,但是已成立的合同不一定有效,有效的合同也不一定立即生效,这在电子商务合同中也不例外。按照合同的效力不同,可以分为有效合同、无效合同、效力待定合同、可撤销合同。

1. 有效合同

《民法典》第一百四十三条规定:具备下列条件的民事法律有效:(一)行为人具有相应的民事行为能力;(二)意思表示真实;(三)不违反法律、行政法规的强制性规定,不违背公序良俗。

电子商务合同作为典型的法律行为,其有效也应该符合上述条件,但同时应兼顾电子商务合同的特殊性。

(1)行为人在订立电子商务合同时必须具有相应的民事行为能力。传统合同当事人身份确定的方式是通过当事人的证照、资料以及签名或盖章,在电子商务活动中无法借助这种有形感知,而只能借助电子文件的方式确定当事人的身份。联合国《电子商务示范法》、我国《电子签名法》均引用了"功能等同"原则来规定可靠的电子签名,它与手写签名或盖章具有同等的法律效力。

在电子商务交易中,可通过当事人在数据电文中的电子签名或者电子商务 B2C 交易中消费者填写的姓名、身份证号等自然信息判断行为人是否具有行为能力,或者在电子商务 B2B 交易中基于企业组织提供的营业执照、授权委托书等资料判断其为法人组织抑或法人的分支机构,实施电子商务交易行为者是否有充分的授权等。但是,由于电子商务交易的远程性和虚拟性,当事人基于对自身隐私的考虑,或者防止他人冒用自己的身份等原因,可能以化名或代码进入某商业网站,所登录的身份与真实情况往往不符。此时识别当事人的真实身份变得非常困难。即便消费者提供的姓名与身份证号是真实的信息,也只能知其年龄但不知其精神健康状况,依据《民法典》的基本规定,判定自然人的行为能力状况需要结合年龄与精神状况。总之,在电子商务环境下,确认主体的行为能力变得异常困难。

为了保护交易稳定,维护交易安全,当事人行为能力的真实情况需要被考虑在内,但是不应被绝对尊重。《电子商务法》第四十八条规定:"电子商务当事人使用自动信息系统订立或者履行合同的行为对使用该系统的当事人具有法律效力。在电子商务中推定当事人具有相应的民事行为能力。但是,有相反证据足以推翻的除外。"这是基于电子商务市场虚拟性的特点而进行的规定,有助于提高交易效率。

【案例直击】

无民事行为能力人订立的合同无效

一位刚上小学二年级的 7 岁男童,在某购物网站以他父亲李某的身份证号码注册了客户信息,并且订购了一台价值 1 000 元的小型打印机。但是当该网站将货物送到李某家中时,曾经学过一些法律知识的李某却以"其子未满 8 周岁,是无民事行为能力人"为由,拒绝接收打印机并拒付货款。由此交易双方产生了纠纷。

对此,网站主张:由于该男童是使用其父亲李某的身份证注册客户信息的,从网站所掌握的信息来看,与其达成打印机网络购销合同的当事人是一个有完全民事行为能力的正常人,而并不是此男童。由于网站是不可能审查身份证来源的,也就是说网站已经尽到了注意义务,不应当就合同的无效承担民事责任。

案例思考:未满 8 周岁的儿童,是无民事行为能力的人。无民事行为能力的人订立的合同无效,所以李某拒付货款的行为本来也无可厚非。但是,由于孩童是以其父的身份证注册客户信息。一方面,如果网站有充分的证据证明其已经尽到了必要的注意义务,那么完全无视网站利益受到侵害的事实则有失公平。另一方面,李某作为其子的监护人和其身份证的合法持有人,没有尽到相应的管教义务和保管义务,导致其子滥用其身份证进行注册,应当对合同无效给网站造成的损失承担赔偿责任。所以,应该认定购物网站有权要求李某承担货物的往返运费和其他交易费用。

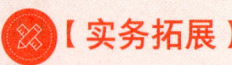 **【实务拓展】**

民事行为能力人

完全民事行为能力人:成年人(十八周岁以上的自然人);十六周岁以上的未成年人,以自己的劳动收入为主要生活来源的,视为完全民事行为能力人。完全民事行为能力人,可以独立实施民事法律行为。

限制民事行为能力人:八周岁以上的未成年人;不能完全辨认自己行为的成年人。限制民事行为能力人,实施民事法律行为由其法定代理人代理或者经其法定代理人同意、追认;但是,可以独立实施纯获利益的民事法律行为或者与其年龄、智力相适应的民事法律行为。

无民事行为能力人:不满八周岁的未成年人;不能辨认自己行为的成年人。无民事行为能力人,由其法定代理人代理实施民事法律行为。

(2)行为人订立电子商务合同时意思表示真实。《民法典》要求合同当事人在缔结合同过程中的要约与承诺均为其本人真实且独立的意思表示,合同才有效。但是在电子商务环境中,人们一般采用用户名方式登录网络,且以用户名从事电子商务交易行为。在电子商务交易平台的信息系统中,人们往往建立一个电子账号代表自己,并利用这个电子账号从事网上交易。电子账号一般由用户名和密码组成。用户名被公之于众,成为真实使用人或控制者的网络身份识别符号,而密码由真实使用人或控制者个人享有和掌握。电子账号就成为人们互相识别和信任的标志,它能够将电子账号与实际使用人或控制者对应起来。在电子商务中,虽然有作为真实交易者的自然人、法人或其他组织的存在,除非他们从事电子商务经营活动,才需要公示其真实身份信息,否则完全可以凭借电子账号参与电子商务交易,电子账号可以替代真实身份,仅凭电子账号即可确定当事人的网络身份。

基于电子账号发出的交易信息都应当被作为账号所有人或控制者的真实意思,即使通过电子账号发出缔约意思的实际行为人与该用户的所有人或控制者不一致,也应当由电子账号的使用人或控制者承担责任。这也是在使用电子账号的情况下电子记录归属的基本规则。

然而在实践中,为防止在电子商务环境中可能发生的盗用或冒用他人身份的行为,必须平衡和保护相关当事人的利益。为此,理论界普遍认可以"来源推定"和"显而易见"规则解决这一问题,以维护电子商务交易安全。

"来源推定"规则是指对于一项信息,在没有相反约定时,凡是以发送者的名义发送或来自发送者信息系统的信息或者是按照双方事先约定的方式发送的信息,都应该被视为来自该发送者或是由该发送者发送的;即使是他人未经其合法授权而利用其信息系统擅自发送信息的情形也不例外,只要接收者或者任何一个正常的诚实之人都可以作出类似的来源认定。

"显而易见"规则意味着虽然是来自发送者信息系统的信息,或是按照双方事先约定的方式发送的信息,如果信息的接收者只要适当或稍微注意或按照双方事先约定的或惯用的检测、监测方法、程序等,即可很容易地辨别出信息不是来自发送者,该信息的发送者就可以不受该有关信息内容的拘束;或者说,该信息即可被视为根本没有发送过。联合国《电子商务法示范法》与我国《电子签名法》的相关规定均体现了上述原则的内涵。

(3) 不违反法律、行政法规的强制性规定,不违背公序良俗。合同法律制度存在的价值在于鼓励和促进交易,电子商务合同法律制度也不例外,其在违反法律、行政法规的效力性强制性规定以及公共秩序与善良风俗时,当然无效。

 **【案例直击】**

"暗刷流量"违背公序良俗

许某通过微信向常某寻求"暗刷的流量资源",双方协商后确认常某为许某提供网络暗刷服务,许某共向常某支付了三次服务费共计 1 万余元。常某认为,根据许某指定的第三方 CNZZ 后台数据统计,许某还应向常某支付流量服务费 30 743 元。许某以流量掺假、常某提供的网络暗刷服务本身违反法律禁止性规定为由,主张常某无权要求支付对价,不同意支付上述款项。常某将许某诉至北京互联网法院,请求判令许某支付服务费 30 743 元及利息。

北京互联网法院认为,"暗刷流量"的行为违反了商业道德底线,使得同业竞争者的诚实劳动价值被减损,破坏正当的市场竞争秩序,侵害了不特定市场竞争者的利益,同时也会欺骗、误导网络用户选择与其预期不相符的网络产品。长此以往,会造成网络市场"劣币驱逐良币"的不良后果,最终减损广大网络用户的利益。常某与许某之间"暗刷流量"的交易行为侵害了广大不特定网络用户的利益,进而损害了社会公共利益,违背公序良俗,其行为应属绝对无效。

"暗刷流量"的交易无效,双方当事人不得基于合意行为获得其所期待的合同利益。虚假流量已经产生,如以互相返还的方式进行合同无效的处理,无异于纵容当事人通过非法行为获益,违背了任何人不得因违法行为而获益的基本法理,故对双方希望通过分担合同收益的方式来承担合同无效后果的主张,一审法院不予支持。常某与许某在合同履行过程中的获利,应当予以收缴。一审法院判决驳回原告常某要求许某支付服务费 30 743 元及利息的诉讼请求;并作出决定书,收缴常某、许某的非法获利。一审判决作出后,双方当事人均未提起上诉,一审判决已发生法律效力。

案例思考：此案是全国首例涉及"暗刷流量"虚增网站点击量的案件。网络产品的真实流量能够反映网络产品的受欢迎程度及质量优劣程度，流量成为网络用户选择网络产品的重要因素。"暗刷流量"的行为违反了商业道德，违背诚实信用原则，对行业正常经营秩序以及消费者的合法权益均构成侵害，有损社会公共利益。本案对"暗刷流量"交易行为的效力予以否定性评价，并给予妥当的制裁和惩戒，对治理互联网领域内的乱象有积极推动作用。

请以小组为单位，讨论生活中还有哪些损害社会公共利益、违背公序良俗的行为？

2. 无效电子合同

无效电子合同是指不发生法律效力的合同。电子合同一旦被确认为无效，从订立时起就没有法律效力，不受法律保护，即自始无效。

合同无效、被撤销或者确定不发生效力后，行为人因该行为取得的财产，应当予以返还；不能返还或者没有必要返还的，应当折价补偿。有过错的一方应当赔偿对方由此受到的损失；各方都有过错的，应当各自承担相应的责任。法律另有规定的，依照其规定。

合同无效区分为全部无效和部分无效。合同部分无效，不影响其他部分效力的，其他部分仍然有效。根据《民法典》及《电子商务法》的规定，以下五种情形的民事法律行为无效，当然合同无效。

（1）无民事行为能力人实施的民事法律行为无效。

（2）行为人与相对人以虚假的意思表示实施的民事法律行为无效。以虚假的意思表示隐藏的民事法律行为的效力，依照有关法律规定处理。

（3）违反法律、行政法规的强制性规定的民事法律行为无效。但是，该强制性规定不导致该民事法律行为无效的除外。违背公序良俗的民事法律行为无效。

 【案例直击】

违背公序良俗的民事法律行为无效

甲公司的废旧设备拆除项目对外发出招标文件，徐某打算参与承接该拆除项目，经人介绍认识李某，在得知李某的哥哥当时担任新世纪公司（甲公司的上级单位）的董事长后，双方商谈由李某居间协调，帮助徐某以乙公司名义中标该拆除项目并签订合同。几天后，徐某向李某出具欠条一份，载明："今欠到持据人人民币总额：甲公司拆除项目合同价的百分之十一作为准确数字（已预付的三十万元包含在内）。此据成立的前置条件为：立据人以乙公司名义参加甲公司拆除项目的中标及签订合同，合同签订后三个工作日内以现金方式足额支付持据人。"后因中标公司丙公司没有及时履约，竞标时排名第二位的乙公司中标，但徐某没有足额支付资金给李某，双方发生纠纷。

法院认为：对于合法的请托，应按照委托合同关系处理，但涉及权钱交易等违背公序良俗的请托而形成的债务，不受法律保护。对于已经给付的部分，资金提供者主张返还的，法院不予支持。

案例思考：徐某挂靠乙公司参与甲公司废旧设备拆除项目的招投标程序，理应遵循《中华人民共和国招投标法》公开、公平、公正、诚信的原则，而徐某试图通过李某斡旋关系，从而达到中标的目的。该请托破坏了市场公平竞争的正常秩序，不受法律保护，由此形成的债权债务也不受法律保护。

（4）行为人与相对人恶意串通，损害他人合法权益的民事法律行为无效。恶意串通是指当事人为实现某种目的，串通一气，弄虚作假，共同实施订立合同的民事行为，但此行为会造成国家、集体或者第三人的利益损害，是违法行为。

✳【案例直击】

恶意串通的民事法律行为无效

A 公司与 B 公司是关联企业。B 公司明知 A 公司欠 C 公司的债务，但仍与 A 公司签订了买卖合同，约定 A 公司转让土地使用权、地上建筑物和设备给 B 公司，转让价款明显偏低，且无充分证据证明 B 公司已支付该对价。A 公司实际上成为一个空壳公司，直接导致 C 公司的债权无法实现。C 公司起诉至法庭。

案例思考：B 公司与 A 公司之间的转让资产行为，损害了 C 公司的利益，应认定为恶意串通，所以是无效的。

3. 效力待定的电子合同

效力待定合同，是指合同虽然已经成立，但因其不完全符合合同的生效要件，因此其效力能否发生尚未确定，一般须经有追认权的当事人进行补正才能生效的合同。如果在法定时限内有追认权的当事人不进行补正或者拒绝补正，则合同无效。根据《民法典》的规定，在以下几种情况下订立的电子合同效力待定：

（1）限制民事行为能力人缔结的合同。限制民事行为能力人实施的纯获利益的民事法律行为或者与其年龄、智力、精神、健康状况相适应的民事法律行为有效；实施的其他民事法律行为经法定代理人同意或者追认后有效。

相对人可以催告法定代理人自收到通知之日起三十日内予以追认。法定代理人未作表示的，视为拒绝追认。民事法律行为被追认前，善意相对人有撤销的权利。撤销应当以通知方式作出。

（2）无代理权人以被代理人名义缔结的合同。行为人没有代理权、超越代理权或者代理权终止后，仍然实施代理行为，未经被代理人追认的，对被代理人不发生效力。

相对人可以催告被代理人自收到通知之日起三十日内予以追认。被代理人未做表示的，视为拒绝追认。行为人实施的行为被追认前，善意相对人有撤销的权利。撤销应当以通知的方式作出。

行为人实施的行为未被追认的，善意相对人有权请求行为人履行债务或者就其受到的损害请求行为人赔偿。但是，赔偿的范围不得超过被代理人追认时相对人所能获得的利益。

相对人知道或者应当知道行为人无权代理的，相对人和行为人按照各自的过错承担责任。

 ## 【法条速递】

执行法人或者非法人组织工作任务的人员，就其职权范围内的事项，以法人或者非法人组织的名义实施的民事法律行为，对法人或者非法人组织发生效力。

法人或者非法人组织对执行其工作任务的人员职权范围的限制，不得对抗善意相对人。

——《中华人民共和国民法典》第一百七十条

【案例直击】

无代理权人订立的合同的效力

2021年6月，A公司（甲方）与严某（乙方）签订商铺房屋租赁合同一份，约定租赁期限自2021年7月1日起至2024年6月30日止；乙方在租赁期内可将此商铺房屋转租给他人，但须通知甲方，否则甲方有权收回商铺房屋。后严某将上述商铺中的一间建筑面积为35平方米的商铺转租给原告宋某。

2022年3月，宋某（甲方）与被告周某（乙方）签订店面转让协议书一份，约定：甲方将店铺转让给乙方，转让后店铺现有的装修、装饰全部归乙方；乙方向甲方支付转让费共计60 000元。协议签订后，被告陆续支付原告30 000元，并出具欠条一份给原告，载明："今周某欠宋某房屋转让费叁万元整，于2022年12月31日前付清。"

2022年4月，在宋某在场见证下，周某（乙方）与严某（甲方）签订店面租赁合同一份，约定："租期3年，自2022年4月1日起至2025年4月1日止。"

合同中剩余的30 000元周某一直没有给付给宋某，双方因此产生纠纷，宋某将周某告上法庭。

法院认为：原被告签订的店面转让协议书从内容上看应属转租协议。该转租协议在 2022 年 4 月 1 日至 2024 年 6 月 30 日期间应属效力待定的转租合同,在 2024 年 7 月 1 日至 2025 年 4 月 1 日期间应属无效合同。因转租合同部分期间无效,店面转让费也应按比例计算为 45 000 元,故对原告要求被告归还欠款 30 000 元的诉讼请求,法院予以部分支持。

案例思考:行为人没有代理权、超越代理权或者代理权终止后仍然实施代理行为,未经被代理人追认的,对被代理人不发生效力。

4. 可撤销合同

可撤销合同是指合同因欠缺一定的生效要件,其有效与否,取决于有撤销权的一方当事人是否行使撤销权的合同。可撤销合同是一种相对有效的合同,在有撤销权的一方行使撤销权之前,合同对双方当事人都是有效的。它是一种相对无效的合同,但又不同于绝对无效的无效合同。根据《民法典》的规定,以下几种情形下合同可撤销:

(1)因重大误解订立的合同。重大误解是指行为人因对行为的性质、对方当事人、标的物的品种、质量、规格和数量等的错误认识,使行为后果与自己的意思相悖,并造成较大损失的行为。基于重大误解实施的民事法律行为,行为人有权请求人民法院或者仲裁机构予以撤销。

 **【案例直击】**

该合同存在重大误解订立吗?

李总是一家大型电子元件制造企业甲公司的实际控制人,先前起诉乙公司未缴纳 360 万元货款,后以李总让利 60 万元达成和解。然而,在签订的调解协议中,对方错将金额写为 420 万元,减去让利款项后仍为 360 万元。对方发现纰漏后转而诉请:因重大误解,请求变更金额为 360 万元,并将让利款 60 万元定义为多支付的货款要求返还。

案例思考:首先,《民法典》第一百四十七条规定:"基于重大误解实施的民事法律行为,行为人有权请求人民法院或仲裁机构予以撤销。"重大误解只能申请撤销而非变更;其次,履行协议并不会对对方造成任何损失,不符合重大误解的构成要件。即使构成重大误解,被撤销的法律后果是合同自始没有约束力,故原告返还 60 万元货款的诉请于法无据。最终法官当庭宣判,驳回原告的诉讼请求。

(2)因一方欺诈订立的合同。欺诈,是指一方当事人故意告知对方虚假情况,或者故意隐瞒真实情况,诱使对方作出错误意思表示的行为。一方以欺诈手段使对方在违背真实意思的情况下实施的民事法律行为,受欺诈方有权请求人民法院或者仲裁机构予以撤销。

因对方欺诈订立的合同可申请撤销

甲企业是一家服装连锁企业。由于看好这个服装品牌的发展前景,李某决定加盟该品牌。双方协商后,李某与甲企业签订了加盟协议,协议中约定,李某支付该企业加盟费 100 万元,加盟店的所有经营权归李某。

合同签订后,李某依约支付了加盟费用。在接手加盟店后,李某发现该企业在订立合同过程中隐瞒事实,伪造营业报表,存在欺诈行为。该企业发送给李某的电子报表与加盟店收银用的营业计算机系统中的营业额存在巨大差距,其结果足以影响李某是否同该企业签订合同。后李某打电话质问甲企业,认为自身利益受到了极大影响,决定解除该合同。而该企业矢口否认,在无奈之下,李某只得起诉至法院。

案例思考:评判商业效益好坏与否的一个重要标准就是营业额的具体数值。甲企业提供的电子报表致使李某以为该加盟店生意兴隆,接手后有进一步扩展业务的可能,而甲企业知道该营业额差距的存在却事先不告知,导致李某在违背真实意思的情况下签订了加盟协议,可见甲企业存在一定过错。在合同签订的过程中,双方当事人明显不是处于平等的状态之下,这有违《民法典》的基本原则。因此,对于李某而言,如果能提供证据证明此差距确实存在而且足以影响李某作出决定,那么完全有理由申请法院撤销该合同。

(3) 因第三人欺诈订立的合同。第三人实施欺诈行为,使一方在违背真实意思的情况下实施的民事法律行为,对方知道或者应当知道该欺诈行为的,受欺诈方有权请求人民法院或者仲裁机构予以撤销。

【案例直击】

因第三人欺诈订立的合同怎么办?

甲经常假扮建筑工人,在建筑工地旁摆放一些假古董,冒充从工地挖出来的文物。某日,甲以 1 万元的价格,卖给乙一块假玉,乙发现被骗后与甲进行交涉,想要退回玉石,拿回自己的 1 万元。此时,丙经过此处,仔细打量甲的摊位,乙未等甲开口就说:"我之前从他这里买了一块玉石,一下就赚了好几万块钱,这块玉石我看了半天,你不要我就要了。"丙信以为真,便以 2 万元的价格购买了一块玉石。

案例思考:丙因为乙的欺诈与甲订立了一个买卖合同,并且甲知道该欺诈行为,按照《民法典》的规定,受欺诈人丙享有撤销权。

(4) 因胁迫订立的合同。一方或者第三人以胁迫手段,使对方在违背真实意思的情况下实施的民事法律行为,受胁迫方有权请求人民法院或者仲裁机构予以撤销。

胁迫人可以是相对人，也可以是第三人。只有受胁迫人有撤销权。例如，甲胁迫乙，使乙与丙签订了合同，受胁迫人乙可以请求撤销该合同，甲和丙都没有撤销权。

（5）显失公平订立的合同。一方利用对方处于危困状态、缺乏判断能力等情形，致使民事法律行为成立时显失公平的，受损害方有权请求人民法院或者仲裁机构予以撤销。

只有受害方有撤销权。本条款将乘人之危与显失公平合并，包括两种情况：一种是乘人之危造成自始显失公平；另一种是利用缺乏判断能力等情形，造成自始显失公平。

 【案例直击】

房屋出售价格显失公平，合同可撤销

美国公民 A 购买了北京市朝阳区房屋一套，并因在中国出差期间认识霍某，基于对霍某的信任，委托霍某对房屋代为租赁。后霍某利用盖世金对北京房地产市场价格不了解以及对其的信任，以显著低于市场行情的价格与盖世金签订了《存量房屋买卖合同》，自己购买了该房屋。A 得知房屋的真实价格后将霍某起诉至法院。

北京市朝阳区人民法院经审理认为，A 出售给霍某的房屋价格为 132 万元，而该房屋在出售时的市场价值为 403.3 万元。仅从价格上看，该合同明显违反了等价有偿的原则。

据查明，A 系美国公民，长期在美国生活。霍某利用了双方在信息掌握上的不对称，利用 A 对北京房地产市场缺乏了解以及其信息掌握主要来源于霍某介绍的劣势地位，明显违背了合同交易过程中的诚实信用原则，故涉案合同构成显失公平。

经法院判决，撤销了双方之间的《存量房屋买卖合同》。

案例思考：显失公平的合同是指一方当事人利用优势或对方缺乏经验，在订立合同时致使双方的权利和义务明显违反公平、等价有偿原则的合同。显失公平的合同可撤销。

【法条速递】

有下列情形之一的，撤销权消灭：

（一）当事人自知道或者应当知道撤销事由之日起一年内、重大误解的当事人自知道或者应当知道撤销事由之日起九十日内没有行使撤销权；

（二）当事人受胁迫，自胁迫行为终止之日起一年内没有行使撤销权；

3.3.2　电子商务合同履行的原则

根据我国《民法典》的规定,电子商务合同的当事人应当按照约定全面履行自己的义务。在合同履行过程中,当事人应当遵循诚信原则,根据合同的性质、目的和交易习惯履行通知、协助、保密等义务,并且应当避免浪费资源、污染环境和破坏生态。

1. 全面履行原则

全面履行原则又称适当履行原则或正确履行原则。它要求当事人按照合同约定的标的及其质量、数量,合同约定的履行期限、履行地点,以适当的履行方式全面完成合同义务的履行原则。

对于电子合同而言,如果是线下交付,交付一方必须在合同约定或法律规定的期限内依约发货或者完成履行条件由买受人自提,买受人应当按照约定或在法定时间内履行付款的义务;如果是线上交付,交付一方应给予对方合理检验的机会,保证交付的质量,买受人应按照约定的方式在线上或线下完成付款。

2. 协作履行原则

协作履行原则是指当事人不仅适当履行自己的合同债务,而且应基于诚实信用原则的要求协助对方当事人履行其债务的履行原则。合同的履行,只有债务人的给付行为,没有债权人的受领给付,合同的内容仍难实现。不仅如此,在建筑工程合同、技术开发合同、技术转让合同、提供服务合同等场合,债务人实施给付行为也需要债权人的积极配合,否则,合同的内容也难以实现。因此,履行合同,不仅是债务人的事,也是债权人的事,协助履行往往是债权人的义务。

协作履行原则具有以下几方面的要求:第一,债务人履行合同债务时,债权人应适当受领给付;第二,债务人履行合同债务时,债权人应创造必要条件、提供方便;第三,债务人因故不能履行或不能完全履行合同义务时,债权人应积极采取措施防止损失扩大,否则,应就扩大的损失自负其责。

电子商务合同履行中的协作履行主要体现在:第一,为了便于债务人依约发货,债权人应及时告知其地址和身份信息,尤其是在有与合同约定不同的履行地址时;第二,债权人不得无正当理由拒绝接受债务人履行债务;第三,在线交付信息产品的,债权人应使其信息系统处于开放、适于接受的状态。此外,协作履行还包括当事人双方均应负担通知、协助、保密义务的内容,不得非法利用其所掌握或收集的对方当事人的相关资料。

3. 情势变更原则

情势变更原则是指合同成立后，合同的基础条件发生了当事人在订立合同时无法预见的、不属于商业风险的重大变化，继续履行合同对于当事人一方明显不公平的，受不利影响的当事人可以与对方重新协商；在合理期限内协商不成的，当事人可以请求人民法院或者仲裁机构变更或者解除合同。人民法院或者仲裁机构应当结合案件的实际情况，根据公平原则变更或者解除合同。

构成情势变更要满足以下条件：

第一，合同的基础条件在合同订立后、履行完毕前发生了重大变化。

第二，合同基础条件的变化是客观的，而非当事人主观臆想的。

第三，合同基础条件的变化是无法预见的。

第四，合同基础条件的变化不属于商业风险。商业风险是指经营活动中的一般商业风险，即当事人作为理性商人，在经营时所应意识到并承担的固有风险，如原料价格波动、消费模式与消费习惯的转变、与同行间的竞争等。以餐饮业为例，某些常见多发传染病如禽流感、猪流感可能导致部分原料成本波动，当属一般商业风险。

第五，合同基础条件的变化并非由当事人引起。

第六，合同的基础条件发生了重大变化，继续履行合同对于当事人一方明显不公平。

 【案例直击】

汇率波动构成情势变更吗？

中国 A 公司与东南亚 B 公司签订了出口合同，约定以美元计价，总金额 500 万美元，交货期 6 个月。合同签订后第 3 个月，美联储宣布加息预期，美元对人民币汇率从 6.5∶1 飙升至 6.9∶1，导致 A 公司实际收入减少约 300 万元人民币。

A 公司主张：这属于情势变更，要求 B 公司补偿差价或重新协商价格。B 公司认为，汇率风险是国际贸易惯例，应包含在商业风险范围内。双方诉至法院。

案例思考：本案合同签订时美联储加息预期并不明确，且汇率在短期内波动超常，存在不可预见性；汇率波动虽属市场风险，但波动幅度远超正常范围，构成"异常市场风险"，这并非商业风险；若继续履行，A 公司将承受 300 万元损失，而 B 公司无实际成本增加，存在公平性失衡。

本案构成情势变更。法院判令双方按"基础汇率 + 浮动补偿"模式修订合同，B 公司需额外支付 280 万元人民币差额。

4. 保密原则

当事人在电子商务合同的订立过程中、履行中以及合同终止后，对知悉的对方的商业秘密，均负有保守秘密的义务。若有泄密或不正当使用，给对方造成损害的，应当承担赔偿责任。

另外,电子商务合同订立系统设立人和第三方存储服务商应真实完整地记录和保存合同订立信息,确保电子合同在验证身份、发起合同、传输和签署过程中全程安全保密,不可篡改;对电子商务合同内容应保密,不应查看、披露或公开电子商务合同的内容;未经合同缔约人准许,不应向第三人披露或公开其身份信息,法律法规另有规定的除外。

5. 绿色原则

《民法典》第九条规定:"民事主体从事民事活动,应当有利于节约资源、保护生态环境。"合同当事人追求以最少的履约成本完成交易过程,同时应当避免浪费资源、污染环境和破坏生态,在债权债务终止后负有旧物回收义务。也就是说,生态环保成为合同正当履行所需承担的基本义务,当事人不能做出污染环境和破坏生态的事情。

【德技并修】

推动绿色发展,建设美丽中国

党的二十大报告中指出:"必须牢固树立和践行绿水青山就是金山银山的理念,站在人与自然和谐共生的高度谋划发展。"

要加快建设美丽中国,则推动经济社会发展绿色化、低碳化是实现高质量发展的关键环节。要深入推进环境污染防治,提升生态系统多样性、稳定性、持续性,并积极稳妥推进碳达峰碳中和。

坚定不移走生产发展、生活富裕、生态良好的文明发展道路,开创生态文明建设新局面,建设人与自然和谐共生的现代化,为实现中华民族永续发展注入源源不竭的动力。

3.3.3 电子商务合同标的交付

1. 交付内容与方式

电子商务合同的标的即交付内容,可以划分为有形标的与无形标的两类。

(1) 当某一标的物为无形物时,依据交付方式的不同而有所不同,一般可以采取两种方式交付。

① 将无形标的物装载于有形标的物中交付,比如,将计算机软件装载于光盘内再进行交付,是以有形介质为载体,使无形标的的交付变有形标的的交付的方式,可以适用传统合同履行的有关规定。

② 电子传输交付,即通过网络中的数据电文往来完成合同标的的交付,比如,在得

到供方许可的前提下,登录供方的网络系统中将计算机软件下载完成交付或由供方利用电子网络将标的物直接发送到需方的指定系统中即完成交付,这是电子商务合同独有的交付方式。该方式已经将传统合同履行过程虚拟化,在需方能够按照合同目的有效占有和支配电子商务合同项下的标的物时,供方就已经履行了自己所承担的合同义务。

(2) 当某一标的物为有形物时,电子商务合同的履行与传统合同的履行没有任何不同。

电子商务当事人可以约定采用快递物流方式交付商品。

快递物流服务提供者为电子商务提供快递物流服务时,应当遵守法律、行政法规,并符合承诺的服务规范和时限。快递物流服务提供者在交付商品时,应当提示收货人当面查验;交由他人代收的,应当经收货人同意。

快递物流服务提供者应当按照规定使用环保包装材料,实现包装材料的减量化和再利用。

快递物流服务提供者在提供快递物流服务的同时,可以接受电子商务经营者的委托,提供代收货款服务。

2. 交付时间

通过互联网等信息网络订立的电子商务合同,因标的不同使得交付时间不同。

电子商务合同的标的为交付商品并采用快递物流方式交付的,收货人的签收时间为交付时间。

电子商务合同的标的为提供服务的,生成的电子凭证或者实物凭证中载明的时间为提供服务时间;前述凭证没有载明时间或者载明时间与实际提供服务时间不一致的,以实际提供服务的时间为准。

电子商务合同的标的物采用在线传输方式交付的,合同标的物进入对方当事人指定的特定系统且能够被检索识别的时间为交付时间。

电子商务合同当事人对交付商品或者提供服务的方式、时间另有约定的,按照其约定。

【实务拓展】

商品灭失的风险谁来承担?

电子商务合同的标的为交付商品并采用快递物流方式交付的,在快递签收之前,商品灭失的风险由商家承担;在快递签收之后,即完成了电子商务合同的履行程序——合同标的交付,此时所购商品损毁、灭失的风险就由卖家转移到了买家身上。

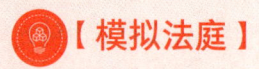

电子商务合同成立了吗？

2022年11月，原告A公司与被告B公司签订了一份《供应商协议》，双方约定B公司向A公司采购化妆镜等商品；订单的发出、取消及接受可以采用传真、电子数据交换、电子邮件及其他可以有形地表现所载内容的形式。协议的附件二约定："以电子数据交换方式发送订单，在配送中心交付商品。"

2023年5月，B公司与A公司又签订了《供货合同及质量保证协议》，约定委托A公司生产如化妆棉、粉扑等美妆配件商品。同时约定，如果出现B公司违约，A公司须除去所有商品上的商标后方可向第三方出售该商品；如果无法去除这些商标，该批商品必须销毁。

2023年5—7月，双方就一种化妆镜的退货、改喷漆颜色、改包装、最终样品确认、商品订单量、交货时间等问题往来数份电子邮件进行协商。A公司称在确认上述备货清单后，立即安排生产。

B公司要求A公司在2023年年底和2024年春节前增加化妆棉和粉扑的备货量，在双方的往来电子邮件中，B公司称，A公司提供的化妆棉和粉扑备货量不够，应该按照其要求的备货量进行备货，并称："需要提醒的是，备货量是年前需要做好的，以备各种销量突增和促销，但是春节之前补货组需要下大量订单，以保证春节放假期间无法送货的库存。所以，现在开始就需要不停地生产。"

2023年8月至2024年8月，B公司陆续分批向A公司采购上述商品，2024年9—12月期间只对部分产品进行了采购，但总体采购数量与前述关于备货量的邮件的附件表格中的首单数量和半年预估量相差较大。期间，B公司一直未按半年出货量采购A公司已经生产好的库存商品，A公司部分商品如化妆包等出货停滞。

A公司多次催促无果，委托江门市江海公证处对存放在A公司车间的相关货品现状进行勘察、拍照及录像，并办理保全证据公证。该公证处出具了公证书。A公司据此主张其为B公司生产的美妆配件商品全部储存在A公司仓库，因印有B公司商标无法变卖。

对于库存的问题，B公司拟以69万元回购原约定销售总价约690万元的所有库存美妆配件商品，宏卓公司不同意，双方一直未达成一致意见。

2025年5月7日，A公司向B公司发出《解除合同通知书》，要求通知到达B公司的同时解除与B公司签订的《供货合同及质量保证协议》、相关附件及补充协议，该通知于次日送达B公司。

法庭上B公司辩称：

（1）双方是采用《供应商协议》加订单的模式完成交易，A公司应当采取电子数据交换（EDI）的方式接收订单。本案涉及的备货量附表并非通过EDI方式接收的订单。因此，B公司与A公司之间就涉案库存货物不存在符合双方约定的订单，相应的买卖合同不成立。

（2）B公司提出以人民币69万元购买全部库存的意思表示不能视为其认可A公司主张的库存数量，只能证明在A公司确实按照备货量附表生产的前提下，B公司愿意以69万元的价格进行采购，不能将该前提等同于客观事实。

请同学们以小组为单位，以模拟法庭为训练形式，分析：

（1）双方就涉案库存货物的买卖合同是否成立？

（2）涉案库存货物是否给A公司造成货款损失？

（3）合同中各方怎样做才能更有效地规避风险呢？

实训目的：

将法律法规教育与司法实践结合起来，旨在加深学生对电子商务合同法律制度的理解，了解民事诉讼活动程序，体验法官、律师、当事人等角色，熟悉法庭氛围和司法审判实践过程，培养学生探寻法律事实的能力和综合运用法律解决实际问题的能力，提高学生在电子商务合同订立和履行过程中规避法律风险的意识。

实训要求：

（1）学生训练前复习《电子商务法》《电子签名法》《民法典》等有关电子商务合同法律制度相关内容，明确训练要求。

（2）采取分组训练方式，小组进行模拟角色分工，明确审判长、审判员、控诉人、辩护人、原告、被告、书记员等各个角色工作职责，在老师指导下熟悉案情。

实训内容：

1. 模拟法庭的组织

学生分组：① 审判组，包括审判长、审判员和书记员，进行角色分工，制作审判流程、案由、案件争议焦点、庭审笔录等；② 当事人组，包括原告、被告，进行角色分工，并制作起诉状、答辩状、证据等；③ 辩论组，包括控诉人和辩护人，与当事人沟通，制作代理词、辩论词等。

2. 开庭审理

（1）庭审准备。

诉讼参与人入场，书记员宣布法庭纪律：

_____

_____

审判人员入场，审判长宣布开庭：

（2）法庭调查。

① 起诉与答辩：

原告方宣读起诉书：_____

_____

被告方宣读答辩状：_____

_____

② 法庭调查取证：

原告方举证：_____

_____

被告方举证：_____

_____

原、被告双方进行质证：_____

_____

③ 案件事实交叉提问：

_____

_____

④ 案件争议焦点归纳：

_____

_____

（3）法庭辩论。

原告方发言：_____

_____

被告方发言：_____

_____

自由辩论：_____

_____

（4）休庭评议、宣判。

_____

_____

_____

3. 教师点评

_____

_____

_____

实训思考：

（1）本案件争议的焦点有哪些？

（2）本人所扮演的角色在审判活动有哪些注意事项？

（3）法庭辩论过程的成功与不足之处有哪些？

（4）在参与模拟审判训练中，有哪些收获与不足，如何改进？

【课后习题】

一、单选题

1. 我国最早确认电子商务合同合法性的法律是（   ）。

    A.《合同法》   B.《电子签名法》

    C.《电子商务示范法》   D.《电子商务法》

2. 某网页上一则消息介绍了某种商品的基本信息、价格、数量等情况，并明示购物者单击即可购买，则该消息的法律性质属于（   ）。

    A. 要约邀请   B. 要约

    C. 反要约   D. 承诺

3. 下列关于电子商务合同订立中要约、承诺撤回与撤销的说法中正确的是（   ）。

    A. 当要约以电子邮件的方式发出时，其在受要约人回复之前可以被撤销

    B. 当事人采用自动交易系统交易，在交易系统自动承诺回复后，要约人可以撤销要约

    C. 受要约人在电子商务合同中可以撤回承诺

    D. 当事人在网上以即时通信工具进行协商，要约人不可以撤销

4. 在合同生效以后，当事人应当重合同、守信用，履行自己的义务，实现当事人双方订立合同的目的。以下不属于合同履行基本原则的是（   ）。

    A. 价格变动原则   B. 协作履行原则

    C. 全面履行原则   D. 情势变更原则

5. 刘某将计算机借给同事林某使用，林某将计算机卖给了岳某，依据《民法典》的规定，以下选项中关于林某和岳某买卖计算机的合同效力表述正确的是（   ）。

    A. 有效合同   B. 无效合同

    C. 效力待定合同   D. 可撤销合同

二、多选题

1. 根据电子商务合同标的的不同,可将电子商务合同分为（ ）。
   A. 网络服务合同　　　　　　　B. 电子商务交易合同
   C. 软件授权合同　　　　　　　D. 需物流配送的合同

2. 下列属于电子商务合同法律制度适用范围的是（ ）。
   A. 收养协议　　　　　　　　　B. 房屋买卖合同
   C. 供水合同　　　　　　　　　D. 专利许可合同

3. 根据我国《民法典》的规定,下列属于要约失效情形的是（ ）。
   A. 拒绝要约的通知到达要约人
   B. 要约人依法撤回要约
   C. 要约人依法撤销要约
   D. 受要约人对要约的内容作出实质性变更

4. 下列关于我国法人与非法人组织电子商务合同缔约能力认定的说法中正确的是（ ）。
   A. 法人与非法人组织可以自由设立网上企业进行经营,只要经营合法的产品就无须经过审批与许可
   B. 即便已经线下登记,建立网站经营必须在网站显著位置公示与披露,以便当事人查询与验证
   C. 依托平台进行交易的,必须遵守平台规定的认证手续
   D. 无论是以经营性用户还是以消费性用户身份订立电子合同,都必须实名注册

5. 在下列情况中,（ ）的合同属于效力待定合同。
   A. 以胁迫手段订立　　　　　　B. 无处分权人处分他人财产
   C. 限制民事行为能力人订立　　D. 因重大误解订立

三、判断题

1. 要约人指定了特殊系统接收数据电文的,受要约人承诺的数据电文在该特定系统内阅读的时间,视为到达时间。（ ）

2. 合同的成立时间即为合同的生效时间。（ ）

3. 要约的撤销发生于要约生效之前,撤回发生于要约生效之后。（ ）

4. 格式合同条款具有法定无效情形的,或者提供合同的一方免除其责任,加重对方责任,排除对方主要权利的,该条款无效。（ ）

5. 在一般情况下,限制民事行为能力人不能独立订立合同,而应由其法定代理人代为订立。即使其独立订立了合同,也需经法定代理人追认后,方能生效。（ ）

四、案例题

小张在步行街收到一张传单,上面写着"土星家电城,喜迎店庆,爆款促销,欢迎

选购！"小张对传单上的一款笔记本电脑产生了浓厚的兴趣,传单上有这款笔记本的图片,并配有文字:"迅捷 NB360 笔记本电脑,劲爆价 4 888 元 / 台,促销期内,保证现货供应。"小张在传单上注明的促销时间内来到土星家电城购买笔记本电脑,然而,他在收银台结账时被告知,用于促销的电脑已卖完,现已恢复原价 5 888 元。

试分析:

1. 在本例中,传单是要约邀请还是要约? 请说明理由。

2. 小张能要求土星家电城以 4 888 元卖给自己这台笔记本电脑吗? 为什么?

电子支付的法律制度

※ **素养目标**
- 树立依法合规使用电子支付工具及账户的意识
- 树立电子支付安全的法律意识和必要的维权意识
- 加强电子支付安全防范意识，避免电子支付风险

※ **知识目标**
- 了解电子支付的概念、分类、支付工具及系统构成
- 掌握电子支付服务提供者、电子支付用户的义务
- 掌握电子商务参与主体的法律责任
- 了解我国电子支付相关法律规范

※ **能力目标**
- 能够判断和识别电子支付法律关系的主体
- 能够辨别电子支付各方的法律责任，规避法律风险
- 能够应用法律制度保障自己的电子支付安全

※ 思维导图

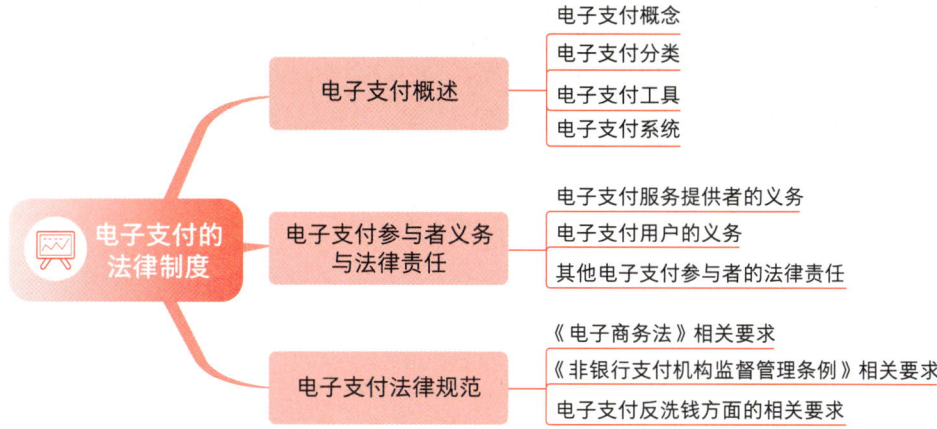

【案例导入】
网购退款？警惕诈骗！

据《乌鲁木齐日报》报道，"双 11"那天，乌鲁木齐市民陈女士在网上购买了几件羊毛衫。第二天她接到一条短信："亲！我是店铺掌柜，你购买的商品因系统升级导致商品订单已冻结，请尽快联系客服退款电话 400-690-×××办理人工退款。"陈女士收到短信后就与对方留下的客服电话取得联系，"对方先说出了我的名字、手机号、网购地址，并告知我购买的羊毛衫中有一件未交易成功。"有着 5 年网购史的陈女士说："对方说的信息都对，网购几年，我还是第一次遇到这种退款情况。"

陈女士说，对方先后向她索要了和支付宝相关联的银行卡卡号和手机收到的验证码，她没有多想便告诉了对方。不多时，她的手机里就收到一条银行发来的短信，提示卡内的 3 000 元被转走，这时陈女士才意识到自己被骗了。

案例思考：退货退款的所有操作是通过电子商务平台进行的，而非店铺掌柜通过银行卡转账操作的。另外，凡接到电话或短信要求提供银行卡片信息、个人身份信息、验证码等私密信息，一定要拨打相关平台官方电话或银行官方电话进行咨询核实。不要轻信短信或陌生号码的来电，更不要向陌生人透露手机短信收到的验证码。

4.1
电子支付概述

4.1.1　电子支付概念

1. 电子支付的定义

20世纪90年代,商业贸易活动借助互联网的普及迅速发展了起来。通过使用互联网,不仅降低了交易成本,也创造了更多的商业机会,电子商务技术从而得以发展,使其逐步成为互联网应用的热点。为适应电子商务这一市场潮流,电子支付随之发展起来。

为规范电子支付业务,防范支付风险,保证资金安全,维护银行及其客户在电子支付活动中的合法权益,促进电子支付业务健康发展,中国人民银行于2005年10月26日发布了《电子支付指引(第一号)》,对银行从事电子支付活动提出了指导性要求。该文件规定:"电子支付是指单位、个人(以下简称客户)直接或授权他人通过电子终端发出支付指令,实现货币支付与资金转移的行为。"2024年5月1日,《非银行支付机构监督管理条例》正式实施,该条例明确非银行支付机构的定义和设立许可、完善支付业务规则、保护用户合法权益、明确监管职责和法律责任,以加强对非银行支付机构的监督管理,规范非银行支付机构行为,防范支付风险,保障当事人合法权益,促进支付服务市场健康发展。

当前,互联网应用已进入人们生活中的各个领域。它在给人们生活提供便利的同时,也改变了人们的生活方式。如今,人们的购物及消费方式在"无现金社会"中逐渐转变,人们只要拿着手机或银行卡,不带现金也能完成一切经济交易。在进行交易时,是使用现金还是电子支付方式付款,选择权在自己,而不是在商家。《电子商务法》第五十三条第一款规定:"电子商务当事人可以约定采用电子支付方式支付价款。"

微课:
电子支付的
优势与不足

【法条速递】

电子商务当事人可以约定采用电子支付方式支付价款。

电子支付服务提供者为电子商务提供电子支付服务,应当遵守国家规定,告知用户电子支付服务的功能、使用方法、注意事项、相关风险和收费标准等事项,不得附加不合理交易条件。电子支付服务提供者应当确保电子支付指令的完整性、一致性、可跟踪稽核和不可篡改。

电子支付服务提供者应当向用户免费提供对账服务以及最近三年的交易记录。

——《中华人民共和国电子商务法》第五十三条

【德技并修】

坚决刹住拒收现金歪风

据中国人民银行官网消息,2024年1月份以来,中国人民银行对7家核实为拒收人民币现金的单位及相关责任人依法作出经济处罚,最高罚款金额为5.5万元。

随着移动支付的普及,很多人实现了"一部手机走天下"。目前,我国移动支付普及率达到86%,居全球第一位,这本是一件便利居民消费、促进经济发展的好事,但一些经营主体以各种理由强迫消费者按照自己的"土规定"付费,遭到人们诟病。拒收现金是违法行为。

人民币现金是国家法定货币,是最基础、最根本的支付工具。《中华人民共和国人民币管理条例》规定任何单位和个人不得拒收人民币。我们还要看到,面对重大突发事件时,现金支付在支付体系中发挥着不可或缺的作用,而人们忘带手机或手机没流量时,现金也是最后的支付工具。可以说,拒收现金的行为既损害了人民币法定货币地位,也剥夺了消费者支付选择权。

案例思考:选择什么样的支付方式,于个人,是自由的选择;于社会,关系着金融的稳定。人们可以用智能手机解决支付等生活问题,但如果把智能手机作为唯一选项,则会误入歧途。拒收现金行为于法无据、于理不合、于情不通。

2. 电子支付的特征

与传统的支付方式相比,电子支付具有以下特征:

(1) 基于开放的平台。传统支付是在较为封闭的系统中运作的,而电子支付的工作环境是基于一个开放的系统平台(即互联网)。

(2) 数字化。传统的支付方式是通过现金的流转、票据的转让及银行的汇兑等物理实体来完成款项支付的;而电子支付是采用先进的技术,通过数字化方式流转来完成信息传输的,其各种支付方式都是通过数字化的方式进行款项支付的。

(3) 便捷性。跟传统支付方式相比,电子支付具有易充值、不用找零、携带方便、支付快捷等优势,在交易过程中,还避免了出现假币的风险。在数字经济时代,用户只要拥有一台可以上网的终端设备,便可足不出户,在很短的时间内完成整个支付过程。

(4) 采用先进的通信手段。电子支付使用的是最先进的通信手段,而传统支付使用的是传统的通信媒介;电子支付对软、硬件设施的要求很高,一般要求有联网的计算机、相关的软件及其他一些配套设施,而传统支付则没有这么高的要求。

电子支付与传统支付的对比如表4-1所示。

表4-1　电子支付与传统支付的对比

比较项目	传统支付	电子支付
工作环境	较为封闭的系统环境	开放的网络环境
设备要求	使用传统的通信媒介,对软、硬件要求相对较低	使用最先进的通信手段,对软、硬件要求很高
支付方式	现金的流转、票据的转让及银行的汇兑等物理实体完成	使用先进的信息技术完成信息传输和款项汇兑
支付效率	支付时间相对较长,效率低	在很短的时间内完成支付,无须找零
流通媒介	现金货币在交易过程中,需要交易当事人辨别真假	电子货币在交易过程中,无须当事人辨别真假
大额交易	需要携带大量现金,不方便	大额交易和小额交易一样方便

3. 电子支付的优势及劣势

(1) 电子支付的优势。

① 方便。电子支付24小时联网,消费者可以随时随地通过互联网实施支付。而传统支付方式受时空限制,很难满足众多用户在时间、空间等习惯上的需求。

② 经济。电子支付拥有低成本优势。这种优势体现在组建成本低、业务成本低和运营成本低等几个方面。就银行单笔业务成本来看,网上支付成本仅为传统支付成本的1%甚至更少。

③ 快速。电子支付可实现订单信息的实时查询,包括订单是否成功支付等信息。而传统的支付方式需消费者通知商家后,商家才能去相应的单位查询,过程复杂,时间较长。

④ 刺激消费。从某种程度上看,电子支付使消费者在其购买欲望最强烈的时候顺利完成交易过程,从而促进电子商务的发展。

(2) 电子支付的劣势。

① 安全问题。不法之徒利用互联网的开放性,通过设立仿冒网站、发送伪造电子邮件甚至利用计算机病毒等手段,骗取用户的银行账户、密码等信息。

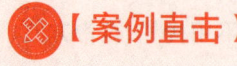【案例直击】

警惕"钓鱼网站"

某高校的大二学生小A最近在一次网络购物中,被骗了5 000元。回忆受骗过程,小A很痛苦:在点开了某网站卖家给的链接后,他进入了一个类似"工行网上银行"的网站,当按要求输入自己的卡号和密码时,页面却弹出"对不起,您的操作已超时,请返回重新支付！"的提示。于是他重复刷新,反复输入口令和密码,而实际上,他每输入一次,卖家就会从卡上划走 1 000 元,最后,整整 5 000 元便不知不觉地流走了。

案例思考：如何防范网络支付"被钓鱼"？

【实务拓展】

电子支付用户的注意事项

一是通过正式公布的网站进入,不要通过搜索引擎找到的网址或其他不明网站的链接进入。

二是妥善保管账号和密码,不要选诸如身份证号码、出生日期、电话号码等作为密码,建议用字母、数字混合密码,尽量避免在不同系统使用同一密码。

三是做好交易记录,对在网上银行、网上证券等平台办理的转账和支付等业务做好记录,定期查看"历史交易明细"和打印业务对账单,如发现异常交易或差错,应立即拨打有关客服热线进行确认。

四是管理好网银数字证书,避免在公用的计算机上使用网上交易系统。

五是万一账号资料被盗,应立即修改相关交易密码或进行银行卡挂失。此外,上网计算机要安装防火墙和杀毒软件,不要轻易下载或打开来源不明的文件,防止个人账户信息被黑客窃取。

六是在登录网上银行时,应留意核对所登录的网址与银行法定网址是否相符,谨防被假冒银行网站欺骗。

② 电子商务平台的支付方式不兼容。目前,大部分主流的电子商务平台均有自己的支付工具,如京东平台拥有京东支付、淘宝(天猫)平台拥有支付宝,拼多多平台拥有多多支付、抖音商场拥有抖音支付等,而各平台之间支付工具相互不兼容,这迫使消费者在不同平台购物需要开通不同的支付工具,无形之中就会给人们的支付增加麻烦。

③ 需要一个完善的技术平台和管理机制。为保障用户支付安全,按照监管部门要求,电子支付服务提供商及银行机构需要建设安全可靠的技术平台,并配套完善的、有效的管理机制,以确保支付系统安全、稳定、有序运行。

【案例直击】

用户认证漏洞导致盗刷风险

7 月 27 日,X 咨询机构接到 Y 商户的咨询业务。7 月 28 日,X 咨询机构联系相关方确认 Y 商户情况并观察其近期交易,无明显异常。7 月 29—31 日,Y 商户交易量猛增,单日交易总金额达到此前日均交易总金额的 50 倍左右,异常交易情况令人生疑。

7 月 30 日下午,经与 Y 商户确认,发现 Y 商户的会员用户认证措施存在漏洞,且此漏洞被盗卡分子利用,导致风险事件发生。已基本确认 Y 商户被盗卡团伙盯上,集中盗刷。根据 Y 商户经营业务(实物电商)特性,X 咨询机构给出如下风控处置方案:

(1)针对已发货的订单,联系快递公司进行物流拦截,如遇持卡人强烈要求取货,需拍照存证。

(2)针对未发货的订单,风险特征不十分明显的,核实相关交易信息后发货;风险特征明显的,直接停止发货;

(3)核查平台下的会员用户,关停高危会员的账号;

(4)考虑到商户实际交易量需求及后续风险事件处理工作,暂时关闭 Y 商户的支付接口,停止交易。

案例思考:在电子商务交易活动中,商户从以下方面加强对会员用户认证的管理,避免出现漏洞被不法分子利用:① 接入会员用户过程中,对商户进行实名认证,并审核其资质;② 交易过程中,对会员用户的付款银行卡、收货地址、收货人、联系手机号等信息进行绑定,并设置严格的信息变更审核规则;③ 增补上传风控参数,收集会员用户的注册信息、订单信息并上传至风控系统,以便通过规则控制交易风险。

【法条速递】

电子商务平台经营者应当采取技术措施和其他必要措施保证其网络安全、稳定运行,防范网络违法犯罪活动,有效应对网络安全事件,保障电子商务交易安全。

电子商务平台经营者应当制定网络安全事件应急预案,发生网络安全事件时,应当立即启动应急预案,采取相应的补救措施,并向有关主管部门报告。

——《中华人民共和国电子商务法》第三十条

非银行支付机构开展业务,应当遵守法律、行政法规的规定,遵循安全、高效、诚信和公平竞争的原则,以提供小额、便民支付服务为宗旨,维护国家金融安全,不得损害国家利益、社会公共利益和他人合法权益。

——《非银行支付机构监督管理条例》第三条

非银行支付机构的监督管理,应当贯彻落实党和国家路线方针政策、决策部署,围绕服务实体经济,统筹发展和安全,维护公平竞争秩序。

中国人民银行依法对非银行支付机构实施监督管理。中国人民银行的分支机构根据中国人民银行的授权,履行监督管理职责。

——《非银行支付机构监督管理条例》第四条

4.1.2　电子支付分类

1. 按电子支付指令发起方式

《电子支付指引(第一号)》第一章第二条中规定:"电子支付的类型按电子支付指令发起方式分为网上支付、电话支付、移动支付、销售点终端交易、自动柜员机交易和其他电子支付。"

(1) 网上支付。是电子支付的一种形式。它是以互联网为基础,利用银行所支持的某种数字金融工具,发生在购买者和销售者之间的金融交换,而实现从买者到金融机构、商家之间的现金流转、在线货币支付、资金清算等过程。这种支付方式的优势在于无须人工参与,便可直接将资金从用户的银行卡转入网站账户。

(2) 电话支付。是电子支付的一种线下实现形式,是指消费者使用电话(固定电话、移动电话)或其他类似电话的终端设备,通过银行系统就能从个人银行账户里直接完成付款的方式。具有交易安全、操作简单、成本较低等特点。

(3) 移动支付。是使用移动设备通过无线方式完成支付行为的一种新型的支付方式。移动支付所使用的移动终端可以是手机、平板电脑、电子手表等。

✖【案例直击】

借手机打电话,只为盗刷支付宝

4月10日上午,郑州市公安局嵩山路分局接到辖区群众谢某报警,称自己支付宝账户被人转走13 999.2元。接到报警,民警详细了解情况后得知,谢某独自经营一家母婴店,近期身份证和手机也没有遗失。

"你的手机有没有给其他人用过?"在民警的引导下,谢某想起前一日上午,一名女子用现金在店里买了一包纸尿裤,之后该女子自称没带手机,想用谢某手机和老公联系一下。出于好心,谢某将自己的手机借给了女子。女子打完电话后,又称需要登录一下支付宝给别人转账,谢某就退出自己的支付宝账户,再次把手机交到女子手中。

案例思考:移动支付给人们的生活带来了便利,但也给了不法分子可乘之机。在日常生活中使用手机的时候,要注意以下两点:第一,不要将手机借给他人使用,尤其是在使用支付软件时,一定要保护好密码,防止被他人窃取;第二,必须将手机借给他人使用时,不要让手机脱离自己的视线,收回手机时,要及时查看自己的交易情况,如有异常要及时处置或报警。

用户应当妥善保管交易密码、电子签名数据等安全工具。用户发现安全工具遗失、被盗用或者未经授权的支付的,应当及时通知电子支付服务提供者。

未经授权的支付造成的损失,由电子支付服务提供者承担;电子支付服务提供者能够证明未经授权的支付是因用户的过错造成的,不承担责任。

电子支付服务提供者发现支付指令未经授权,或者收到用户支付指令未经授权的通知时,应当立即采取措施防止损失扩大。电子支付服务提供者未及时采取措施导致损失扩大的,对损失扩大部分承担责任。

——《中华人民共和国电子商务法》第五十七条

(4) 销售点终端交易。销售点终端 POS(point of sale),是一种多功能终端,它被安装在信用卡的特约商户和受理网点中并与计算机连接成网络,就能实现电子资金自动转账,它具有支持消费、预授权、余额查询和转账等功能,使用起来安全、快捷、可靠。

(5) 自动柜员机交易。是指通过银行在不同地点设置的一种小型机器进行交易的过程,用户通过柜员机可以办理提款、存款、转账等银行柜台业务。

2. 根据支付时间分类

(1) 预支付。就是先付款,然后才能购买到产品和服务,如储值账户支付。

(2) 即时支付。是指在交易发生的同时,资金也从银行转入卖家账户。随着电子商务的发展,即时支付方式越来越多,它是"在线支付"的基本模式,如二维码支付、刷脸支付等。

(3) 后支付。是消费者购买商品之后,在一定的周期内进行支付的一种方式,如信用卡支付、花呗支付等。

非银行支付业务根据能否接收付款人预付资金,分为储值账户运营和支付交易处理两种类型,但是单用途预付卡业务不属于本条例规定的支付业务。

储值账户运营业务和支付交易处理业务的具体分类方式和监督管理规则由中国人民银行制定。

——《非银行支付机构监督管理条例》第十五条

大学生超前消费需谨慎！别成了花呗或借呗的"钱奴"

现在许多人在网上购物的时候都会用花呗或借呗，既方便又不用提前拿钱出去，虽然有明确规定花呗和借呗不得向大学生放款，但有一些大学生依然在用花呗，少则几千元，多则上万元。

花呗本质上就是一张没有卡片的银行信用卡，通过平台使用花呗、借呗支付非常容易，需要定期还款，如果还款时间到了而没有全部还清借款，剩余借款是需要计算利息的。值得注意的是，如果没有及时还清花呗、借呗的欠款，同样是要上征信系统的。

早在 2021 年，银保监会办公厅等部门就发布《关于进一步规范大学生互联网消费贷款监督管理工作的通知》，禁止小额贷款公司向大学生发放互联网消费贷款，禁止非持牌机构为大学生提供信贷服务。作为大学生，更要养成理性消费合理消费的良好习惯，合理规划，了解自己的消费能力，形成一种良好的消费观。

案例思考：对于在校大学生来说，使用信用卡和花呗、借呗，是弊大于利还是利大于弊？请思考辩论。

4.1.3　电子支付工具

随着数字技术的发展，电子支付的工具越来越多，支付变得更加高效、快捷。在电子商务交易过程中，常用的支付工具主要包括：银行卡、电子钱包、网银或手机银行、数字货币、预付卡或礼品卡等。

1. 银行卡

银行卡是经批准由商业银行向社会发行的具有消费信用、转账结算、存取现金等全部或部分功能的信用支付工具。每张银行卡背后代表着一个银行账户，大部分的支付工具都需要银行账户这一载体。银行卡分为借记卡（储蓄卡）和贷记卡（信用卡），借记卡要求先存款、后消费，不可透支；贷记卡先消费、后还款，在一定信用额度内可透支使用。

银行卡支付是最常见的支付方式之一。如在电话支付中，用户通过输入卡号、有效期和安全码便能完成交易。银行卡也可以通过 POS 机、ATM 机等设备完成交易。

银行账户分类

为了有效遏制买卖账户和假冒开户的行为，2016 年 12 月 1 日起，按照《中国人民银行关于落实个人银行账户分类管理制度的通知》同一个人在同一家银行只能开立一个Ⅰ类账户。

已开立Ⅰ类户,再新开户的,只能开立Ⅱ类户或Ⅲ类户。此通知发布起三个月内,实现同行取现、转账等免收手续费。

Ⅰ类户是全功能银行结算账户,存款人可办理存款、购买投资理财产品等金融产品、转账、消费和缴费支付、支取现金等业务。

Ⅱ类户可以办理存款、购买投资理财产品等金融产品、限额消费和缴费、限额向非绑定账户转出资金业务。经银行柜面、自助设备加以银行工作人员现场面对面确认身份的,

Ⅱ类户还可以办理存取现金、非绑定账户资金转入业务,可以配发银行卡实体卡片。其中,Ⅱ类户非绑定账户转入资金、存入现金日累计限额合计为1万元,年累计限额合计为20万元;消费和缴费、向非绑定账户转出资金、取出现金日累计限额合计为1万元,年累计限额合计为20万元。

Ⅲ类户可以办理限额消费和缴费、限额向非绑定账户转出资金业务。经银行柜面、自助设备加以银行工作人员现场面对面确认身份的,Ⅲ类户还可以办理非绑定账户资金转入业务。其中,Ⅱ类户账户余额不得超过1 000元;非绑定账户资金转入日累计限额为5 000元,年累计限额为10万元;消费和缴费支付、向非绑定账户转出资金日累计限额合计为5 000元,年累计限额合计为10万元。

2. 电子钱包

电子钱包(E-Wallets)是一种数字化的支付工具,它允许用户通过互联网或移动设备进行交易。电子钱包通过绑定银行账户,便可在线上或线下进行支付。电子钱包也是电子商务交易中常见的支付工具之一,具有便捷性、安全性、多功能性、可追踪性等特点,用于购物、转账、支付账单等,如微信支付、支付宝、云闪付等。

3. 网银或手机银行

网银是指通过互联网提供的银行金融服务。用户通过计算机或移动设备登录网上银行,进行各种金融操作。包括账户管理、转账汇款、支付账单、购买理财产品、购物等。手机银行是指通过智能手机应用或短信服务提供的银行服务。用户可以下载银行的官方应用或通过短信指令来管理银行账户和进行支付。网银和手机银行都极大地提高了支付的便捷性。网银通常更适合在计算机上进行复杂或大额的支付,而手机银行则因其移动性和即时性,在日常生活中的小额支付和快速转账中更为常用。

4. 数字货币

数字货币是一种基于加密技术的货币形式,通过区块链技术来管理交易和发行。数字货币作为一种新兴的支付和投资工具,正在逐渐改变传统的金融体系和支付方式,可用于在线交易、跨境支付、投资、小额支付。目前,数字人民币是中国人民银行发行的数字货币,除此之外,参与比特币、莱特币等其他数字货币的发行和交易等,都属于违法行为。

**【实务拓展】**

数字人民币：面向数字经济的新型电子支付方式

党的二十届三中全会作出了关于"稳妥推进数字人民币研发和应用"的决策部署。数字人民币作为中国的法定数字货币新形态，将进一步推动数字经济和实体经济的深度融合，将金融领域的数字产业化和产业数字化发展带向新的高度。

当前，我国的数字人民币在全球数字货币研发中处于相对领先阶段，数字人民币的设计定位、管理模式和运作机制都相对清晰。数字人民币仅作为现金的替代，发行由中国人民银行负责，而流通服务则由商业银行和第三方支付机构共同承担。

数字人民币项目也被称为 DC/EP，即数字货币和电子支付系统。法定数字货币是数字人民币的基本属性，而电子支付形式是当前数字人民币的主要功能。

数字人民币作为一种新的电子支付工具，与微信支付和支付宝等电子支付工具相比，最本质的区别就在于其"法定数字货币"属性。数字人民币作为现金的替代，在应用终端的数字人民币可以简单理解为装在电子钱包里面的数字化现金，而这个数字化现金的使用不需要再通过银行存款进行转移。微信支付和支付宝等传统移动支付工具只是电子化的"钱包"，而支付所需的钱包里的"钱"仍需经过银行系统来实现转移。

数字人民币经过一系列的机制设计，相对而言在安全、效率、场景和覆盖度方面具备明显的优势。

5. 储值卡和礼品卡

储值卡和礼品卡是指用户提前支付一定金额购买卡片，然后使用卡片中的资金进行交易。这种方式简单安全，常用于礼品赠送或个人使用。如京东平台的京东E卡、各线下超市发行的各类电子购物卡等。

4.1.4　电子支付系统

电子支付系统是一种通过电子方式进行资金转移的系统，它允许用户使用电子设备（如计算机、智能手机等）和互联网来完成支付交易。基于互联网的电子交易支付系统由认证中心、支付网关、金融专用网络、客户、商家、客户银行和商家银行七部分组成，如图 4-1 所示。

1. 认证中心

认证中心（Certificate Authority，CA）是电子商务的基础，在电子交易中承担各方的认证服务，主要负责为参与电子交易活动的各方发放和维护数字证书，确认各方的真实身份，保证电子交易安全稳定地进行。

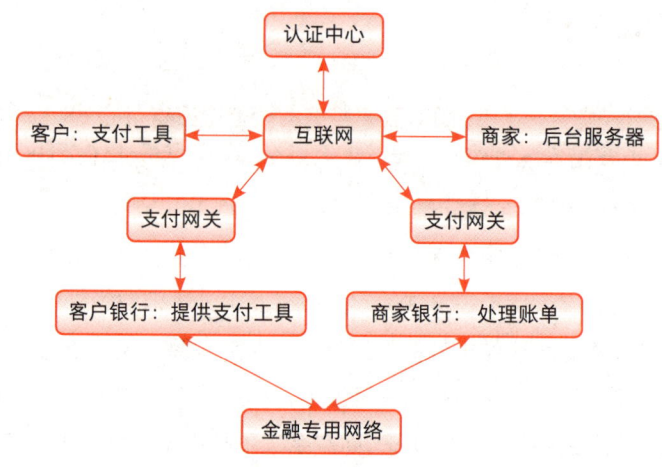

图 4-1　基于互联网的电子交易支付系统

【法条速递】

本办法所称电子认证服务,是指为电子签名相关各方提供真实性、可靠性验证的活动。

本办法所称电子认证服务提供者,是指为需要第三方认证的电子签名提供认证服务的机构(以下称为"电子认证服务机构")。

向社会公众提供服务的电子认证服务机构应当依法设立。

——《电子认证服务管理办法》第二条

2. 支付网关

支付网关是银行内部的金融专用网络平台和互联网公用网络平台之间的安全接口,负责实现银行网络和互联网之间的数据转换及数据加密,保护银行内部网络安全的一组服务器。电子支付的信息必须通过支付网关进行处理后才能进入银行内部的支付结算系统。没有支付网关,电子支付功能就无法实现。

3. 金融专用网络

金融专用网络是银行内部及各银行之间交流信息的封闭的专用网络,通常具有较高的稳定性和安全性。

4. 客户

客户一般是指利用电子交易手段进行电子交易活动的单位或个人。他们通过电子交易平台与商家交流信息,签订交易合同,用自己拥有的网络支付工具进行支付。

5. 商家

商家是指向客户提供商品或服务的单位或个人。在电子支付系统中,他必须能够根据客户发出的支付指令向金融机构请求结算,这一过程一般是由商家设置的一台专门的服务器来处理的。

6. 客户银行

客户银行是指为客户提供资金账户和网络支付工具的银行,在利用银行卡作为支付工具的网络支付体系中,客户银行又被称为发卡行。客户银行根据不同的政策和规定,保证支付工具的真实性,并保证对每一笔交易的付款。

7. 商家银行

商家银行是依据商家提供的合法账单,为商家提供资金账户的银行,又被称为收单行。它的工作流程是客户向商家发送订单和支付指令,商家将收到的订单留下,将客户的支付指令提交给商家银行,然后商家银行向客户银行发出支付授权请求,并进行它们之间的清算工作。

4.2
电子支付参与者义务与法律责任

4.2.1　电子支付服务提供者的义务

1. 按照和电子支付用户约定的电子支付方式提供服务的义务

电子商务当事人可以约定采用电子支付方式支付价款。即电子商务当事人自由合意约定支付价款的方式,可以选择电子支付方式支付价款,也可以选择其他方式支付价款。根据《电子商务法》及其他法律法规,采用格式条款形式约定支付价款的方式的,提供格式条款的一方应当遵循公平原则在合理范围内提供可供选择的支付方式。

2. 为电子商务提供安全支付服务的义务

电子支付服务提供者为电子商务提供安全的支付服务,应当确保电子支付指令的完整性、一致性、可跟踪稽核和不可篡改。一旦出现电子支付服务提供者提供电子支付服务不符合国家有关支付安全管理要求,造成用户损失的情况,电子支付服务提供者应当承担赔偿责任。

【案例直击】

网络支付安全谁来负责?

某银行一张芯片复合借记卡在中国香港发生多笔伪卡盗刷交易。经核查,发现卡片磁道信息内服务代码(Service Code)被篡改,终端以受理磁条卡方式完成交易。

接报风险事件后,X咨询机构立即召集相关业务及技术部门分析风险成因,研究讨论后发现不法分子为了规避发卡行关闭降级交易的风险防控措施,通过复制芯片复合卡磁条信息、篡改磁道信息,制作成伪造纯磁条卡后实施盗刷。针对以上情况,X咨询机构紧急向境内各家发卡机构发送风险提示,督促其开展风险隐患排查,并要求存在风险隐患的银行及时进行技术整改。

案例思考:银行在为客户提供服务的时候,要从哪些方面提高客户用卡的安全性呢?

【法条速递】

电子商务当事人可以约定采用电子支付方式支付价款。

电子支付服务提供者为电子商务提供电子支付服务,应当遵守国家规定,告知用户电子支付服务的功能、使用方法、注意事项、相关风险和收费标准等事项,不得附加不合理交易条件。电子支付服务提供者应当确保电子支付指令的完整性、一致性、可跟踪稽核和不可篡改。

电子支付服务提供者应当向用户免费提供对账服务以及最近三年的交易记录。

——《中华人民共和国电子商务法》第五十三条

非银行支付机构应当具备必要和独立的业务系统、设施和技术,按照强制性国家标准以及相关网络、数据安全管理要求,确保支付业务处理的及时性、准确性和支付业务的连续性、安全性、可溯源性。

非银行支付机构的业务系统及其备份应当存放在境内。

——《非银行支付机构监督管理条例》第十八条

3. 确认支付的义务

由于电子支付不像传统的现金交付,电子支付用户通过网络进行支付后,不能通过感官感知到支付有没有成功,所以,电子支付服务提供者需要在用户完成电子支付后,及时准确地向电子支付用户提供符合约定方式的确认支付信息。在《电子商务法》第五十六条的规定中:"电子支付服务提供者完成电子支付后,应当及时准确地向用户提供符合约定方式的确认支付的信息。"在当前免密支付等新型支付方式兴起的情况下,在完成电子支付之后,用户准确获取支付信息,有利于其更好地掌握支付情况,及时发现错误支付和未授权支付,也为用户与电子支付服务提供者之间可能存在的纠纷提供证据留存。

【法条速递】

电子支付服务提供者完成电子支付后,应当及时准确地向用户提供符合约定方式的确认支付的信息。

——《中华人民共和国电子商务法》第五十六条

4. 采取措施防止损失扩大的义务

《电子商务法》通过多项规定要求电子商务经营者、平台及支付服务提供者采取必要措施防止损失扩大,构建了损失防控体系,同时赋予电子支付用户主动维权的权利,形成"预防—纠正—赔偿"的闭环。

电子支付服务提供者有义务维护电子支付系统的安全,如果未经授权发生了支付,很可能是电子支付服务系统被违法犯罪行为人攻击并利用了,所以,未经授权的支付造成的损失,由电子支付服务提供者承担,除非其他法律另有规定。但是,能够证明未授权支付是因电子支付用户的过错造成的,且电子支付服务提供者能够证明自己没有过错的,电子支付服务提供者不承担责任。如果双方都有过错,则根据过错的大小分担损失。

【案例直击】

网上支付安全隐患不容回避

一位支付宝用户的密码被盗,她的信用卡在一夜之间被人在网上连刷了4次,损失数千元。这位用户很快便拨打了银行热线,冻结了信用卡。信用卡中心在查卡后,告知钱还在支付宝中,未被取走。但几天之后,她还是眼睁睁地看着资金被人通过支付宝提现。

案例思考:当客户的银行卡出现安全隐患时,向银行求助,银行是否有义务协助客户一起查明原因,采取措施防止损失扩大呢?

【德技并修】

反诈"国家队"推出七大反诈利器

近年来,公安部会同工信部、中国人民银行,持续深入推进打击治理电信网络诈骗违法犯罪工作,综合采取多种防范措施联合推出了七大反诈利器:

① 国家反诈中心 App;② 96110 预警劝阻专线;③ 12381 涉诈预警劝阻短信;

④ 全国移动电话卡"一证通查";⑤ 云闪付 App"一键查卡";⑥ 反诈名片;⑦ 全国互联网账号"一证通查 2.0"。

这些措施最大限度预防案件发生、减少群众财产损失,为人民群众构筑了一道防诈反诈的"防火墙",保护了人民群众的财产安全。

【法条速递】

用户应当妥善保管交易密码、电子签名数据等安全工具。用户发现安全工具遗失、被盗用或者未经授权的支付的,应当及时通知电子支付服务提供者。

未经授权的支付造成的损失,由电子支付服务提供者承担;电子支付服务提供者能够证明未经授权的支付是因用户的过错造成的,不承担责任。

电子支付服务提供者发现支付指令未经授权,或者收到用户支付指令未经授权的通知时,应当立即采取措施防止损失扩大。电子支付服务提供者未及时采取措施导致损失扩大的,对损失扩大部分承担责任。

——《中华人民共和国电子商务法》第五十七条

5. 按约定时间为用户提供服务的义务

电子支付服务提供者在向用户提供电子支付服务时,必须有完善的支付安全管理。支付指令的电子化一方面极大地提高了支付的效率,但同时也对支付指令发起和传输效率提出了新的挑战。接收行在执行支付指令时,由于自身系统或内控制度等原因对电子支付指令未执行、未适当执行或迟延执行致使客户款项未准确入账的,应及时纠正。

【法条速递】

因银行自身系统、内控制度或为其提供服务的第三方服务机构的原因,造成电子支付指令无法按约定时间传递、传递不完整或被篡改,并造成客户损失的,银行应按约定予以赔偿。

因第三方服务机构的原因造成客户损失的,银行应予赔偿,再根据与第三方服务机构的协议进行追偿。

——《电子支付指引(第一号)》第四十二条

6. 账户实名制管理的义务

电子支付服务提供者为电子支付用户开立账户的,应对账户实行实名制管理,杜绝开立匿名、假名账户,扰乱交易市场的安全。

非实名账户安全吗?

在上海陆家嘴国际金融资产交易市场股份有限公司(以下简称"陆金所")运营的"稳赢"网络融资交易平台上,部分用户的 600 余万元资金被盗。经初步查明,犯罪分子通过买来的某银行 600 余万条账户信息,将储户账户绑到"陆金所"交易平台,并通过该平台将资金转移到用假军官证开立的同名银行账户,利用"稳赢"网络融资交易平台绑定银行账户时无须提供密码且可一人同时绑定多个账户的漏洞,通过支付机构以购物退款的方式将资金转移到其实际控制的他名银行"网络账户",以达到其转移赃款的目的。

该案件暴露了以下几方面的问题:一是银行违反账户管理规定和实名审核要求,犯罪分子可以开立假名账户;二是支付机构账户实名制落实不到位,对特约商户管理不严,为洗钱犯罪提供了通道;三是部分网络交易平台存在安全漏洞,用户在网络融资平台注册的验证手续过于简单,且在绑定银行账户时未经银行验证。

案例思考:人们担心网络不安全,会导致个人信息泄露,于是采用匿名或假名账户进行注册,请问这种注册方式是否安全呢?

【法条速递】

从事储值账户运营业务的非银行支付机构为用户开立支付账户的,应当遵守法律、行政法规以及中国人民银行关于支付账户管理的规定。国家引导、鼓励非银行支付机构与商业银行开展合作,通过银行账户为单位用户提供支付服务。

前款规定的非银行支付机构应当建立健全支付账户开立、使用、变更和撤销等业务管理和风险管理制度,防止开立匿名、假名支付账户,并采取有效措施保障支付账户安全,开展异常账户风险监测,防范支付账户被用于违法犯罪活动。

本条例所称支付账户,是指根据用户真实意愿为其开立的,用于发起支付指令、反映交易明细、记录资金余额的电子簿记载体。支付账户应当以用户实名开立。

任何单位和个人不得非法买卖、出租、出借支付账户。

——《非银行支付机构监督管理条例》第二十三条

7. 按要求提供支付服务的义务

电子支付服务的核心竞争力是安全,通过法律手段强调电子支付服务提供者安全管理义务,能够有力促进市场正常竞争秩序的形成。国家金融监督管理总局、中国人民银行和相关国际条约、法律制定部门出台的规章对电子支付服务提供者提出的一系列安全管理要求,这是电子支付服务提供者首先应当满足的基本法律义务。为满足这些要求,电子支付服务提供者可以建立一个行之有效的降低风险的管理框架,依照相关规定定期对内对外报告,构建内控机制,完善风险评估。建议电子支付服务提供者应当积极进行风险事态应对的模拟演练,完善风险预警体系。

 【法条速递】

电子支付服务提供者提供电子支付服务不符合国家有关支付安全管理要求,造成用户损失的,应当承担赔偿责任。

——《中华人民共和国电子商务法》第五十四条

非银行支付机构应当与用户签订支付服务协议。非银行支付机构应当按照公平原则拟定协议条款,并在其经营场所、官方网站、移动互联网应用程序等的显著位置予以公示。

支付服务协议应当明确非银行支付机构与用户的权利义务、支付业务流程、电子支付指令传输路径、资金结算、纠纷处理原则以及违约责任等事项,且不得包含排除、限制竞争以及不合理地免除或者减轻非银行支付机构责任、加重用户责任、限制或者排除用户主要权利等内容。对于协议中足以影响用户是否同意使用支付服务的条款,非银行支付机构应当采取合理方式提示用户注意,并按照用户的要求对该条款予以说明。

非银行支付机构拟变更协议内容的,应当充分征求用户意见,并在本条第一款规定的显著位置公告满 30 日后方可变更。非银行支付机构应当以数据电文等书面形式与用户就变更的协议内容达成一致。

——《非银行支付机构监督管理条例》第二十条

4.2.2　电子支付用户的义务

1. 提高自我法律意识

在中国经济发展新常态下,在数字经济的推动下,电子商务正在成为我国经济发展的新动力。电子商务在加快工业化和信息化的深度融合,加快转变经济发展方式的时候,确保支付过程在安全的环境中良好运行,电子支付服务提供者、电子支付服务接收者、电子支付服务参与者都要了解与之相关的法律并遵守这些法律,增强法律意识。

在进行电子交易前,消费者要了解有关电子支付的法律,提高自我的安全意识,在交易过程中,保护自己的合法权益。

微课:
电子支付用
户的义务

远离银行卡非法买卖

随着电子支付行业的发展,个人银行卡买卖形成了一套灰色产业链,并最终都用于各种违法犯罪活动中,因此,个人日常对银行卡及支付账户的管理显得愈发重要。

买卖银行卡属于违法行为。银行卡及其账户只限经发卡银行批准的持卡人本人使用,不得出租和转借。买卖银行卡违反了银行卡相关法律制度,涉嫌妨害信用卡管理罪和买卖居民身份证罪。

目前,网上买卖银行卡的"来路"和"去向"多种多样。例如,通过网上商城、商品交易平台、博客、贴吧、论坛等发布相关"广告"信息进行银行卡买卖。网上买卖的相关标的有银行卡、身份证、网银 U 盾、手机卡、开户资料等。不管以什么样的方式进行买卖,这些行为都违法违规。

非法买卖的银行卡、身份证等可能被用于洗钱、诈骗、逃税等犯罪活动,扰乱了正常的社会秩序,银行卡里即使没钱,卖出也有很大的危害。

案例思考:银行卡作为重要的支付工具,持卡人应养成良好用卡习惯,不随意丢弃、出租、出借、出售个人银行卡、身份证和网银 U 盾等账户存取工具,以免造成经济损失,并承担法律责任。一旦发现买卖银行卡和身份证的犯罪行为,应及时向公安机关举报,有效打击犯罪分子。

2. 妥善保管支付安全工具的义务

支付安全工具是用户身份识别的依据,也是支付安全的重要保障。作为支付安全工具的持有人,用户应当履行支付工具的保管义务,并在发生风险后及时告知电子支付服务提供者。如果用户对于安全工具遗失或泄露存在重大过错,导致未授权支付等情况的发生,用户应当对此承担责任。例如,《广东省高级人民法院关于审理伪卡交易民事案件若干问题的指引》(粤高法〔2015〕45 号)对此指出:"发卡行、收单机构、特约商户提供了持卡人用卡过程中存在不规范用卡行为的证据,持卡人未提供充分证据反驳的,人民法院可以认定持卡人没有尽到妥善保管密码义务。"如果用户恶意利用安全工具串通他人欺诈电子支付服务提供者等,还需要对此进一步承担民事责任及刑事责任。用户支付安全工具的保管义务有利于促进在用户端保障支付安全,减少可能的用户欺诈的道德风险,维护电子支付行业的公平与稳定。

随着科学技术的发展,银行及非银行支付机构已经有多重手段验证用户的身份,并可以进一步识别、中止可疑的密码交易。在此情况下,为交易之便利,一般性认可"密码交易视为本人行为"原则并无不可,但仍旧需要要求电子支付服务提供者主动在可疑交易中积极采取多种措施识别用户身份。

【案例直击】

你的"微"支付安全吗？

电子支付不仅给人们的生活带来极大的便利，而且对杜绝假币犯罪和传统型财产犯罪也起到了积极作用。但同时，个人电子支付信息被不法分子套取、破解后，很容易悄无声息地转移被害人钱款，电信网络诈骗及新型盗窃对财产安全提出了新的挑战。

3月31日，被告人周某某在某公园电动车停放处拾得被害人董某遗失的黑色手机。在破解了手机的微信支付密码后，于3月31日至4月1日，采用微信面对面收款、发红包、转账方式，将董某微信账户内的6 316.5元盗走。

案例思考：在电子支付盛行的时代，人们要特别注意自己的微信、支付宝的密码及绑定的银行卡的密码设置，并时常更换，保护好手机的信息安全。在使用电子支付时，要特别注意信息安全，以避免被不法分子利用而造成财产损失。当拾到他人遗失的手机后应及时归还或上交有关部门。切不可心存侥幸，甚至破解手机、支付宝和微信的密码等转移他人财产。这是盗窃行为。当转移他人财产达到2 000元时就构成盗窃犯罪，将追究刑事责任。

【法条速递】

客户应妥善保管、使用电子支付交易存取工具。有关电子支付业务资料、存取工具被盗或遗失，应按约定方式和程序及时通知银行。

——《电子支付指引（第一号）》第四十四条

3. 支付前，核对支付指令的义务

电子支付指令是用户与电子支付服务提供者之间重要的合同组成部分。作为合同一方当事人，用户理应善尽注意义务，谨慎地发出电子支付指令。在发出支付指令前，应当核对支付指令所包含的金额、收款人等完整信息。支付指令发生错误的，如果是因为用户的原因，导致输入的电子支付指令与真实意思不一致，进而引发错误支付，则用户应当承担相应责任。

【案例直击】

警惕第三方网购火车票"默认勾选"套路

王女士打开微信小程序里的某第三方网购火车票页面，选择了一张京津城际二等座高铁票，票价显示是54.5元。但在王女士提交订单的时候，价格却自动变成

77.5 元,那多出的 20 元是怎么回事?

绝大多数用户可能不知道,自己在购票同时还购买了一份优选服务,只有在点击优选服务后,才能看到多出来的 20 元高速出票,而且这种高速出票行为隐藏很深,不仔细找很难找到。

王女士手动操作取消了多收的 20 多元钱,却发现商家捆绑销售的套路并没有结束,就在王女士准备支付的时候,页面显示订单总额为 66.5 元,并且以红色小字注明已优惠 2 元。原来,系统又默认勾选了"火车票折扣券 ×4"的所谓优质用户的特惠服务,这样一来费用就比 54.5 元的实际票价多出了 12 元。一旦消费者进入支付阶段发现多收了费用,想要手动操作取消附加服务时,系统会显示行程重复,又自动跳转到了原订单。

案例思考:消费者提交订单之后、支付之前,是否有必要核对订单信息?需要核对哪些信息呢?

【法条速递】

用户在发出支付指令前,应当核对支付指令所包含的金额、收款人等完整信息。

支付指令发生错误的,电子支付服务提供者应当及时查找原因,并采取相关措施予以纠正。造成用户损失的,电子支付服务提供者应当承担赔偿责任,但能够证明支付错误非自身原因造成的除外。

——《中华人民共和国电子商务法》第五十五条

4. 提供真实有效的身份信息

在传统支付方式中,交易双方是面对面的,很容易通过签名、印章、证件等有形的身份凭证来确认对方的身份。而在网上交易中,交易双方互不见面,如果没有特殊的身份识别和安全防护措施,就很容易发生假冒、诈骗等违法活动。在电子支付中,如果不进行身份识别,商户就无法验证发出支付指令的客户是否是合法用户;对用户来说,也无法判断正在浏览的支付页面是否是黑客设计的"钓鱼"网站。因此,在电子支付中,电子支付用户应当向电子支付服务提供者提供真实有效的身份信息和联系信息,并在相关信息变更后及时通知电子支付服务提供者。

【实务拓展】

主动配合金融机构进行客户尽职调查

有效身份证件是证明个人真实身份的重要凭证。为避免他人盗用身份信息及进行洗钱等犯罪活动,当个人开立账户、购买金融产品以及以任何方式与金融机构建立

业务关系时,应配合做好以下事项:

（1）出示有效身份证件或者其他身份证明文件;

（2）如实填写身份信息;

（3）配合金融机构通过现场核查身份证件的真实性,或以电话、信函、电子邮件等方式确认身份信息;

（4）回答金融机构工作人员的合理提问。

（5）身份证件到期更换的,及时通知金融机构进行更新。

金融机构只能向身份真实有效的客户提供服务,对于身份证件已过有效期的,金融机构应通知客户在合理期限内进行更新。超过合理期限仍未更新的,金融机构可中止办理相关业务。

5. 按规定操作完成支付

客户未按规定操作,或由于自身其他原因造成电子支付指令未执行、未适当执行、延迟执行的,应在协议约定的时间内,按照约定程序和方式通知银行。银行应积极调查并告知客户调查结果。银行发现因客户原因造成电子支付指令未执行、未适当执行、延迟执行的,应主动通知客户改正或配合客户采取补救措施。

 【法条速递】

客户发现自身未按规定操作,或由于自身其他原因造成电子支付指令未执行、未适当执行、延迟执行的,应在协议约定的时间内,按照约定程序和方式通知银行。银行应积极调查并告知客户调查结果。

银行发现因客户原因造成电子支付指令未执行、未适当执行、延迟执行的,应主动通知客户改正或配合客户采取补救措施。

——《电子支付指引 (第一号)》第四十六条

6. 提高自我保护意识

消费者在使用网络支付等服务时的自我保护意识和风险识别能力亟待提高。在追求和享受支付便捷性的同时,消费者往往忽视了对自身金融信息的保护,对支付业务内在风险的警惕性不足,风险不断加大。伴随着支付活动的日益频繁,个人支付信息泄露风险大大增加,消费者面临更大的资金被盗和欺诈风险。

 【案例直击】

二维码支付安全敲警钟

老张是一家新开烧烤店的老板,某日接到电话订单,顾客称可以提前付款,还会自己上门提货。但是这名顾客不在眼前，无法现金交易，微信支付宝扫码也没法扫，两人也不是好友，想发收款二维码过去也难。正在老张为难的时候，顾客主动支招：只要打开支付宝软件，找到"收付款"按钮，点击条形码下面"点击可查看付款码数字"，并告之 18 位数字，他也可以直接付款，并称这是支付宝的一个新功能。

老张按照顾客的要求，找到条形码信息，并将 18 位数字告诉客户，很快，老张的支付宝收到了扣款信息。老张这才发现被骗。

案例思考：在利用支付宝等支付 App 进行支付时，卖家在收费时，应该如何操作？

✖ 【实务拓展】

养成防诈骗的好习惯

一、遭遇诈骗的处理方法

（1）准确记录骗子的账号、账户名称。

（2）尽快拨打 110 或者到最近的公安机关报案。

（3）及时准确将骗子的账号和账户名称提供给民警，由公安机关进行紧急止付。

二、怀疑遇到诈骗的处理方法

（1）主动问本地警察。

（2）主动问银行。

（3）主动问当事人。

三、防诈骗的好习惯

（1）保护好个人身份证和银行卡信息，保管好不用的复印件、银行卡、交易流水信息。

（2）网上银行操作时，最好手工输入银行官方网址，防止登录钓鱼网站。

（3）开通账户动账通知短信，一旦发现账户资金有异常变动，立刻冻结或挂失。

（4）输入密码时，用手遮挡。

（5）密码要设置得相对复杂、独立，避免过于简单，避免与其他密码相同，定期更换。

（6）不随意登录不明公共 Wi-Fi 进行网上银行、支付账户操作。

（7）单独设立小额独立银行账户，用于日常网上购物、消费。

4.2.3　其他电子支付参与者的法律责任

1. 电子认证服务机构的法律责任

电子认证服务机构是为电子签名人和电子签名依赖方提供电子认证服务的第三方机构,根据中华人民共和国信息产业部颁发的《电子认证服务管理办法》的规定,当电子认证服务机构出现以下行为时,要承担相应的法律责任。

(1) 电子认证服务机构向工业和信息化部隐瞒相关情况、提供虚假材料或者拒绝提供反映其活动的真实材料的,由工业和信息化部责令改正,给予警告或者处以5 000元以上1万元以下的罚款。

(2) 电子认证服务机构违反《电子认证服务管理办法》规定,未能按照公布的电子认证业务规则提供电子认证服务或未能根据信息化部的安排承接其他机构开展的电子认证服务业务的,限期改正,并处警告或罚款,可同时并处1万元以下的处罚。

(3) 电子认证服务机构违反《电子认证服务管理办法》第三十三条规定的,由工业和信息化部依据职权责令限期改正,处3万元以下的罚款,并将上述情况向社会公告。

2. 电子支付银行的法律责任

根据中国人民银行发布的《电子支付指引(第一号)》,当电子支付银行在电子支付过程中产生了各种差错,对应要承担的法律责任如下:

(1) 由于银行保管、使用不当,导致客户资料信息泄露或篡改的,银行应采取有效措施防止因此造成客户损失,并及时通知和协助客户补救。

(2) 因银行自身系统、内控制度或为其提供服务的第三方服务机构的原因,造成电子支付指令无法按约定时间传递、传递不完整或被篡改的,并造成客户损失的,银行应按约定予以赔偿。

(3) 接收行由于自身系统或内控制度等原因对电子支付指令未执行、未适当执行或迟延执行致使客户款项未准确入账的,应及时纠正。

(4) 非资金所有人盗取他人存取工具发出电子支付指令,并且其身份认证和交易授权通过了发起行的安全程序的,发起行应积极配合客户查找原因,尽量减少客户的损失。

(5) 银行采用数字证书和电子签名方式确定客户身份和交易授权的,提倡由合法的第三方认证机构提供认证服务。如客户因依据该认证服务进行交易遭受损失,认证服务机构不能证明自己无过错,应依法承担相应责任。

(6) 客户应妥善保管、使用电子支付交易存取工具。有关电子支付业务资料、存取工具被盗或遗失,应按约定方式和程序及时通知转发人和银行。

(7) 客户发现自身未按规定操作,或由于自身其他原因造成电子支付指令未执行、未适当执行、延迟执行的，应在协议约定的时间内按照约定程序和方式通知银行。银行应积极调查并告知客户调查结果。银行发现因客户原因造成电子支付指令未执行、未适当执行、延迟执行的，应主动通知客户改正或配合客户采取补救措施。

(8) 因不可抗力造成电子支付指令未执行、未适当执行、延迟执行的，银行应当采取积极措施防止损失扩大。

(9) 客户利用电子支付方式从事违反国家法律法规活动的，银行应按照有权部门的要求停止为其办理电子支付业务。

3. 付款人的法律责任

(1) 付款人未按合同规定发出电子支付指令，违反《民法典》的规定，应当承担违约责任。

(2) 付款人发出错误指令，造成对其他相关人侵权，给其他相关当事人带来损失的，付款人应当承担相应的民事责任。

(3) 如果付款人故意发出错误指令，给其他相关当事人带来损失，超出了一般民事活动范围，形成了网络盗窃或网络诈骗行为，应当视情节轻重，承担相应的刑事责任。

4. 收款人的法律责任

(1) 对拒不申请电子银行账户或不能提供指定收款账户者，银行拒绝为其提供电子支付收款服务。

(2) 对于提供虚假信息，骗取电子银行账户或电子证书的，其电子银行账户或电子证书应当予以撤销。骗取的款项予以收回。涉及诈骗的应当依法追究其刑事责任。

(3) 电子支付收款方，在收到款项后，应当及时提供相关回执。对于未能及时提供相关回执的，银行可按向收款方发放贷款处理。

⊗ 【案例直击】

警惕二维码收款中的大额现金交易不法行为

3月28日上午，开蛋糕店的李女士收到一个奇怪订单。对方要求将一笔1.4万元的现金直接包进蛋糕内，上层为1 000多元的抽拉式红包，下层是上万元大红包，并送到指定地点。在约定款式和价格后，对方要了店内的收款码，在确认收到转账后，李女士开始制作蛋糕。当天傍晚5点，她将现金封存好放入蛋糕内，再次确认店里的收款账户时，却发现账户竟然被银行冻结。

李女士不明所以，赶紧打去银行电话询问缘由，却被告知，店里的账户很可能与涉诈账户存在大额交易，情急之下，李女士报警求助。接警后，民警立即前往店内核查，经确认李女士遇上新型电信网络诈骗，无意间成了诈骗分子洗钱的"帮手"。

警方决定抓住蛋糕这条线索,乔装成送蛋糕的"跑腿小哥"诱其现身。得知能帮上警察的忙,李女士立即行动,一在李女士配合下,警方将诈骗资金的洗钱团伙抓捕归案,挽回了涉案金额总共 4.2 万余元。

案例思考:二维码支付已成为电子支付的重要手段,线下商家通过收款二维码能够进行更加及时、安全、便捷的收款。商家作为电子支付的收款人,应提高相关法律意识,发现可疑交易时,应及时与公安部门联系,警惕无意间成为犯罪分子的帮凶。

4.3
电子支付法律规范

4.3.1 《电子商务法》相关要求

2018 年 8 月 31 日第十三届全国人民代表大会常务委员会第五次会议通过了《电子商务法》。于 2019 年 1 月 1 日起施行。《电子商务法》主要从电子支付指令和安全管理要求方面完善了有关支付安全保障和风险防范的法律规定,并适当规定了用户应尽的义务,以更好地维护其合法权益,同时保障支付安全,促进行业发展。

《电子商务法》吸收了《消费者权益保护法》《网络安全法》及中国人民银行相关规定等规范,首次在法律层面对电子支付作了具体规定,将既有法律对用户权益的保障具体落实到电子支付领域,同时针对电子支付特殊的用户权益问题提供了专门的法律解决路径。主要从用户的自主选择权、知情权、公平交易权、安全受保障权,保障用户对支付信息的确认,以及在错误支付和未授权支付的处理上维护了用户作为电子支付服务消费者的合理权益。

1. 自主选择权

《电子商务法》第五十三条第一款规定:"电子商务当事人可以约定采用电子支付方式支付价款。" 也就是说,电子支付并不是电子商务唯一的价款支付方式,电子商务中当事人可以自由合意约定支付价款的方式。实际上第五十二条第四款也明确规定:"快递物流服务提供者在提供快递物流服务的同时,可以接受电子商务经营者的委托提供代收货款服务。" 快递代收货款等也是电子商务重要的价款支付方式。

2. 知情权

《电子商务法》第五十三条第二款规定:"电子支付服务提供者为电子商务提供电子支付服务,应当遵守国家规定,告知用户电子支付服务的功能、使用方法、注意事项、相关风险和收费标准等事项,不得附加不合理交易条件。电子支付服务提供者应当确保电子支付指令的完整性、一致性、可跟踪稽核和不可篡改。"这是用户在支付时知情权的体现。

在真实的电子支付场合中,如果电子支付服务提供者未如实告知上述事项,用户仅凭个人知识和能力很难对电子支付服务产生全面的认识,且无法了解并应对可能的风险进而作出合理选择。因此,电子支付服务提供者在履行告知义务,满足用户知情权之时,应当以简洁清晰明了的方式进行,确保社会一般人能够理解并注意到相关重要事项及主要风险。

第五十六条规定:"电子支付服务提供者完成电子支付后,应当及时准确地向用户提供符合约定方式的确认支付的信息。"在当前免密支付等新型支付服务兴起的情况下,在完成电子支付之后准确告知支付信息,有利于用户更好地掌握支付情况,及时发现错误支付和未授权支付,也为用户与电子支付服务提供者之间可能存在的纠纷提供证据留存,这是用户在支付后知情权的体现。

3. 公平交易权

《电子商务法》第五十三条第二款提出"不得附加不合理交易条件"。不合理的交易条件会导致用户经济受损、消费体验下降,甚至引发法律纠纷或个人信息泄露风险。在商务活动中,不合理交易条件一般包括:不正当的区别待遇、不公平阻碍、强迫购买、拒绝交易、不利的执行方式等。具体到电子支付服务提供者,一般是指强制捆绑服务、单方面变更服务条款、隐性收费或不透明收费、限制用户选择权、转嫁支付风险责任等。

【案例直击】

多所高校宣布停用微信支付,微信支付致歉

全国多所高校曾发布公告,暂停使用微信支付,原因是微信支付针对校园场景用户开始收取 0.6% 的手续费,腾讯微信团队随后发布《关于高校费率问题的最新声明》称,由于对高校生活服务场景支付费率个别调整事项传导不畅,造成大家的误解及困扰,在此向广大学校及师生致歉。请大家放心,在校园非盈利场景,我们会持续保持零费率优惠政策。

微信支付团队表示,自 2015 年以来,微信支付持续在校园等非盈利场景采取零费率优惠政策。但是,随着校园场景及商户数量的持续上升,微信支付发现部分电商、商旅等营利场景挤占了零费率的教育补贴资源,导致成本不断增加。此次调整是为了对这一少部分营利性场景予以厘清,实施以低于市场平均水平的优惠费率政策,而所有校园非营利场景会继续保持零费率。

微信支付官网显示,其在针对商户的收费方面,长期以来收费标准都维持在 0.6% 左右。同时,基于个别行业的特殊性,费率标准也会有所浮动。比如游戏、在

线音视频等虚拟业务手续费费率是 1%；另外，也有一些费率低于 0.6%。比如，信用还款、水电煤气缴费等民生缴费是 0.2%，教育、医疗、公益、民办大学缴费等费率为 0%。

案例思考：案例中，微信支付收费是否合理，电子支付服务提供者在收费过程中，应如何平衡盈利与公平之间的关系。

4. 免费对账服务

《电子商务法》第五十三条第三款规定："电子支付服务提供者应当向用户免费提供对账服务以及最近三年的交易记录。"当前电子支付的一个特点就是小额、高频，再加上免密支付、预授权支付、信用担保等新的支付形式的广泛存在，用户会遇到较复杂的电子支付交易情况。如果没有详细的交易记录和对账信息，用户可能无法完全掌握自己的收支情况，存在资金风险。同时，明确的记录、单据也在用户通过各种途径谋求救济中发挥重要作用。基于《电子商务法》持续创新和绿色环保的基本原则，并不强制要求提供纸质版对账信息和交易记录，电子支付服务提供者和用户可以自由合意约定提供上述材料的形式，但就内容而言，应当清晰、准确、及时地记录、显示每笔交易情况，为用户对账提供便利。

此外，为了兼顾个人信息保护，防止恶意骗取个人信息行为，电子支付服务提供者向用户免费提供对账服务以及最近三年的交易记录的具体内容应当遵守个人信息保护的相关法律法规的具体规定，特别是注意保护用户交易相对人的个人信息。在满足基本对账要求的前提下，一般而言并不鼓励电子支付服务提供者对用户公布过多交易相对人（尤其是自然人）的个人信息。同时，电子支付服务提供者应当采取严格措施保障其保存交易记录中个人信息的安全。

5. 支付安全保障

《电子商务法》第五十四条在规定支付安全管理要求的同时，实际上也规定了电子支付服务提供者的支付安全保障义务。支付安全受到保障是《电子商务法》电子支付规则的主要立法目的。从用户权益维护角度而言，如果电子支付服务提供者不符合国家有关支付安全管理要求，未尽到安全保障义务，造成用户损失的，应当对此承担赔偿责任。这为错误支付和未授权支付的处理作出了一定补充，即使依据错误支付和未授权支付的规定，用户应当承担一定责任，但如果电子支付服务提供者未尽到支付安全保障，用户仍可根据本条规定求偿。

6. 错误支付和未授权支付的处理

《电子商务法》第五十五条采取了举证责任倒置的立场，规定"支付指令发生错误的，电子支付服务提供者应当及时查找原因，并采取相关措施予以纠正。造成用户损失的，电子支付服务提供者应当承担赔偿责任，但能够证明支付错误非自身原因造成的除外"。用户只需证明发生了错误支付，而电子支付服务提供者对此需要证明支付错误与非己方行为存在因果关系方可免责。第五十七条采取了严格责任的立场,规定"未经授权的支付造成的损失,由电子支付服务提供者承担;电子支付服务提供者能够证明未经授权的支付是因用户的过错造成的,不承担责任"。

4.3.2 《非银行支付机构监督管理条例》相关要求

支付宝、微信支付等非银行支付机构快速发展,对于活跃交易、繁荣市场有着重要作用,为助力实体经济发展和民生改善作出了积极贡献。通过制定专门行政法规,将非银行支付机构及其业务活动进一步纳入法治化轨道进行监管,有助于促进非银行支付行业规范健康发展,切实保护用户合法权益,更好发挥其服务实体经济、满足用户多样化支付结算需求等作用。

2023 年 12 月 17 日,《非银行支付机构监督管理条例》正式发布,并将自 2024 年 5 月 1 日起施行,该条例从设立许可、业务规则、用户合法权益及监管要求等方面完善相关法律制度。

1. 明确非银行支付机构的定义和设立许可

(1) 非银行支付机构定义为除银行业金融机构外,根据用户提交的电子支付指令转移货币资金的公司。

(2) 设立非银行支付机构应当经中国人民银行批准,明确设立条件并严把准入关,未经批准不得使用"支付"字样。

(3) 非银行支付机构应当以提供小额、便民支付服务为宗旨。

(4) 未经批准不得从事依法需经批准的其他业务,不得从事或者变相从事清算业务。

🔴【法条速递】

设立非银行支付机构,应当经中国人民银行批准,取得支付业务许可。非银行支付机构的名称中应当标明"支付"字样。

未经依法批准,任何单位和个人不得从事或者变相从事支付业务,不得在单位名称和经营范围中使用"支付"字样,法律、行政法规和国家另有规定的除外。支付业务许可被依法注销后,该机构名称和经营范围中不得继续使用"支付"字样。

——《非银行支付机构监督管理条例》第六条

2. 完善支付业务规则

(1) 支付业务分为储值账户运营和支付交易处理两类,并授权中国人民银行制定具体规则。

(2) 非银行支付机构应当健全业务管理等制度,具备符合要求的业务系统、设施和技术,确保支付业务连续、安全、可溯源。

(3) 支付账户以用户实名开立;非银行支付机构不得挪用、占用、借用备付金;不得伪造、变造支付指令。

【法条速递】

非银行支付机构应当按照审慎经营要求,建立健全并落实合规管理制度、内部控制制度、业务管理制度、风险管理制度、突发事件应急预案以及用户权益保障机制。

——《非银行支付机构监督管理条例》第十七条

3. 保护用户会法权益

(1) 非银行支付机构与用户签订支付服务协议,其协议条款应当按照公平原则拟定。

(2) 非银行支付机构应当保障用户资金安全和信息安全,不得将相关核心业务和技术服务委托第三方处理。

(3) 妥善保存用户资料和交易记录,建立有效的尽职调查制度,加强风险管理。

(4) 采取有效措施保障支付账户安全,防范支付账户被用于非法集资、电信网络诈骗、洗钱、赌博等违法犯罪活动。

【法条速递】

非银行支付机构应当将收款人和付款人信息等必要信息包含在电子支付指令中,确保所传递的电子支付指令的完整性、一致性、可跟踪稽核和不可篡改。

非银行支付机构不得伪造、变造电子支付指令。

——《非银行支付机构监督管理条例》第二十五条

非银行支付机构应当及时妥善处理与用户的争议,履行投诉处理主体责任,切实保护用户合法权益。

国家鼓励用户和非银行支付机构之间运用调解、仲裁等方式解决纠纷。

——《非银行支付机构监督管理条例》第三十五条

4. 明确监管职责和法律责任

(1) 非银行支付机构的监督管理应当贯彻落实党和国家路线方针政策、决策部署围绕服务实体经济,统筹发展和安全维护公平竞争秩序。

(2) 明确中国人民银行的监管职责、监管措施及风险处置措施等。

(3) 地方人民政府配合中国人民银行做好风险处置工作。

非银行支付机构应当按照规定向中国人民银行报送支付业务信息、经审计的财务会计报告、经营数据报表、统计数据，以及中国人民银行要求报送的与公司治理、业务运营相关的其他资料。

——《非银行支付机构监督管理条例》第三十七条

非银行支付机构不得实施垄断或者不正当竞争行为，妨害市场公平竞争秩序。

中国人民银行在履行职责中发现非银行支付机构涉嫌垄断或者不正当竞争行为的，应当将相关线索移送有关执法部门，并配合其进行查处。

——《非银行支付机构监督管理条例》第四十二条

4.3.3 电子支付反洗钱方面的相关要求

随着支付领域的发展和技术的革新，支付领域特别是移动支付的市场规模不断扩大，人们广泛使用移动支付进行消费，而部分人员也利用支付渠道实施洗钱行为。电子支付服务提供者、使用者及其他参与主体，不仅需要遵守电子支付的相关法律法规，还需要遵守《中华人民共和国中国人民银行法》《中华人民共和国反洗钱法》及账户管理有关规定，共同防止电子支付工具成为违法犯罪资金洗钱通道。预防和打击支付洗钱活动，需要遵守客户识别、交易监测、风险评估、报告及记录保存等方面的要求。

1. 客户验证

支付机构需要对客户进行身份审核和验证，确认客户真实身份，并记录客户身份信息。支付用户有义务在开设相关支付账户的时候，出示真实、有效的身份信息，配合银行及支付机构开展尽职调查，了解支付账户使用相关要求及风险，且不得出借、出租、交易支付账户。

为掩饰、隐瞒毒品犯罪、黑社会性质的组织犯罪、恐怖活动犯罪、走私犯罪、贪污贿赂犯罪、破坏金融管理秩序犯罪、金融诈骗犯罪的所得及其产生的收益的来源和性质，有下列行为之一的，没收实施以上犯罪的所得及其产生的收益，处五年以下有期徒刑或者拘役，并处或者单处罚金；情节严重的，处五年以上十年以下有期徒刑，并处罚金：

（一）提供资金账户的；

（二）将财产转换为现金、金融票据、有价证券的；

（三）通过转账或者其他结算方式转移资金的；

（四）跨境转移资产的；

（五）以其他方法掩饰、隐瞒犯罪所得及其收益的来源和性质的。

单位犯前款罪的，对单位判处罚金，并对其直接负责的主管人员和其他直接责任人员，依照前款的规定处罚。

——《中华人民共和国刑法》第一百九十一条

2. 监管报告

支付机构需要建立监管报告机制，对超出特定阈值和可疑的交易进行监测和报告，并提高报备质量。用户在使用支付工具时，发现大额、高频等可疑交易的，须向支付机构或公安机构反应，使用支付工具大额提现的，有义务说明资金真实用途，共同维护良好的支付环境。

3. 风险评估

支付机构应不断升级反洗钱风险评估模型，识别高风险交易和客户，并提供风险识别相关的培训。

4. 报告及记录保存

支付机构需要建立管理框架和内部控制机制，以保证风险评估和监测的有效性和及时性。一方面，支付机构应当保存记载客户身份信息、资料以及开展客户身份识别工作情况的各种记录和资料。另一方面，支付机构还得保存关于每笔交易的数据信息、业务凭证、账簿和单据等。

 【实务拓展】

帮信罪与洗钱罪

一、什么是帮信罪

帮助信息网络犯罪活动罪（简称"帮信罪"）是 2015 年《中华人民共和国刑法修正案（九）》新增的罪名。2019 年 10 月，《最高人民法院、最高人民检察院关于办理非法利用信息网络、帮助信息网络犯罪活动等刑事案件适用法律若干问题的解释》明确了"帮信罪"的认定标准。《中华人民共和国刑法》第二百八十七条之二规定，明知他人利用信息网络实施犯罪，为其犯罪提供互联网接入、服务器托管、网络存储、通讯传输等技术支持，或者提供广告推广、支付结算等帮助，情节严重的，处三年以下有期徒刑或拘役，并或单处罚金。

帮信罪主要形成包括：出借、出售银行卡，出借、出售电话卡，接单做网站，出售网站，发布兼职广告，拉人进群等。

二、什么是洗钱罪

根据《中华人民共和国刑法修正案（十一）》第十四条的规定，洗钱罪是指为掩饰、隐瞒毒品犯罪、黑社会性质的组织犯罪、恐怖活动犯罪、走私犯罪、贪污贿赂犯罪、破坏金融管理秩序犯罪、金融诈骗犯罪的所得及其产生的收益的来源和性质，而提供资金账户的，或者将财产转换为现金、金融票据、有价证券的，或者通过转账或者其他支付结算方式转移资金的，或者跨境转移资产的，或者以其他方法掩饰、隐瞒犯罪所得及其收益的来源和性质的行为。

三、帮信罪和洗钱罪的区别

1. 上游犯罪不同

洗钱罪的上游犯罪是特定的七类犯罪类型；而"帮信罪"并没有特定上游犯罪的要求，只要求明知他人利用信息网络实施犯罪即可。

2. 主观"明知"的内容不同

洗钱罪必须明知上游犯罪是特定的七类犯罪，而"帮信罪"并不要求行为人明知上游犯罪的类别，只是要求"明知他人利用信息网络犯罪"即可。

3. 实施的行为不同

帮信罪属于上游犯罪的帮助犯，是"收取"诈骗赃款本身，不涉及资金形式的转移或转换；洗钱罪是使犯罪所得披上法外衣，涉及资金形式的转换或转移。

4. 提供支付结算时间节点不同

"帮信罪"是在被帮助对象准备犯罪或者犯罪实施过程中提供帮助，而洗钱罪是在被帮助对象犯罪完成之后提供帮助。

案例思考：在电子支付时代，如果不了解支付相关的法律法规，就很容易无意间成为犯罪分子的"帮凶"。请思考，在使用电子支付工具过程中，如何避免触碰"帮信罪""洗钱罪"等法律红线。

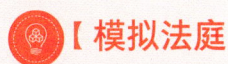 **【模拟法庭】**

上诉人陆某某与被上诉人河南某网络科技有限公司不当得利纠纷案

上诉人陆某某与被上诉人河南某网络科技有限公司不当得利纠纷一案，于 4 月 26 日，由上诉人向河南省郑州市二七区人民法院提起诉讼，请求依法判令：① 被告返还财产 82 000 元人民币；② 被告向原告支付延期还款的利息（滞纳金和利息）；③ 被告承担诉讼费用。

2 月 22 日、2 月 23 日，原告将 82 000 元分两次转入被告河南某网络科技有限公司银行账户，该两笔转账回单均显示回单类型为网上购物。原告认为，原告、被告之间不存在任何形式的法律关系，现被告非法持有原告上述财产属不当得利，被告应将该款项返还原告。另外，原告提交的 2 份中国工商银行网上银行电子回单显示的订单号、指令序号及交易金额与被告提交的陈某某账户交易明细表中的订单号、指令序号及交易金额相一致。再查明，被告经营的"壹支付"多途径支付平台是一种网上在线第三方支付工具，为用户提供在线支付及结算服务。案外人陈某某系"壹支付"用户。

请同学们以小组为单位，以模拟法庭为训练形式，分析：

（1）河南某网络科技有限公司作为电子支付服务提供者，是否按照国家有关支付安全管理要求提供电子支付服务？

（2）上诉人作为电子支付用户，应如何保障自己的账户安全？

（3）第三方支付工具在提供服务的时候，有哪些问题需要注意？

实训目的：

将法律法规教育与司法实践结合起来，旨在加深学生对电子支付安全责任的理解，了解民事诉讼活动程序，体验法官、律师、当事人等角色，熟悉法庭氛围和司法审判实践过程，培养学生探寻法律事实能力和综合运用法律解决实际问题的能力，提高学生在电子商务经营过程中规避法律风险的意识。另外，能够碰撞出学生思考与探索的火花，激发学生的学习兴趣，也有助于他们思辨能力和交际口才能力的提高。

实训要求：

（1）学生训练前复习《电子商务法》《民法典》《电子支付指引（第一号）》《电子认证服务管理办法》《非银行支付机构监督管理条例》等有关电子支付法律制度有关内容，明确训练要求。

（2）采取分组训练方式，小组进行模拟角色分工，明确审判长、审判员、控诉人、辩护人、原告、被告、书记员等各个角色工作职责，在老师指导下熟悉案情。

实训内容：

1. 模拟法庭的组织

学生分组：① 审判组，包括审判长、审判员和书记员，进行角色分工，制作审判流程、案由、案件争议焦点、庭审笔录等；② 当事人组，包括原告、被告，进行角色分工，并制作起诉状、答辩状、证据等；③ 辩论组，包括控诉人和辩护人，与当事人沟通，制作代理词、辩论词等。

2. 开庭审理

（1）庭审准备。

诉讼参与人入场，书记员宣布法庭纪律：

_____

_____

审判人员入场，审判长宣布开庭：

_____

（2）法庭调查。

① 起诉与答辩：

原告宣读起诉书：_____

_____

_____

被告方宣读答辩状：_____

_____

_____

② 法庭调查取证：

原告方举证：_____

_____

_____

被告方举证：_____

_____

_____

原、被告双方进行质证：_____

_____

_____

③ 案件事实交叉提问：

_____

_____

_____

④ 案件争议焦点归纳：

_____

_____

_____

（3）法庭辩论。

原告方发言：_____

_____

_____

被告方发言：_____

_____

自由辩论：_____

_____

_____

（4）休庭评议、宣判。

_____

_____

_____

3. 教师点评

_____

_____

_____

实训思考：

（1）本案件争议焦点有哪些？

（2）本人所扮演角色在审判活动有哪些注意事项？

（3）法庭辩论过程的成功与不足之处有哪些？

（4）在参与模拟审判训练中，有哪些收获与不足，如何改进？

【课后习题】

一、单选题

1. 以下选项中不属于电子支付的优势的是（　　）。

    A. 方便 　　　　　　　　　　　B. 经济

    C. 快速 　　　　　　　　　　　D. 安全

2. 以下工具中不属于电子钱包的是（　　）。

    A. 支付宝 　　　　　　　　　　B. 微信支付

    C. 云闪付 　　　　　　　　　　D. 数字人民币

3. 电子支付服务提供者提供电子支付服务不符合国家有关支付安全管理要求，造成用户损失的情况，（　　）应当承担赔偿责任。

    A. 电子支付服务提供者 　　　　B. 电子支付用户

    C. 银行 　　　　　　　　　　　D. 电子认证机构

4. 《非银行支付机构监督管理条例》于（　　）开始实施。

    A. 2022 年 5 月 1 日 　　　　　B. 2023 年 5 月 1 日

    C. 2024 年 1 月 1 日 　　　　　D. 2024 年 5 月 1 日

5. 电子支付的监督管理部门是（　　）。

    A. 中国银行 　　　　　　　　　B. 中国人民银行

    C. 国家金融监管总局 　　　　　D. 财政部

二、多选题

1. 根据支付时间不同,支付可以分为(　　　　　)。

   A. 预支付　　　　　　　　　　　B. 限时支付

   C. 后支付　　　　　　　　　　　D. 现金支付

2. 电子支付服务提供者为电子商务提供电子支付服务,应当遵守国家规定,告知用户电子支付服务的(　　　　　)等事项。

   A. 功能　　　　　　　　　　　　B. 使用方法

   C. 收费标准　　　　　　　　　　D. 注意事项

3. 电子支付工具包括(　　　　　)。

   A. 银行卡　　　　　B. 电子钱包　　　　　C. 网银或手机银行

   D. 数字货币　　　　E. 储值卡和礼品卡

4. 电子支付服务提供者应当确保电子支付指令的(　　　　　)。

   A. 可跟踪稽核　　　　　　　　　B. 完整性

   C. 不可篡改　　　　　　　　　　D. 一致性

5. 电子支付用户的义务包括(　　　　　)。

   A. 提高自我法律意识

   B. 妥善保管支付安全工具的义务

   C. 支付前,核对支付指令的义务

   D. 提供真实有效的身份信息

   E. 按规定操作完成支付

   F. 提高自我保护意识

三、判断题

1. 付款人未按合同规定发出电子支付指令,违反《民法典》的规定,应当承担刑事责任。(　　　)

2. 《非银行支付机构监督管理条例》适用对象包括所有电子支付服务提供商。(　　　)

3. 对于拒不申请电子银行账户或不能提供指定收款账户者,银行拒绝为其提供电子支付收款服务。(　　　)

4. 支付安全工具的持有人,在使用支付安全工具的时候,有义务保管支付工具。(　　　)

5. 电子支付服务提供者有义务为电子商务提供安全的支付服务,但没有义务确保电子支付指令的完整性、一致性、可跟踪稽核和不可篡改。(　　　)

四、案例题

　　刘某想办理一张农业银行得信用卡,认识了张某。张某告诉刘某,要办理大额信用卡,需要进行验资,要求刘某办理一张中国农业银行的储蓄卡,并存 70 000 元现金用于验资。刘某按照张某要求向卡内存入 70 000 元,同时,按照张某的指示,将该借记卡预留的手机号码变更为张某的手机号码,并将自己身份信息告知张某。一天之后,刘某查询中国农业银行储蓄,发现卡内少了 69 800 元现金,存款资金均通过支付宝快捷支付的方式,被划走用于消费。储蓄卡的开户银行为农业银行桐柏南路分理处,刘某认为该银行未经刘某同意让第三人通过支付宝快捷支付方式转走存款,已构成违约,要求农业银行桐柏南路分理处承担赔偿责任。因协商未果,遂向法院提起诉讼。

请分析:

1. 导致储蓄卡资金被划走的主要原因是什么?

2. 开户银行是否需要承担赔偿责任?

3. 刘某是否履行了电子支付用户的义务?

第五章

Chapter

电子商务物流的法律制度

※ **素养目标**
- 培养学生岗位责任感，规范作业，提高安全防范意识
- 树立契约精神，以信立业，依法依规诚信经营
- 树立对法律的敬畏意识，提高知法守法的能力

※ **知识目标**
- 掌握电子商务物流的相关概念与基本要求
- 熟悉实物产品、信息产品和服务产品的定义及特征，掌握电子商务实物产品配送、信息产品交付及服务产品交付的相关法律规范
- 了解我国跨境电子商务海关监管发展概况，掌握目前我国海关跨境电子商务监管模式和监管手段
- 了解我国跨境电子商务检验检疫相关制度发展进程，熟悉跨境电子商务检验检疫现行规定

※ **能力目标**
- 能够辨别和防范电子商务物流作业各环节中存在的法律风险
- 能够对电子商务环境下的实物配送、信息产品交付和服务产品交付这三种交付方式涉及的法律风险进行分析并作出合理的防范措施
- 能够识别跨境电子商务通关过程中的法律风险并能有效规避
- 能够识别跨境电子商务在检验检疫作业过程中可能遭遇的法律风险并提前加以防范

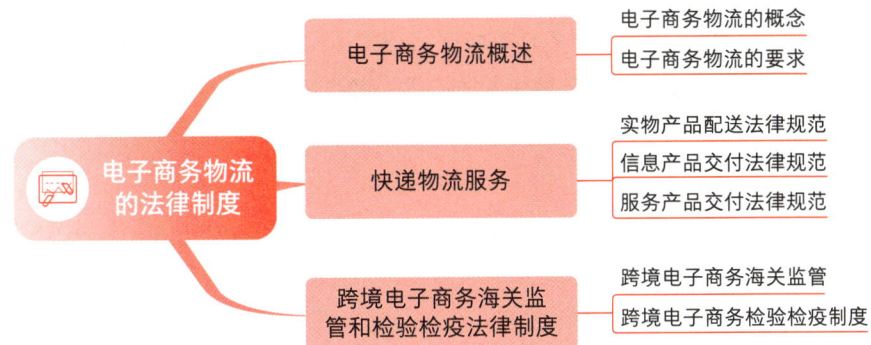

【 **案例导入** 】
月均百亿件,小包裹映射大经济

进村、入厂、出海,一件件快递包裹是中国经济活力的注脚。国家邮政局公布的邮政行业运行情况显示,2024 年中国快递业务量累计完成 1 750.8 亿件,同比增长21.5%。2008—2024 年全国快递业务量及增速如图 5-1 所示。

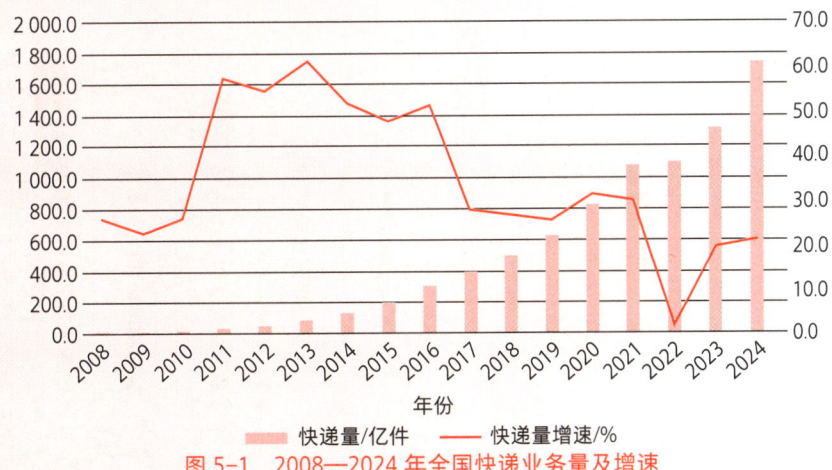

图 5-1 　2008—2024 年全国快递业务量及增速

快递物流事关国计民生,一头连着生产,一头连着消费,在国民经济循环中发挥着重要作用。经过多年快速发展,我国的快递服务网络通达全球,拥有规模领先、业务活跃的快递市场,业务量连续十年居世界第一位,该行业已成为现代物流领域覆盖面最广、综合运输方式应用最好、信息化智能化水平最高、生产效率提升最快的代表性行业。

为推动实现货畅其流,我国快递业一方面积极融入综合交通运输体系,与公路、铁路、航空、水运共同发力,形成多式联运;另一方面,行业加大科技投入力度,从推动寄递服务更快更有针对性的"大数据＋前置仓",到提高包裹处理效率的智能称重自动化分拣装备,再到偏远农村地区提供派件服务的无人车、无人机……信息技术和智能装备与快递业深度融合,促进了货物的加速流通。

国家邮政局通过挖掘分析各地农特产品在快递网络上行情况,绘出了全国农特产品包裹地图,加快了快递服务现代农业步伐。借助实时物流数据,更多农特产品的寄递时效获得提升,加速上行,实现了"昨天在树上,今天在路上,明天到手上"。目前,我国符合条件的建制村基本实现"村村通快递",每天超1亿件快递在农村流转。

从"年均百亿"到"月均百亿",从"快递下乡"到"快递进村",快递"小包裹"不仅表现出发展韧性,还为国民经济健康发展提供了强劲动力,映射出我国国民经济稳步恢复,生产消费需求逐步释放,宏观环境稳中向好的经济"大棋局"。

以湖南省为例,湖南省邮政管理局数据显示,2024年11月,通过"12305"邮政业用户申诉电话和申诉网站共受理申诉2 348件,与业务量相比申诉率为百万分之1.07。其中,有效申诉共计79件,与业务量相比有效申诉率为百万分之0.09。申诉中涉及邮政服务问题的14件,占总申诉量的0.6%;涉及快递服务问题的2 334件,占总申诉量的99.4%。快递已经成为消费者投诉的重要内容。快递服务申诉主要问题二级原因分类如图5-2所示。

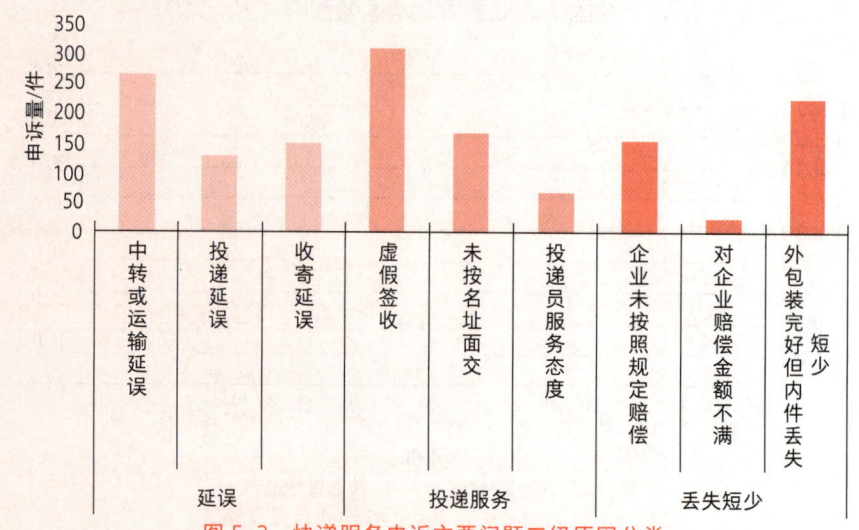

图5-2 快递服务申诉主要问题二级原因分类

物流快递企业业务量的暴增随之带来的是对行业服务的巨大压力,快件延误、快件丢失短少和投递服务等因快递物流企业管理不规范、服务不到位所引发的纠纷事件不断发生。

案例思考:快递物流配送是电子商务最后一个重要环节,也是容易产生纠纷的领域。对于这些纠纷,如果不能积极预防和妥善处理,必将给行业的发展蒙上一层阴影。作为一名电商人,我们要从哪些方面提高自己的法律意识,避免涉入这类纠纷案件中呢?

5.1 电子商务物流概述

5.1.1 电子商务物流的概念

1. 物流概念的起源与发展

"物流"这个概念的发展经过了漫长而曲折的过程。其最早由美国经济学家阿奇·萧提出,当时原意为"实物分配"或"货物配送"(Physical Distribution, PD)。1963年"PD"被引入日本,日本人将其译为"物的流通",之后又将其简称为"物流"。而物流概念从"PD"到"logistics"的演变,则是源于第二次世界大战期间,美国在军队后勤保障供应系统中,成功运用了"logistics"技术,对军火运输、补给、屯驻等进行全面管理;后来,"logistics"一词被广泛用到企业管理中,人们认为"logistics"作为物流概念更全面、更合适,因此,"logistics"逐渐取代"PD",成为现代物流的概念。

我国在20世纪70年代末从日本引进"PD"这个概念,译成"物流"。目前,我国的物流则是引用"logistics"的概念。在中华人民共和国国家标准《物流术语》(GB/T 18354—2021)中,"物流"被定义为"根据实际需要,将运输、储存、装卸、搬运、包装、流通加工、配送、信息处理等基本功能实施有机结合,使物品从供应地向接收地进行实体流动的过程。"

2. 电子商务物流的概念

电子商务物流是在物流概念的基础上,结合电子商务中信息流、资金流的特点提出来的,是在电子商务环境下,物流行业发展的新商业模式。其中信息流是核心,物流是保障,而资金流则是实现的手段。三者之间的有效互动构成了一个完整的电子商务模型。因此,电子商务物流的概念可以表述为:基于信息流、资金流网络化的物资或服务的配送活动,包括软体商品(或服务)的网络传送和实体商品(或服务)的物理传送。

3. 电子商务物流的特点

(1) 信息化。在数字经济时代,物流信息化是电子商务的必然要求,是现代物流发展的基础。其主要表现为:物流信息的数字化、物流信息收集的数据库化和代码化、物流信息处理的电子化和计算机化、物流信息传递的标准化和实时化、物流信息存储的数字化和物流业务数据的共享化等。例如,快递公司通过扫描枪将快递单上的唯一条码录入到系统后,便可对物流信息进行追踪,确保快件信息的准确。

(2) 自动化。物流自动化是指物流作业过程的设备和设施自动化,其外在表现为无人化。例如,自动识别、自动分拣、自动化立体仓库、自动导向和自动定位等技术,其优点是提高仓储管理水平,扩大物流作业能力,提高劳动生产率,减少物流作业差错。例如,京东位于昆山的无人分拣中心(见图5-3)场内自动化设备覆盖率达到

微课:
电子商务物流的特点

100%,已经实现自动供包并对包裹进行六面扫描,保证面单信息被快速识别,由分拣系统获取使用,进而实现即时有效的分拣。

图 5-3　京东昆山无人分拣中心

（3）网络化。电子商务物流的网络化有两层含义：一是物流组织的网络,即企业内部网；二是物流系统的计算机通信网络,供应链企业间的业务运作通过互联网实现信息的传递和共享,如电子订货系统（见图 5-4）。

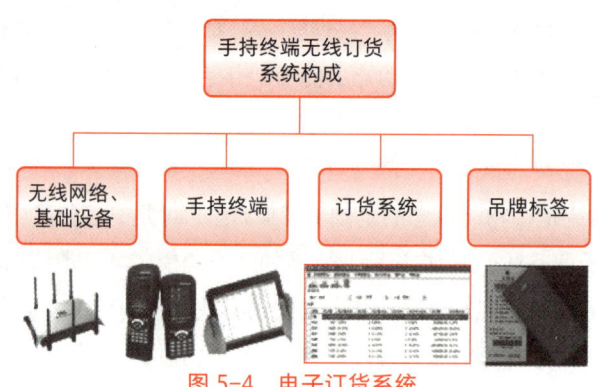

图 5-4　电子订货系统

（4）智能化。智能化是物流网络化、信息化的高层次应用。物流作业涉及大量的运筹和决策,例如,库存水平的确定、运输路径的选择、多货物的拼装与优化等问题都需要借助智能化的优化工具来解决。近年来,人工智能、数据挖掘、机器学习等相关技术已经在实际中得以广泛应用,物流的智能化已成为电子商务物流发展的一个新趋势。例如,京东智能配送机器人（见图 5-5）,不仅可以识别、躲避障碍物,辨别红绿灯,还能自动驾驶、规划路线、主动换道、识别车位、自主泊车等。

（5）柔性化。柔软化是本着"以客户为中心"的理念,要求生产和物流都必须按照需求端的要求来组织生产,安排物流活动。它可以帮助物流企业更好地适应客户需求"多品种、小批量、多批次、短周期"的特点,灵活组织物流作业,为客户提供定制化的物流服务来更好地满足他们个性化的需求。

图 5-5 京东智能配送机器人

5.1.2 电子商务物流的要求

微课:
电子商务物流安全的要求

1. 安全要求

快递物流行业的迅速发展在给人们带来极大便利的同时,也带来了不少安全隐患。由于物流、寄递渠道具有快捷便利、人货分离的特点,一些不法分子利用部分快递物流企业安全管理不到位、规则制度不落实等漏洞运输违法违禁物品,严重影响了物流渠道安全畅通,严重危害公共安全,给人民群众的财产和人身安全带来了极大的隐患。

【德技并修】

严格执行收寄验视制度典型案例

某天上午,一名身穿蓝色上衣的中年男子来到申通快递金山公司下属营业厅寄快件,公司快递员接待了这名客户。快递员在向男子询问寄递目的地和内件品名之后,按照公司快件收寄验视"三个 100%"制度,准备对快件进行开箱验视。此时客户声称邮寄的是一些铁片,而且经常邮寄,希望这次不要开箱验视。见公司快递员非要开箱验视,客户又以包装不便打开及可以多付快递费为由,企图诱惑快递员放弃开箱验视。客户的种种表现,使得快递员提高了警惕,强烈要求开箱验视。打开快件之后,快递员发现客户邮寄的物品疑似子弹和弹夹,当即表示不能邮寄。在客户离开之后,快递员马上将情况上报公司领导,同时拨打了 110 报警电话。公安部门接到报警之后第一时间出警赶到现场,根据门店监控信息迅速确定嫌疑人体貌特征,在门店附近停车场将嫌疑人抓获。

案例思考:本案例快递员工作认真负责,严格执行快件验视相关制度,发现客户邮寄国家禁止邮寄的物品时,立刻停止投递并立即报告公安机关,保障了邮寄渠道的安全畅通。那么,我国法律对危险品邮寄、快递业安全管理等方面有哪些政策和规定?物流企业应该如何落实?

俗话说安全面前无小事。目前,国内针对快递物流的安全要求出台了一系列的标准和规定。《中华人民共和国邮政法》(2015年修正,简称《邮政法》)、《物流中心作业通用规范》(GB/T 22126-2008)、《第三方物流服务质量及测评》(GB/T 24359-2021)、《快递暂行条例》等均对物流作业的安全问题提出了相应的规定和标准。经营电子商务物流业务的企业应当根据相关标准要求,建立并实施物流作业规范,确保整个作业过程的安全性。

💡【 法条速递 】

经营快递业务的企业有下列情形之一的,由邮政管理部门依照《中华人民共和国邮政法》《中华人民共和国反恐怖主义法》的规定予以处罚:

（一）不建立或者不执行收寄验视制度;

（二）违反法律、行政法规以及国务院和国务院有关部门关于禁止寄递或者限制寄递物品的规定;

（三）收寄快件未查验寄件人身份并登记身份信息,或者发现寄件人提供身份信息不实仍予收寄;

（四）未按照规定对快件进行安全检查。

寄件人在快件中夹带禁止寄递的物品,尚不构成犯罪的,依法给予治安管理处罚。

——《快递暂行条例》第五十三条

实名收寄、收寄验视、过机安检"三项制度"是寄递安全的基础性制度,是保障寄递渠道安全的根本抓手,也是多年来推进邮政快递业安全发展的创新成果和宝贵经验。

(1) 实名收寄。2018年交通运输部公布了《邮件快件实名收寄管理办法》,快递实名制登记正式开始。该办法规定寄递企业应当执行实名收寄,在收寄邮件、快件时,要求寄件人出示有效身份证件,对寄件人身份进行查验,并登记身份信息。查验寄件人身份、登记寄件人身份信息,是从源头防范各类不法活动、保护用户安全用邮权益的有效措施。快递收发实名制能够有效保障快递物流企业工作人员在检验、运输、分流货物过程中的安全。同时,对于利用快递进行违法犯罪活动的,侦查机关能第一时间对违法犯罪案件进行调查取证。

(2) 收寄验视。2015年国家邮政局下发的《邮件快件收寄验视规定(试行)》对收寄验视进行了定义并对有关问题进行了详细的规定。收寄验视是指邮政企业、快递企业接收用户交寄的邮件、快件时,查验用户交寄的邮件、快件是否符合禁止寄递、限制寄递的规定,以及用户在邮件详情单或者快递运单上所填写的内容是否与其交寄物品的名称、类别、数量等相符的行为。根据该规定,电子商务物流企业在收寄物品时应当履行验视义务,当场验视,严把寄递渠道第一关,不得承运或快递违禁品。

经营快递业务的企业收寄快件,应当依照《中华人民共和国邮政法》的规定验视内件,并附以验视标识。寄件人拒绝验视的,经营快递业务的企业不得收寄。

邮政企业、快递企业不建立或者不执行收件验视制度,或者违反法律、行政法规以及国务院和国务院有关部门关于禁止寄递或者限制寄递物品的规定收寄邮件、快件的,对邮政企业直接负责的主管人员和其他直接责任人员给予处分;对快递企业,邮政管理部门可以责令停业整顿直至吊销其快递业务经营许可证。

(3)过机安检。寄递企业应当建立健全安全检查制度,配备符合国家标准或者行业标准的安全检查设备,安排具备专业技术和技能的人员对邮件、快件进行安全检查。经营快递业务的企业可以自行或者委托第三方企业对快件进行安全检查,并对经过安全检查的快件附以安全检查标识。经营快递业务的企业委托第三方企业对快件进行安全检查的,不免除委托方对快件安全承担的责任。

经营快递业务的企业或者接受委托的第三方企业应当使用符合强制性国家标准的安全检查设备,并加强对安全检查人员的背景审查和技术培训;经营快递业务的企业或者接受委托的第三方企业对安全检查人员进行背景审查,公安机关等相关部门应当予以配合。

电子商务物流企业在收寄物品时,应当严格遵守法律法规规定,不得承运或快递违禁品;需要承运或快递危险品的,应具备相应的行政许可,履行查验义务。

为保证电商物流过程的安全,根据国家邮政局、公安部、国家安全部发布的《禁止寄递物品管理规定》第三条,禁止寄递物品主要包括:

(1)危害国家安全、扰乱社会秩序、破坏社会稳定的各类物品;

(2)危及寄递安全的爆炸性、易燃性、腐蚀性、毒害性、感染性、放射性等各类物品;

(3)法律、行政法规以及国务院和国务院有关部门规定禁止寄递的其他物品。

电子商务物流企业加快进行技术创新,在新建改建分拨中心和增配、更新安检设备时,积极配备使用智能安检设备,推进邮件快件安检技术不断进步,推动安检工作向信息化、智能化管理迈进。

❌【案例直击】

毒贩通过快递贩毒,快递公司被罚典型案例

某日,江苏省沭阳县公安局民警在办理刘某等人涉嫌贩毒案件时,发现近两年以来,犯罪嫌疑人刘某等多次通过快递贩卖冰毒。民警通过侦查发现,犯罪嫌疑人将冰毒藏匿在玩具娃娃中,通过快递贩卖,而快递公司没有严格按照规定对包裹进行查验和实名登记,造成冰毒通过寄递渠道流出。

在宿迁市公安局治安支队指导下,经过调取快递面单和现场视频监控,确认沭阳一家快递公司有3家网点存在未实行安全查验制度,未对客户身份进行查验,未

依照规定对寄递物品进行开箱验视的违法事实之后,沭阳县公安局将该案移送邮政管理部门立案调查。宿迁市邮政管理局依据《反恐怖主义法》相关规定,对该快递公司处以15万元罚款,对公司主管人员和网点负责人分别处以1万元罚款。

案例思考:该案中的物流企业法律意识淡薄,管理不严,收件验视、分拨查验、实名登记等措施不到位,使得不法分子利用制度漏洞,通过快递渠道贩运毒品,对社会公共安全造成了极大危害。

2. 信息处理

近年来,人工智能、大数据、云计算等新一代信息技术的深度应用使得物流快递行业逐步向智能化、数字化转型。物流在线化产生的大量业务信息数据,通过处理和分析,能够帮助企业科学合理地进行管理决策。同时,确保物流信息的准确、可查询和可追溯也是物流企业的基本责任。

海量的数据在给物流企业带来价值的同时,也对企业信息安全和网络安全提出了挑战。特别是快递实名制之后,快递单上填写的个人信息都是真实的,个人信息泄露风险加大。如果数据安全得不到保障,物流快递信息系统被攻击、侵入,信息数据被盗取、泄露、滥用,不仅会造成用户的合法信息权益受损,给用户带来财产损失甚至人身伤害,还会影响商家、快递企业的品牌和声誉,甚至危害公众及社会安全。

 【案例直击】

快递公司员工倒卖个人信息构成犯罪

黄某在广州市某一快递公司工作,案发前负责该公司在广州南片区的快递业务销售工作。张某(另案处理)是黄某公司同事,是黄某负责销售辖区的某快递站站长。

张某因手头紧张,萌生出售客户个人信息赚钱的想法。因公司系统升级,张某权限受限,遂找到黄某。黄某的公司系统账号对每日导出信息没有数量限制,且可以查询权限内商户所有快递信息。黄某知情后表示同意,并与张某约定好分成,按售卖信息条数分钱。截至案发,黄某共参与出售公民个人信息2万余条,涉案金额近13万元。

曲阜市公安局办案民警在工作中发现辖区存在买卖公民个人信息情况,遂顺藤摸瓜,将黄某查获。曲阜市检察院经审查后,以黄某涉嫌侵犯公民个人信息罪向曲阜市人民法院提起公诉。

被告人黄某被判处有期徒刑三年三个月,并处罚金人民币五万元,禁止自刑罚执行完毕之日或者假释之日起三年内从事快递、物流等接触公民个人信息的相关职业。

案例思考:本案中的黄某违反国家规定,将本单位在提供服务过程中获得的公民个人信息出售给他人,情节严重,其行为已构成出售公民个人信息罪。

个人信息的泄露是电子商务物流作业中存在的一个重要问题。《中华人民共和国邮政法》第三十五条规定:"任何单位和个人不得私自开拆、隐匿、毁弃他人邮件。除法律另有规定外,邮政企业及其从业人员不得向任何单位或者个人泄露用户使用邮政服务的信息。"

电子商务物流企业应妥善保管客户信息,不得利用客户信息谋取不正当利益。除法律另有规定外,电子商务物流企业不得向任何单位或者个人泄露客户使用物流服务的信息。《快递暂行条例》第三十五条第一款规定:"经营快递业务的企业应当建立快递运单及电子数据管理制度,妥善保管用户信息等电子数据,定期销毁快递运单,采取有效技术手段保证用户信息安全。具体办法由国务院邮政管理部门会同国务院有关部门制定。"

经营快递业务的企业及其从业人员不得出售、泄露或者非法提供快递服务过程中知悉的用户信息。发生或者可能发生用户信息泄露的,经营快递业务的企业应当立即采取补救措施,并向所在地邮政管理部门报告。

电子商务物流企业应提供与客户相关信息共享的办法,以便于客户对其储存、运输物品状态的查询和跟踪。电子商务物流及快递企业应向用户提供自交寄之日起不少于一年的免费查询服务。

【法条速递】

经营快递业务的企业有下列行为之一的,由邮政管理部门责令改正,没收违法所得,并处 1 万元以上 5 万元以下的罚款;情节严重的,并处 5 万元以上 10 万元以下的罚款,并可以责令停业整顿直至吊销其快递业务经营许可证:

(一)未按照规定建立快递运单及电子数据管理制度;

(二)未定期销毁快递运单;

(三)出售、泄露或者非法提供快递服务过程中知悉的用户信息;

(四)发生或者可能发生用户信息泄露的情况,未立即采取补救措施,或者未向所在地邮政管理部门报告。

——《快递暂行条例》第五十四条

3. 损失赔偿

(1)快递服务合同的概念。快递服务合同是寄件人和快递服务公司之间订立的有关快递服务的契约,在法律性质上属货运合同的一种。快递员收寄快递物品时,向客户递交背面载有《快件运单契约条款》的快递单,寄件人在填写快递单据时,可以根据物品的重要性、易损性等情况,自主选择保价或不保价快递服务品种。

当寄件人和快递员双方在快递单上签字或盖章后快递服务合同生效,对双方均具有约束力。寄件人和快递方之间形成快递服务合同关系,是处理有关争议的重要文件。

（2）不同条件下的损失赔偿。《快递暂行条例》第二十八条第一款规定："快件延误、丢失、损毁或者内件短少的，对保价的快件，应当按照经营快递业务的企业与寄件人约定的保价规则确定赔偿责任；对未保价的快件，依照民事法律的有关规定确定赔偿责任。"

未保价快递件丢失、毁损的，寄件人对寄递物品的实际价值负有举证责任。《民法典》第八百三十三条确定货物赔偿额："货物的毁损、灭失的赔偿额，当事人有约定的，按照其约定；没有约定或者约定不明确，依据本法第五百一十条的规定仍不能确定的，按照交付或者应当交付时货物到达地的市场价格计算。法律、行政法规对赔偿额的计算方法和赔偿限额另有规定的，依照其规定。"

【案例直击】

未保价快件丢失，快递公司全额赔偿典型案例

谢某在网上下单，将4件价值2 986元的衣服委托某快递公司运输。快递员上门揽件后，该单号项下的物流信息长时间处于"等待揽收"状态且没有更新。谢某找快递公司询问，得到的答复是：此件丢失，快件运费12元，未保价，可赔付发件人1 000元。谢某不同意，他认为该快递公司应该全额赔偿。双方协商不成，诉至无锡市中级人民法院。

法院认为，谢某与快递公司构成合法有效的邮寄服务合同关系。快递公司将快递丢失，应当承担赔偿责任。快递员上门揽收时，谢某未签署相关纸质快递单，现无证据表明双方的邮寄服务合同存在其他约定，也没有证据表明快递公司向谢某提示说明了最高赔偿额等事项。因此，快递公司对谢某的损失应当据实赔偿。最终，法院判令快递公司按照货物的实际价值赔偿谢某2 986元。

案例思考：本案中快递公司未能全面履行提示和说明义务，当发生快递损害情形时，快递公司应当承担由此产生的风险。在发生丢失快递等情况下，快递公司不能主张适用限价赔偿等格式条款，而应以物品的实际价值据实赔偿消费者损失。如果快递公司希望通过免责条款限制最高赔偿额，应当怎么做呢？

【德技并修】

建设交通强国，谱写邮政快递新篇章

截至2024年4月16日，2024年广东省快递业务量达到101.03亿件，同比增长20.5%，比去年突破100亿件提前了18天，再创历史同期新高，继续稳居全国第一位，充分彰显了广东快递行业的旺盛活力和发展韧性，侧面反映了广东作为经济

大省勇挑大梁的责任担当。

按照国家邮政局和省委省政府的部署要求,广东省邮政管理局推动邮政快递行业积极融入全省经济社会发展大局,为书写加快交通强国建设邮政新篇章贡献广东力量、做强广东支撑。

一是强化政策支撑,强化企业信用监管,切实维护公平公正的快递市场秩序规范,持续推进行业高质量发展。

二是助力畅通国内国际"双循环",加快构建国际集散能力强、国内辐射范围广、区域联通水平高的邮政快递枢纽体系,切实打通工业品下乡和农产品进城双向通道,推动快递企业更好地"走出去"。

三是创新引领行业发展,支持企业加大在人工智能、5G 通信和智能安检技术等方面的研发力度,促进快递业与制造业深度融合发展,推动制造业提质增效和快递业转型升级。

四是加快农村寄递物流体系建设,加快贯通县乡村电子商务体系和快递物流配送体系,积极培育快递服务现代农业示范项目,在促进区域协调发展中发挥更大作用。

5.2
快递物流服务

5.2.1　实物产品配送法律规范

1. 实物产品与实物产品配送

实物产品是以物质实体形式存在的产品,又称有形产品。在商业领域,实物产品一般是指看得见、摸得着、非虚拟的产品,例如:鞋包服饰、小商品、食品、化妆品、家用电器、电子产品等。

实物产品生产出来之后,需要经过时间和空间运动,最后到达消费者手中。因此,实物产品的生产、流通和消费,一般在时间和空间上是分离的。物流这个概念最早以实物分配的形式提出,是实物产品从生产领域向消费领域转移的过程中形成的物质运动及相关的管理活动。随着新一代信息技术的广泛应用,电子商务物流充分利用计算机、互联网、电子商务等信息技术对传统物流进行了更新改造。在电子商务环境下,电子商务实物配送系统主要由实物作业系统和信息系统两个部分构成。电子商务实物配送系统的构成如图 5-6 所示。

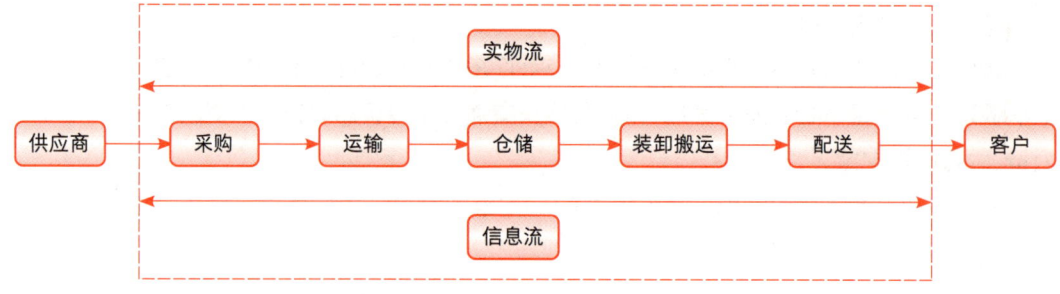

图 5-6　电子商务实物配送系统的构成

（1）物流作业系统。供应商在采购、运输、仓储、装卸搬运、配送等作业环节中使用各种先进技能和技术，并使生产据点、物流据点、运输配送路线、运输手段等网络化，以提高物流活动的效率。

（2）物流信息系统。在保证订货、进货、库存、出货、配送等信息通畅的基础上，使通信据点、通信线路、通信手段网络化，提高物流作业系统的效率。

2. 实物产品配送的法律规范

随着电商的不断发展，快递行业呈爆发式增长，但与其快速发展相伴而生的，是消费者、电子商务经营者与快递物流服务提供者之间的矛盾不断爆发。实物产品配送，特别是通过电子商务销售的实物产品的配送引发的矛盾纠纷层出不穷。

据国家邮政局数据显示，2023 年第四季度，国家邮政局和各省（区、市）邮政管理局通过"12305"邮政行业消费者申诉电话和申诉网站共处理消费者申诉 71 380件。申诉中涉及邮政服务问题的 2 424 件，占总申诉量的 3.4%；涉及快递服务问题的 68 956 件，占总申诉量的 96.6%。2023 年全年累计快递服务申诉量达到 36.1 万件，快递已经成为消费者投诉的重要内容。

为有效解决因实物产品配送而产生的矛盾，降低快递投诉率，需要厘清消费者、电子商务经营者与快递物流服务提供者三者在实物产品配送中的责任与义务。

（1）电子商务经营者的责任与义务。由于消费者与电子商务经营者之间直接建立买卖合同关系，《电子商务法》将快递物流的主要风险归于电子商务经营者。电子商务经营者应当承担在承诺时限内将质量合格的实物商品安全运送或投递到约定收件地址和收件人的责任。《电子商务法》第二十条规定："电子商务经营者应当按照承诺或者与消费者约定的方式、时限向消费者交付商品或者服务，并承担商品运输中的风险和责任。但是，消费者另行选择快递物流服务提供者的除外。"因此，在网购中，由卖家指定快递的，运输途中商品意外毁损灭失的风险由卖家承担；如果买家指定快递，则运输途中标的物意外毁损灭失的风险由买家承担。

【案例直击】

网购商品快递延误商家承担损失

2月2日，徐某通过网购平台向某商贸公司购买摩托车机油滤芯器，支付价款38元。某商贸公司于2月7日将徐某所购商品交付快递公司送货，网购平台显示2月12日商品"已签收"，但事实上快递公司并未及时将商品送达徐某，后该商品于2月28日经快递公司退回某商贸公司。徐某就此事件的责任承担问题与商家协商未果，遂将网购平台某网络公司及某商贸公司诉至法院，请求二被告赔偿原告经济损失、精神损失费。

法院经审理认为，原告为消费之需向被告某商贸公司购买商品，其消费者的合法权益应当依法受到保护。原告向被告购买商品并支付价款，但并未在合理的可预期时间内收到商品，且物流状态显示"已签收"，原告的合法权益已受到侵害。被告某商贸公司虽辩称系快递原因导致原告未收到商品，然而，原告与快递公司并未直接成立合同关系，货物系由被告某商贸公司交付指定的快递公司进行运输，将货物交付快递公司并不意味着被告某商贸公司已经完成了售货义务，对于未及时送达货物的责任，理应由被告某商贸公司向消费者承担。原告向被告某商贸公司主张因未及时到货的赔偿责任，应当支持。从讼争买卖行为物流状态显示"已签收"的情况以及原被告交涉来看，被告某商贸公司对此是应知、明知的，应当认定其在提供商品中存在欺诈行为，依照法律规定，其应当向原告承担赔偿责任，此外，其还应当将价款退还原告。最终，判决被告某商贸公司退还原告货款38元，同时赔偿原告500元，对于原告关于精神损失赔偿的请求，因缺乏法律依据，予以驳回。

案例思考：这是一起因快递物流延误引起的消费者权益纠纷案件。本案中消费者在网购时与商家建立了买卖合同关系，消费者与快递公司并无直接的运输合同关系。商品是由商家交付指定的快递公司进行运输，因此，该商品的灭失风险由卖家承担。

(2) 快递物流服务提供者的责任与义务。

① 经营资质。经营快递物流业务的企业，应当依照《邮政法》规定取得快递业务经营许可；未经许可，任何单位和个人不得经营快递业务。

申请快递业务经营许可，应当具备下列条件：符合企业法人条件；在省、自治区、直辖市范围内经营的，注册资本不低于人民币五十万元，跨省、自治区、直辖市经营的，注册资本不低于人民币一百万元，经营国际快递业务的，注册资本不低于人民币二百万元；有与申请经营的地域范围相适应的服务能力；有严格的服务质量管理制度和完备的业务操作规范；有健全的安全保障制度和措施；法律、行政法规规定的其他条件。

② 建立合同。电子商务经营者委托快递物流企业将实物产品在一定时限内安

全运输至指定收货地点,实际上已与其签订了货运服务合同,双方合同关系成立。《快递暂行条例》第二十二条第一款规定:"经营快递业务的企业在寄件人填写快递运单前,应当提醒其阅读快递服务合同条款、遵守禁止寄递和限制寄递物品的有关规定,告知相关保价规则和保险服务项目。"

根据双方所签订的合同,快递公司应当在承诺时间内履行安全送达商品的义务。

③ 实物配送。在运输配送过程中,快递物流企业应当规范操作,在符合承诺的服务规范和时限内,将快件交付收件人。不得野蛮分拣,严禁抛扔、踩踏或以其他方式造成快件损毁。交付商品时,应当提示收货人当面查验。一般情况下,快递需要收件人亲自签收,收件人无法亲自签收的情况下,经收货人同意可以交由他人代收。签收后,即视为履行完交付义务。

【法条速递】

经营快递业务的企业应当将快件投递到约定的收件地址、收件人或者收件人指定的代收人,并告知收件人或者代收人当面验收。收件人或者代收人有权当面验收。

——《快递暂行条例》第二十六条

④ 末端投递。随着人们生活节奏的不断加快,人们对于快递配送的时效性有了更高的要求。而快速增长的包裹数量和有限的人力使得快递末端的服务压力巨大,而多数消费者不能确保派件时能够实时签收。因此,快递柜、菜鸟驿站等新型的"最后一公里"配送模式的出现,在一定程度上解决了快递员和消费者时间节点不对称的问题,提高了发派件效率。智能快件箱以其时间配置灵活、时效性高、私密性强等特点,逐步发展成为城市快递末端服务的重要组成部分。然而,智能快件箱寄递服务在带来便捷的同时,也存在着相关企业责任划分不清晰、收投服务不规范、用户权益难以得到充分保障等一些问题。由此引发的矛盾也不断凸显,比如,快递员未征得客户同意自行将快件投入快件箱、放入后未及时通知收件人导致产品变质腐烂、智能快件箱超时收费等。

【法条速递】

经营快递业务的企业有下列情形之一的,由邮政管理部门责令改正,予以警告或者通报批评,可以并处1万元以下的罚款;情节严重的,处1万元以上3万元以下的罚款:

（一）未经用户同意代为确认收到快件的；

（二）未经用户同意擅自使用智能快件箱、快递服务站等方式投递快件的；

（三）抛扔快件、踩踏快件的。

——《快递市场管理办法》第五十四条

 【德技并修】

联邦快递违反我国法律法规被有关部门立案调查

2019年5月，中国华为公司公开举报了美国联邦快递（FedEx）。华为称这家美国快递公司在未经用户同意，也没有告知用户的情况下，擅自将华为从日本寄往中国的两个包裹私自转运到美国。此外，还试图将另外两个由越南寄往中国香港和新加坡办公地址的包裹也转运到美国。

联邦快递在中国发生未按名址投递快件，擅自将快件转寄他地的行为，涉嫌严重损害用户合法权益，违反我国快递业有关法规，中国有关部门于6月1日宣布，对其立案调查。之后，联邦快递通过官方网站回应：联邦快递高度重视在中国的业务，将全力配合任何对联邦快递如何服务客户进行的监管调查。

案例思考：《邮政法》规定，要保障寄件人的通信自由。快递公司不能隐匿快递包裹、不能私拆，也不可以超范围转给他人。联邦快递作为一家在中国经营多年的国际性快递公司，理应遵守营运地国家的法律规定，遵守市场规则和契约精神，依法合规地提供快递服务，不能出于非商业目的来阻断正常的快递服务，损害企业和用户的合法权益。

5.2.2　信息产品交付法律规范

1. 信息产品定义

信息产品是指在信息化社会中产生的以传播信息为目的的服务性产品。例如，新闻、电影、音乐、广告、软件产品等都是信息产品。信息产品凝结着人类劳动的信息。

信息作为产品，是由信息内容及信息载体两部分构成的。信息内容与信息载体是信息产品不可分割的两个方面。没有载体，也就不存在信息，更谈不上信息产品；没有信息，载体的独立存在只能称为物质产品，而不是信息产品。信息产品有着显著区别于传统买卖标的物的特征，比如，它不需要固化在实物载体上，使用后也无损耗，而且它本身易于复制并可以迅速传播。

2. 信息产品交付的法律规范

信息产品是电子商务交易中的一种特殊商品,特别是对于标的物是无实物载体的信息产品买卖合同而言,其法律规则具有一定的特殊性。信息产品已经逐步脱离实物载体的束缚,更多的是以电子化的方式传送,以在线接收或者网络下载的方式实现交付,买卖双方都不接触实物载体,这与传统买卖合同中,出卖人向买受人转移对标的物的占有,并转移标的物所有权的交付方式有较大差异。

现代科技,特别是信息科技的飞速发展深刻改变了人们的生产、生活方式,也深刻作用于民事主体间的法律关系。2020 年 5 月 28 日,第十三届全国人民代表大会第三次会议表决通过了《民法典》。这部《民法典》规范了信息产品的交付行为。若商品采用在线传输方式交付,则在商品进入指定系统并能够检索、识别时才交付完成。例如,在网上购买一首歌,则消费者成功下载并可以正常播放时,视为交付完成。

【法条速递】

通过互联网等信息网络订立的电子合同的标的为交付商品并采用快递物流方式交付的,收货人的签收时间为交付时间。电子合同的标的为提供服务的,生成的电子凭证或者实物凭证中载明的时间为提供服务时间;前述凭证没有载明时间或者载明时间与实际提供服务时间不一致的,以实际提供服务的时间为准。

电子合同的标的物为采用在线传输方式交付的,合同标的物进入对方当事人指定的特定系统且能够检索识别的时间为交付时间。

电子合同当事人对交付商品或者提供服务的方式、时间另有约定的,按照其约定。

——《中华人民共和国民法典》第五百一十二条【电子合同标的交付时间】

5.2.3　服务产品交付法律规范

1. 服务产品定义

服务产品是指不具有实体,而以各种劳务形式表现出来的无形产品。如旅游业、信息咨询、法律服务、金融服务、营销服务等。

服务产品主要由以下四个特征:

一是无形性。服务产品是人类非物化劳动的成果。和有形产品不同,服务产品在很大程度上是无形的和抽象的,购买或消费前看不见摸不着,消费者无法真切地意识到它的存在。

二是不可分离性。服务产品的生产和消费一般是同时进行、不可分离的。服务产品不是具体的实物，而是一系列的服务活动或过程，服务过程就是其生产过程，两者在时间上是不可分离的。

三是不可存储性。由于服务产品的无形性和生产与消费的同一性，服务的价值只存在于服务进行之中，不能储存以供今后销售和使用。

四是差异性。差异性是指服务产品的构成成分及其质量水平经常变化，很难统一界定。服务产品不像有形产品那样有固定的质量标准，其质量会因人、因时、因地而存在差异，具有较大的波动性。

2. 服务产品交付的法律规范

在电子商务环境下，服务产品的形成分成两个阶段。第一阶段，通过网络浏览、网络订购、网络下单、网络支付形成服务产品的订单信息；第二阶段，通过实体社会或网络市场服务系统完成服务产品的实际交付。

在第一阶段，网站经营者与用户之间的服务，限于获得相关实体企业的信息，电子商务网站为消费者提供诸如旅游、餐饮、租车、解决方案等服务信息产品。经营者或第三方交易平台利用网络征得消费者服务意愿后，根据消费者的需求意愿提供服务，并生成电子凭证，即视为经营者已经履行了交付义务。

在第二阶段，实体市场的服务产品由旅游、餐饮、租车等线下实体企业完成实际提供。而在网络市场中，服务产品的交付有自己特定的含义。以基于互联网的云服务为例，包括了基础设施即服务（IaaS）、平台即服务（PaaS）和软件即服务（SaaS）等典型的云服务模式（见图 5-7）。

SaaS Software as a Service	PaaS Platform as a Service	IaaS Infrastructure as a Service
面向对象：企业/个人 **交付物**：软件应用 **具体包括**：管理型应用、业务型应用、行业型应用 **特点**：常为通用性较强的日常业务，如IM、OA。SaaS可以调用PaaS层能力，也可以使用IaaS层资源独立开发	**面向对象**：开发者 **交付物**：单项能力 **具体包括**：数据分析、人工智能、Docker；推送、通信、语音识别、图像识别、统计、广告等 **特点**：常提供开发平台或以API、SDK的形式被客户应用	**面向对象**：企业/开发者 **交付物**：基础资源 **具体包括**：计算、存储、网络 **特点**：为客户系统提供基础资源支持

图 5-7　云服务模式

无论是何种交付形式，《电子商务法》《民法典》都规范了服务产品的交付方式具体见《民法典》第五百一十二条规定。

5.3
跨境电子商务海关监管和检验检疫法律制度

近年来,我国跨境电子商务一直保持高速增长,交易规模日益扩大,为经济发展注入了新活力。跨境电子商务已成为新型贸易方式,与传统贸易方式相关的法律法规已无法满足其发展的需要,尤其在海关监管、检验检疫、税务和收付汇等方面。为解决这一问题,我国相关部门根据跨境电商的发展需要,相继出台了相应的政策和规定来规范和促进跨境电商的发展,逐步搭建起了我国跨境电商的法规和制度体系。

【法条速递】

国家促进跨境电子商务发展,建立健全适应跨境电子商务特点的海关、税收、进出境检验检疫、支付结算等管理制度,提高跨境电子商务各环节便利化水平,支持跨境电子商务平台经营者等为跨境电子商务提供仓储物流、报关、报检等服务。

国家支持小型微型企业从事跨境电子商务。

——《中华人民共和国电子商务法》第七十一条

5.3.1 跨境电子商务海关监管

1. 跨境电子商务概念

跨境电子商务是指分属不同关境的交易主体,通过网络和电子商务平台达成交易、进行支付结算,并通过跨境物流送达商品、完成交易的一种国际商业活动。从广义上讲,只要交易主体分属不同关境,通过电子商务平台进行交易和结算的,都可以称为跨境电子商务。

从海关监管统计的口径看,跨境电子商务通常分为跨境电子商务零售进出口和跨境电子商务企业对企业出口,监管方式代码主要为"9610"跨境电子商务、"1210"保税电商、"1239"保税电商 A、"9710"跨境电商 B2B 直接出口、"9810"跨境电商出口海外仓。跨境电子商务零售进出口主要涵盖"网购保税进口""直购进口""一般出口"和"特殊区域出口"四种模式,跨境电商企业对企业出口包括"B2B 直接出口"和"出口海外仓"两种模式。

2. 我国跨境电子商务海关监管制度建设

2021 年,海关总署发布《关于在全国海关复制推广跨境电子商务企业对企业出口监管试点的公告》,在全国范围推广跨境电商 B2B 出口监管试点,要求相关企业(电商企业、平台企业、物流企业)办理海关备案;沿用"9710"(B2B 直接出口)和"9810"(出口海外仓)监管代码,其中海外仓业务需单独备案;明确与 2020 年 75 号、

92 号公告冲突时以本公告为准。该政策简化了申报流程（允许 5 000 元以下货物清单申报），实施电子通关（通过"单一窗口"传输数据），并提供优先查验等便利措施。

2021 年，海关总署发布《关于全面推广跨境电子商务零售进口退货中心仓模式的公告》由中华人民共和国海关总署发布。该公告自 2021 年 9 月 10 日起施行，主要内容包括：在全国海关特殊监管区域全面推广"跨境电商零售进口退货中心仓模式"，允许企业在区内设置专用退货存储地点，集中处理"1210"监管代码项下商品的接收、分拣等流程。要求退货中心仓企业需具备海关非失信企业信用等级，配备联网监控系统和仓储管理系统（WMS），建立商品溯源体系，并承担相应法律责任。符合要求的退货商品可正式申报，不符合的需复运出区处置。该模式通过优化退货流程，有效降低了企业运营成本。

2023 年，财政部、海关总署、税务总局联合发布《关于跨境电子商务出口退运商品税收政策的公告》，对跨境电商出口退运商品实施税收优惠政策。符合监管代码 1210、9610、9710、9810 的商品，若因滞销或退货在 6 个月内原状退运，可免征进口关税、增值税和消费税，并退还已征收的出口关税。

2024 年，海关总署发布《进一步优化口岸营商环境促进企业通关便利十六条措施》，该政策围绕"四个促进"展开：一是促进进出口物流畅通，扩大"船边直提"等措施试点，优化大宗商品和鲜活易腐商品通关流程；二是促进跨境贸易便利化，深化"单一窗口"建设和"智慧口岸"试点；三是促进企业减负增效，便利出口退税、扩大主动披露政策适用范围，加强 AEO 企业培育；四是促进外贸创新发展，优化跨境电商监管，支持综合保税区改革和边贸创新。该措施通过优化流程、简化手续提升通关效能，助力外贸稳规模优结构。

2024 年，海关总署发布《关于进一步促进跨境电商出口发展的公告》，进一步简化跨境电商出口流程，包括取消海外仓企业备案、减少出口单证要求（企业仅需提供交易和物流信息）、试点"先查验后装运"模式，并在 12 个直属海关推广拼箱货物查验新机制。此外，允许跨境电商零售退货商品跨关区退运至指定监管场所，提升退货便利性。

2025 年，国家税务总局发布《关于支持跨境电商出口海外仓发展出口退（免）税有关事项的公告》，推出"离境即退税"政策，适用于 9810（海外仓）模式出口的货物。企业在完成报关离境后即可申请退税，缩短资金周转周期。政策要求企业区分已销售和未销售货物进行退税申报，并留存销售记录备查，以优化海外仓出口企业的税务管理。

2025 年，海关总署宣布将联合商务部等部门制定跨境电商零售进口食品"负面清单"，强化进口食品安全监管。该政策旨在通过多部门协作，优化进口食品风险防控机制，并加强对违规企业的惩戒力度，保障消费者权益。

2025 年，国务院进一步扩大跨境电商综合试验区范围，优化通关、税务、外汇等监管措施。各地综试区积极推动"跨境电商＋产业带"模式，带动传统制造业出海。例如，浙江省推出"浙跨全球 品牌出海"计划，支持企业从"产品出海"向"品牌出海"转型，并加强与国际电商平台的合作。

3. 跨境电子商务海关监管现状

(1) 监管范围。

① 跨境电子商务零售进出口。跨境电子商务企业、消费者(订购人)通过跨境电子商务交易平台实现零售进出口商品交易,并根据海关要求传输相关交易电子数据的,按照《关于跨境电子商务零售进出口商品有关监管事宜的公告》(海关总署公告〔2018〕194号)接受海关监管。

② 跨境电子商务企业对企业出口。境内企业通过跨境电商平台与境外企业达成交易后,通过跨境物流将货物直接出口送达境外企业(以下简称"跨境电商B2B直接出口");或境内企业将出口货物通过跨境物流送达海外仓,通过跨境电商平台实现交易后从海外仓送达购买者(以下简称"跨境电商出口海外仓");并根据海关要求传输相关电子数据的,按照《关于跨境电子商务零售进出口商品有关监管事宜的公告》(海关总署公告〔2018〕194号)接受海关监管。

跨境电商B2B直接出口在北京海关、天津海关、南京海关、杭州海关、宁波海关、厦门海关、郑州海关、广州海关、深圳海关、黄埔海关开展监管试点工作,并根据试点情况及时在全国海关复制推广。

2020年9月1日起,增加上海、福州、青岛、济南、武汉、长沙、拱北、湛江、南宁、重庆、成都、西安12个直属海关开展跨境电商B2B直接出口监管试点工作。

(2) 监管方式。"9610"全称"跨境贸易电子商务",简称"电子商务",适用于境内个人或电子商务企业通过电子商务交易平台实现交易,并采用"清单核放、汇总申报"模式办理通关手续的电子商务零售进出口商品。

"1210",全称"保税跨境贸易电子商务",简称"保税电商"。适用于境内个人或电子商务企业在经海关认可的电子商务平台实现跨境交易,并通过海关特殊监管区域或保税监管场所进出的电子商务零售进出境商品。

"1239",全称"保税跨境贸易电子商务A",简称"保税电商A"。适用于境内电子商务企业通过海关特殊监管区域或保税物流中心(B型)一线进境的跨境电子商务零售进口商品。

"9710",全称"跨境电子商务企业对企业直接出口",简称"跨境电商B2B直接出口",适用境内企业与境外企业通过跨境电商平台实现交易,通过跨境物流将货物直接出口至境外企业,并向海关传输相关电子数据的模式。

"9810",全称"跨境电子商务出口海外仓",简称"跨境电商出口海外仓",适用境内企业通过跨境物流将货物出口至海外仓,通过跨境电商平台实现交易后从海外仓送达购买者,并向海关传输相关电子数据的模式。

(3) 监管场所要求。跨境电子商务零售进出口商品监管作业场所必须符合海关相关规定。跨境电子商务监管作业场所经营人、仓储企业应当建立符合海关监管要求的计算机管理系统,并按照海关要求交换电子数据。其中开展跨境电子商务直购进口或一般出口业务的监管作业场所应按照快递类或者邮递类海关监管作业场所规范设置。跨境电子商务网购保税进口业务应当在海关特殊监管区域或保税物流中心（B型）内开展。

（4）海关查验。海关对跨境电子商务零售进出口商品及其装载容器、包装物按照相关法律法规实施检疫，并根据相关规定实施必要的监管措施。对需在进境口岸实施的检疫及检疫处理工作，应在完成后方可运至跨境电子商务监管作业场所。

对于网购保税进口业务，一线入区时以报关单方式进行申报，海关可以采取视频监控、联网核查、实地巡查、库存核对等方式加强对网购保税进口商品的实货监管。

海关实施查验时，跨境电子商务企业或其代理人、跨境电子商务监管作业场所经营人、仓储企业应当按照有关规定提供便利，配合海关查验。

（5）监管下的企业责任。从事跨境电子商务的相关企业（包括跨境电子商务平台、跨境电子商务企业境内代理人、支付企业、物流企业等）应按相关规定向所在地海关办理注册登记，并纳入海关信用管理。海关根据信用等级实施差异化的通关管理措施，对认定为诚信企业的，依法实施通关便利；对认定为失信企业的，依法实施严格监管措施。

从事跨境电子商务零售进出口业务的企业应向海关实时传输与真实业务相关的电子数据。进出口商品申报前，主动提供交易、支付、物流"三单"信息，并对数据真实性承担相应责任。涉嫌走私或违反海关监管规定的跨境电商企业、平台、境内服务商，应配合海关调查，开放交易生产数据（ERP数据）或原始记录数据。

（6）违规处罚。通过跨境电子商务零售进口的商品仅限于个人自用或亲友馈赠，不得进入国内市场再次销售。海关对于有盗用公民身份信息和跨境电商交易额度、参与二次销售或为二次销售提供便利、参与制造或传输虚假交易等违反海关监管规定行为的企业依法进行处罚。

🏛 【法条速递】

涉嫌走私或违反海关监管规定的参与跨境电子商务业务的企业，应配合海关调查，开放交易生产数据或原始记录数据。

海关对违反本公告，参与制造或传输虚假交易、支付、物流"三单"信息、为二次销售提供便利、未尽责审核消费者（订购人）身份信息真实性等，导致出现个人身份信息或年度购买额度被盗用、进行二次销售及其他违反海关监管规定情况的企业依法进行处罚。对涉嫌走私或违规的，由海关依法处理；构成犯罪的，依法追究刑事责任。对利用其他公民身份信息非法从事跨境电子商务零售进口业务的，海关按走私违规处理，并按违法利用公民信息的有关法律规定移交相关部门处理。对不涉嫌走私违规、首次发现的，进行约谈或暂停业务责令整改；再次发现的，一定时期内不允许其从事跨境电子商务零售进口业务，并交由其他行业主管部门按规定实施查处。

——《关于跨境电子商务零售进出口商品有关监管事宜的公告》第二十九条

为保证国家税收征管秩序,《刑法》第一百五十三条中根据情节轻重,对走私普通货物、物品罪的量刑幅度进行了规定:"(一)走私货物、物品偷逃应缴税额较大或者一年内曾因走私被给予二次行政处罚后又走私的,处三年以下有期徒刑或者拘役,并处偷逃应缴税额一倍以上五倍以下罚金。(二)走私货物、物品偷逃应缴税额巨大或者其他严重情节的,处三年以上十年以下有期徒刑,并处偷逃应缴税额一倍以上五倍以下罚金。(三)走私货物、货品偷逃应缴税额特别巨大或者有其他特别严重情节的,处十年以上有期徒刑或者无期徒刑,并处偷逃应缴税额一倍以上五倍以下罚金或者没收财产。"

 【德技并修】

跨境电商"刷单"走私典型案件

前不久,郑州海关接到群众反映,称自己的个人身份信息和跨境电商交易额度被人盗用。海关人员通过对相关数据的监控和分析,发现郑州某公司通过跨境电商渠道进口申报时有伪造单证、少报多进的嫌疑。于是,海关立即对该公司在电商园区仓库的商品进行清点盘库,发现他们的货物实际库存与海关掌握的数据相去甚远。

郑州海关缉私部门侦查发现,犯罪嫌疑人胡某所在的郑州某公司,在过去两年内,利用伪造用户信息,购买虚假的支付单和物流单,将应当以一般贸易进口的货物,伪报成跨境电商零售进口商品,以"刷单"方式,伪报贸易性质,低报价格,化整为零,从欧洲走私进口奶粉、红酒等8千多种商品22万多票,案值1.2亿元人民币。

案例思考:在此类犯罪案件中,部分企业经营者对相关法律规定缺乏了解,但更多的企业经营者则是为了谋取非法利益而铤而走险,知法犯法。一旦被认定构成走私犯罪,不仅企业将面临高额罚金,单位负责人也很可能身陷囹圄。

5.3.2　跨境电子商务检验检疫制度

微课:
跨境电子商务的检验检疫制度

跨境电子商务迅速崛起在给我国消费者带来方便和实惠的同时,也对检验检疫工作提出了新的要求。跨境电子商务具有批次多、批量小、品种杂、货值低等特点,这些特点决定了传统的检验检疫监管模式无法完全适应当前形势下跨境电商的发展需求。

1. 我国跨境电子商务检验检疫制度建设

2013年,《关于实施支持跨境电子商务零售出口有关政策的意见》,提出建立电子商务出口检验监管模式。对电子商务出口企业及其产品进行检验检疫备案或准入管理,利用第三方检验鉴定机构进行产品质量安全的合格评定。实施集中申报、集中办理相关检验检疫手续的便利措施。

2015年,国家质检总局(现国家市场监督管理总局)先后发布《关于进一步发挥检验检疫职能作用促进跨境电子商务发展的意见》《关于加强跨境电子商务进出口消费品检验监管工作的指导意见》,提出:建立跨境电商发展的检验检疫工作体制机制;建立跨境电商清单管理制度;构建跨境电子商务风险监控和质量追溯体系;创新跨境电子商务检验检疫监管模式,明确跨境电商企业的质量安全主体责任。

2018年3月17日,第十三届全国人民代表大会第一次会议通过了《关于国务院机构改革方案的决定》,明确将出入境检验检疫管理职责和队伍划入海关总署。关检合一后,检验检疫作业全面融入全国海关通关一体化整体框架和流程。

2. 关检合一后检验检疫相关制度

(1) 备案要求。2018年,海关总署发布的《关于跨境电子商务零售进出口商品有关监管事宜的公告》规定:对跨境电子商务直购进口商品及适用"网购保税进口"(监管方式代码1210)进口政策的商品,按照个人自用进境物品监管,不执行有关商品首次进口许可批件、注册或备案要求。但对相关部门明令暂停进口的疫区商品和对出现重大质量安全风险的商品启动风险应急处置时除外。依法需要执行首次进口许可证件、注册或备案要求的化妆品、婴幼儿配方奶粉、药品、医疗器械、特殊食品(包括保健食品、特殊医学用途配方食品等)等,按照国家相关法律法规的规定执行。

(2) 检疫监管。海关对跨境电子商务零售进出口商品及其装载容器、包装物按照相关法律法规实施检疫,并根据相关规定实施必要的监管措施。对需在进境口岸实施的检疫及检疫处理工作,应在完成后方可运至跨境电子商务监管作业场所。

(3) 风险监测。海关对跨境电子商务零售进口商品实施质量安全风险监测,责令相关企业对不合格或存在质量安全问题的商品采取风险消减措施,对尚未销售的按货物实施监管,并依法追究相关经营主体责任;对监测发现的质量安全高风险商品发布风险警示并采取相应管控措施。海关对跨境电子商务零售进口商品在商品销售前按照法律法规实施必要的检疫,并视情发布风险警示。

🏅【德技并修】

跨境电商,外贸发展新动能

党的二十大报告提出,推动货物贸易优化升级,创新服务贸易发展机制,发展数字贸易,加快建设贸易强国。

跨境电商作为发展速度最快、潜力最大、带动作用最强的外贸新业态,不仅是数字贸易的重要组成部分,也是推动建设贸易强国的新动能。

截至2024年5月,我国设立了165个跨境电商综试区,覆盖全国31个省区市,通过先行先试,复制先进经验,我国跨境电商主体已超10万家,建设独立站超20万个,综试区内跨境电商产业园约690个。我跨境电商贸易伙伴遍布全球,与29个国家签署双边电子商务合作备忘录。凭借线上交易、非接触式交货、交易链条短等优势,跨境电商成为稳外贸、促消费的重要抓手。

据海关统计,我国跨境电商进出口规模连续多年高速增长,2024年跨境电商进出口达2.63万亿元,同比增长10.8%。跨境电商从无到有,已成为我国外贸发展的新动能、转型升级的新渠道和高质量发展的新抓手。

【模拟法庭】

生鲜快递"入柜",遭遇纠纷谁来赔?

好鲜公司在某电商平台经营一家销售生鲜水果的网店。某日,李先生在该店购入一箱奇异果,订单实价29.8元,红包抵扣2.6元,实付27.2元。同日,好鲜公司通过某快递公司发货。第二天,包裹被存放至李先生所在小区的智能快件箱。李先生称快递公司未经其允许擅自将包裹放置智能快件箱2天,放置后也未电话或短信告知他。第四天,包裹被快递员取出,退回至好鲜公司。十天后,物流信息显示退回的包裹已被好鲜公司签收。看到物流信息后,李先生认为自己全程被"蒙在鼓里",感到十分生气,于是联系好鲜公司,要求退还货款,但却被好鲜公司拒绝。因此,李先生将好鲜公司诉至广州互联网法院,请求法院判令好鲜公司退还款项29.8元。

请同学们以小组为单位,以模拟法庭为训练形式,分析:

(1)快递公司将生鲜产品投递于智能快件箱,是否违规操作?

(2)好鲜公司是否应将货款返还给李先生?

(3)好鲜公司应该怎样做才能合理规避风险呢?

实训目的:

在教师的指导下,由学生扮演案件当事人,如法官、检察官、律师以及其他诉讼参与人等。通过让学生深度参与,加深学生对电子商务物流法律法规的理解,培养学生探寻法律事实能力和综合运用法律解决实际问题的能力,提高学生在电子商务经营过程中识别、分析、防范和应对物流相关法律风险的能力。

实训要求:

(1)学生训练前复习《电子商务法》《快递暂行条例》《智能快件箱寄递服务管理办法》等相关电子商务物流法律法规内容,明确训练要求。

(2)采取分组训练方式,小组进行模拟角色分工,明确审判长、审判员、控诉人、辩护人、原告、被告、书记员等各个角色工作职责,在老师指导下熟悉案情。

实训内容:

1. 模拟法庭的组织

学生分组:① 审判组,包括审判长、审判员和书记员,进行角色分工,制作审判流程、案由、案件争议焦点、庭审笔录等;② 当事人组,包括原告、被告,进行角色分工,并制作起诉状、答辩状、证据等;③ 辩论组,包括控诉人和辩护人,与当事人沟通,制作代理词、辩论词等。

2. 开庭审理

(1) 庭审准备。

诉讼参与人入场,书记员宣布法庭纪律:

_____

_____

审判人员入场,审判长宣布开庭:

_____

_____

(2) 法庭调查。

① 起诉与答辩:

原告宣读起诉书:_____

_____

_____

被告方宣读答辩状:_____

_____

_____

② 法庭调查取证:

原告方举证:_____

_____

_____

被告方举证:_____

_____

_____

原、被告双方进行质证:_____

_____

_____

③ 案件事实交叉提问:

_____

_____

_____

④ 案件争议焦点归纳:

_____

_____

_____

（3）法庭辩论。

原告方发言：_____

_____

_____

被告方发言：_____

_____

_____

自由辩论：_____

_____

_____

（4）休庭评议、宣判。

_____

_____

_____

_____

3. 教师点评

_____

_____

_____

实训思考：

（1）本案件争议焦点有哪些？

（2）本人所扮演角色在审判活动中有哪些注意事项？

（3）法庭辩论过程的成功与不足之处有哪些？

（4）在参与模拟审判训练中，有哪些收获与不足，如何改进？

【课后习题】

一、单选题

1. 以下选项中不是电子商务物流特点的是（　　　）。

    A. 信息化　　　　　　B. 网络化　　　　　　C. 差异化　　　　　　D. 柔性化

2. 未保价快递件丢失、毁损的，（　　　）对寄递物品的实际价值负有举证责任。

    A. 收件人　　　　　　B. 承运人　　　　　　C. 调解人　　　　　　D. 寄件人

3. 跨境电子商务是指分属不同（　　　）的交易主体，通过网络和电子商务平台达成交易、进行支付结算,并通过跨境物流送达商品、完成交易的一种国际商业活动。

A. 国家　　　　　　B. 关境　　　　　　C. 空间　　　　　　D. 时间

4. 在网购中,快递由商家指定,运输途中商品意外毁损灭失的风险由(　　　)承担。

A. 商家　　　　　　　　　　　　B. 消费者

C. 商家与消费者都要承担　　　　D. 快递企业

5. 电子合同的标的为提供服务的,生成的电子凭证或者实物凭证中没有载明时间或者载明时间与实际提供服务时间不一致的,以(　　　)为准。

A. 凭证生成的时间　　　　　　　　B. 实际提供服务的时间

C. 口头约定的时间　　　　　　　　D. 付款成功的时间

二、多选题

1. 电子商务物流的基本要求包括(　　　　　)。

A. 安全　　　　　　　　　　　　B. 快速及时

C. 赔偿损失　　　　　　　　　　D. 信息处理

2. 经营快递业务的企业有下列(　　　　　)情形之一的,由邮政管理部门依照《邮政法》《中华人民共和国反恐怖主义法》的规定予以处罚。

A. 不建立或者不执行收寄验视制度

B. 违反法律、行政法规以及国务院和国务院有关部门关于禁止寄递或者限制寄递物品的规定

C. 收寄快件未查验寄件人身份并登记身份信息,或者发现寄件人提供身份信息不实仍予收寄

D. 未按照规定对快件进行过机安检

3. 寄递安全三项制度是指(　　　　　)。

A. 过机安检　　　　　　　　　　B. 实名登记

C. 开箱称重　　　　　　　　　　D. 开箱验视

4. 跨境电子商务零售进出口监管方式包括(　　　　　)。

A. "9710"跨境电商 B2B 直接出口

B. "9610"跨境贸易电子商务

C. "1239"保税电商 A

D. "9810"跨境电商出口海外仓

E. "1210"保税电商

5. 下列物品中禁止寄递的是(　　　　　)。

A. 法律、行政法规禁止流通的物品

B. 危害国家安全和社会政治稳定以及淫秽的出版物、宣传品、印刷品等

C. 武器、弹药、麻醉药物、生化制品、传染性物品和爆炸性、易燃性、腐蚀性、放射

性、毒性等危险物品

D. 妨害公共卫生的物品

E. 流通的各种货币

三、判断题

1. 电子商务物流及快递企业应向用户提供自交寄之日起不少于一个月的免费查询服务。（　　）

2. 快递服务合同是收件人和快递服务公司之间订立的有关快递服务的契约。（　　）

3. 一般情况下，快递需要收件人亲自签收，在收件人无法亲自签收的情况下，经收货人同意可以交由他人代收。（　　）

4. 信息作为产品是由信息内容及信息载体两部分构成的。信息内容与信息载体是信息产品不可分割的两个方面。（　　）

5. 通过跨境电子商务零售进口的商品可以个人自用或亲友馈赠，也可以进入国内市场再次销售。（　　）

四、案例题

李先生寄出苹果手机一部，保价 6 000 元。收货时快递员并没有要求当面验货，派送时也没有通过电话或短信通知，而是将快递包裹放到了酒店前台。开箱时，手机屏幕发生炸裂，造成屏幕损坏。李先生联系快递，快递员却推卸责任，称跟他们没关系，让李先生自己负责。

请分析：

1. 在此案例中，快递员有哪些违规操作？

2. 对此案例应该怎么处理？

3. 快递公司应该怎样做才能合理地规避风险？

06

第六章

电子商务中的知识产权法律制度

Chapter

※ **素养目标**
- 树立正确的知识产权保护意识
- 培养诚实守信、合法经营意识
- 树立全面深化改革、扩大对外开放的社会主义道路自信

※ **知识目标**
- 了解知识产权的概念、内涵与类型
- 掌握电子商务交易中的知识产权规则
- 熟悉电子商务中知识产权侵权的特征与形式
- 熟悉电子商务中知识产权保护的方法

※ **能力目标**
- 能够辨别各种类型的知识产权
- 能够判断电子商务中知识产权侵权行为，分析侵权责任，规避侵权风险
- 能够运用相关法律法规对知识产权进行保护

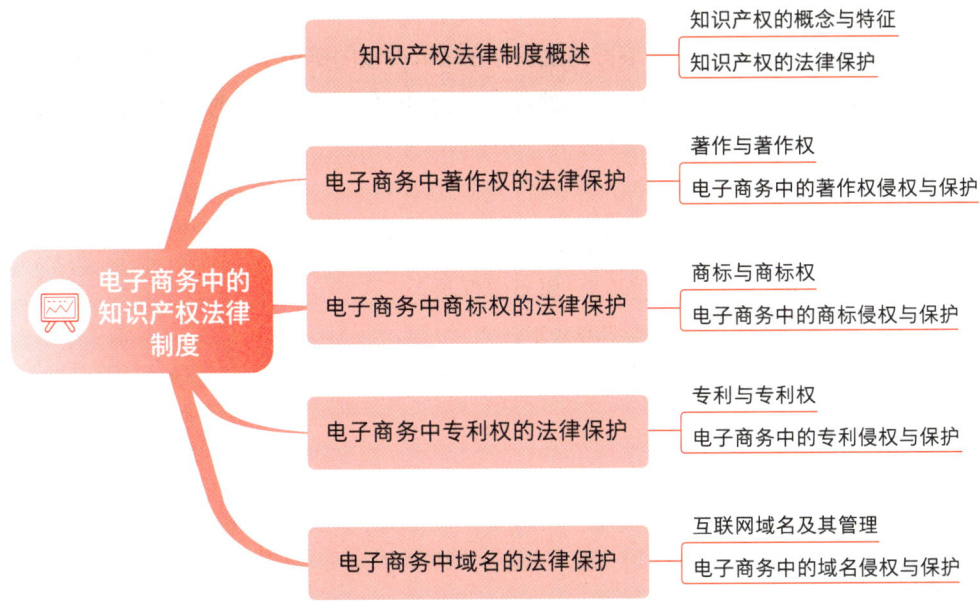

【案例导入】

文字作品被改编成视频属于侵权吗？

辛先生在"知乎"网站某网帖下发表了以自己的真实经历为内容创作的文字回答，后发现该文字被改编成短视频，故将被告北京新片场传媒股份有限公司、被告王先生、被告北京微梦创科网络技术有限公司诉至法院，要求新片场公司删除在优酷网上发布的被诉视频，同时要求三被告共同赔偿其经济损失 50 万元及合理开支 13 709 元。

原告辛先生诉称，其在"知乎"网站标题为"有哪一瞬间让你觉得被撩到或者成功撩到别人？"的网帖下，发表了以自己的真实经历为内容创作的文字回答（下称权利作品），依法享有著作权。

次年，辛先生发现新片场公司在新浪微博账号上传的播放量超过 1 400 万次的《第一天的开始，一辈子的坚持》短视频（下称被诉视频）在人物设置、台词、故事情节等方面都和辛先生发表的权利作品一致，同时该被诉视频也在腾讯网、优酷网进行了上传。后据辛先生了解，被诉视频是新片场公司委托王先生摄制的。

辛先生认为，新片场公司和王先生不仅共同侵犯了其对权利作品享有的摄制权，还与新浪微博的运营方微梦公司共同侵犯了其对权利作品享有的信息网络传播权。故辛先生诉至法院，要求新片场公司删除在优酷网上发布的被诉视频，同时要求三被告共同赔偿其经济损失 50 万元及合理开支 13 709 元。

被告新片场公司、王先生辩称，权利作品属于惯常表达且篇幅较短，缺乏独创性，不认可辛先生为权利作品的作者,同时认为辛先生主张的赔偿额过高,不同意辛先生的全部诉讼请求。

被告微梦公司辩称,新浪微博上仅存在被诉视频的链接,点击播放时会跳转到第三方网站,同时微梦公司为信息网络服务平台,被诉视频已经及时删除,微梦公司不构成侵权。

案例思考:

(1)"知乎回答"是否能构成著作权法所保护的作品?

(2)文字作品被改编成视频,属于侵权吗?

(3)短视频侵权需要承担哪些责任?

6.1 知识产权法律制度概述

6.1.1 知识产权的概念与特征

1. 知识产权

知识产权是智力劳动产生的成果所有权,它是依照各国法律赋予符合条件的著作者以及发明者或成果拥有者在一定期限内享有的独占权利。知识产权从本质上说是一种无形财产权,它的客体是智力成果或知识产品,是一种无形财产或一种没有形体的精神财富,是创造性的智力劳动所创造的劳动成果。

知识产权可以分为两类:一类是著作权,也称为版权、文学产权。另一类是工业产权,包括商标权、专利权。

2. 知识产权的特征

(1)无形性,知识产权的客体是不具有物质形态的智力成果。

(2)专有性,知识产权的权利主体依法享有独占使用智力成果的权利。

(3)地域性,知识产权只在特定国家或地区的地域范围内有效。

(4)时间性,知识产权一般只在法律规定的期限内有效。

6.1.2 知识产权的法律保护

保护知识产权,为智力成果完成人的权益提供了法律保障,调动了人们从事科学技术研究和文学艺术作品创作的积极性和创造性。同时,也为智力成果的推广应用和传播提供了法律依据,助推智力成果转化为生产力并被运用到生产建设上去,产生了巨大的经济效益和社会效益。

1. 我国知识产权保护法律体系

改革开放以来,我国对知识产权保护工作的重视不断加强,已经建立起了一整套保护知识产权的法律体系,其中主要有:

微课:
我国知识产权的法律保护

为加强商标管理,保护商标专用权,1982年我国颁布了《中华人民共和国商标法》(简称《商标法》),1983年颁布了《中华人民共和国商标法实施细则》,2002年颁布了《中华人民共和国商标法实施条例》,原《中华人民共和国商标法实施细则》废止。

为鼓励发明创造,推动发明创造的应用,提高创新能力,1984年我国颁布了《中华人民共和国专利法》(简称《专利法》),1992年颁布了《中华人民共和国专利法实施细则》。

为保护文学、艺术和科学作品作者的著作权,1990年我国颁布了《中华人民共和国著作权法》(简称《著作权法》);1991年颁布了《中华人民共和国著作权法实施条例》并于2002年进行了第一次修订,2013年又进行了第二次修订。

为了保护计算机软件著作权人的权益,1991年我国颁布了《计算机软件保护条例》。

1993年,我国颁布了《反不正当竞争法》,规定侵犯商标权、专利权的行为为不正当竞争行为。

《刑法》规定了侵犯知识产权罪。

我国的法律还在不断地发展和完善,以上法律法规后续进行了多次修正、修订,促进了社会的进步发展,推进了全面依法治国。

2021年实施的《民法典》在第七编"侵权责任"中对网络用户、网络服务提供者的知识产权侵权责任做了规定。

2. 保护知识产权的国际条约

在加强国内知识产权立法建设的同时,我国也积极参与国际知识产权保护工作,目前我国已经加入了多个保护知识产权的国际公约,主要有:《保护工业产权巴黎公约》《保护文学和艺术作品伯尔尼公约》《世界版权公约》《商标国际注册马德里协定》等。同时,我国还与有关国家签订了双边或多边的有关知识产权问题的协议、备忘录等法律文件。

 【德技并修】

平衡好保护与反垄断,树立正确的知识产权保护意识

1999年,中国和阿尔及利亚共同提出了关于建立"世界知识产权日"的提案,2000年10月,世界知识产权组织第35届成员大会系列会议通过了这一提案,决定从 2001 年起，将每年的 4 月 26 日定为"世界知识产权日"。

"世界知识产权日"的确定将有助于突出知识产权在所有国家经济、文化和社会发展中的作用和贡献，有助于在世界范围内树立尊重知识、崇尚科学和保护知识产权的意识，营造鼓励知识创新的法律环境。

然而，近年来，滥用知识产权排除、限制竞争问题越来越受到关注。滥用知识产权排除、限制竞争行为会阻碍创新和损害竞争，背离了知识产权保护的宗旨，更引发知识产权垄断问题。

因此，2015 年，国家工商行政管理总局（现国家市场监督管理总局）根据《中华人民共和国反垄断法》（简称《反垄断法》），制定并颁布了《关于禁止滥用知识产权排除、限制竞争行为的规定》。该规定的第二条、第三条规定，经营者违反《反垄断法》的规定行使知识产权，实施垄断协议、滥用市场支配地位等垄断行为（价格垄断行为除外），构成滥用知识产权排除、限制竞争行为，适用《反垄断法》。该规定也对拒绝许可知识产权、限定交易、搭售、附加不合理限制条件、差别待遇等实践中较为常见的几种具体滥用行为作了禁止性规定，同时对构成要件、表现形式等作了细化规定。

案例思考：知识产权法律制度的初衷就是保护和鼓励知识创新，它通过保护经营者重要但有期限的独占权来鼓励其在创新上投资，为创新提供动力，同时维护公平的市场竞争秩序，并且通过对市场上的假冒等侵犯知识产权行为的制止和制裁来使消费者权益免遭侵害。因此，知识产权保护和反垄断政策在促进竞争、推动创新和保护消费者权益方面是一致的。我们应当树立正确的知识产权保护意识，在保护权利人合法权益和防止知识产权垄断中做好平衡，推动创新，促进竞争，更好地满足人民群众日益增长的物质文化需要。

6.2 电子商务中著作权的法律保护

6.2.1 著作与著作权

1. 著作

著作即作品。《著作权法》所称的作品是指文学、艺术和科学领域内具有独创性并能以一定形式表现的智力成果，包括：① 文字作品；② 口述作品；③ 音乐、戏剧、曲艺、舞蹈、杂技艺术作品；④ 美术、建筑作品；⑤ 摄影作品；⑥ 视听作品；⑦ 工程设计图、产品设计图、地图、示意图等图形作品和模型作品；⑧ 计算机软件；⑨ 符合作品特征的其他智力成果。

以下作品不受《著作权法》保护：法律、法规，国家机关的决议、决定、命令和其他具有立法、行政、司法性质的文件及其官方正式译文；单纯事实消息；历法、通用数表、通用表格和公式。

2. 著作权

著作权，又称版权，是指作者及其他著作权人对其创作的文学、艺术和科学作品依法享有的权利。

（1）著作权的主体。著作权的主体，即著作权人主要包括：作品的作者；其他依照《著作权法》享有著作权的自然人、法人或者非法人组织。外国人、无国籍人的作品首先在中国境内出版的，在中国享有著作权。外国人、无国籍人在中国境外发表的作品，根据其所属国或经常居住地国同中国签订的协议或者共同参加的国际条约而享有著作权，也受中国法律保护。

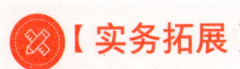【实务拓展】

谁是著作权人？

（1）在作品上署名的作者，包括自然人、法人或者非法人组织。

（2）因继承、赠予、遗赠或受让等而取得著作财产权的继受人。

（3）经过改编、翻译、注释、整理等创造性劳动而形成的演绎作品的演绎者。

（4）合作作品的著作权由合作作者共同享有。

（5）汇编作品的著作权由汇编人享有，但汇编他人受著作权法保护的作品或片段时应征得他人同意。

（6）影视作品的著作权由制作者享有，但编剧、导演、摄影、作词、作曲等作者享有署名权和获得报酬权。

（7）单位作品的著作权由法人或其他组织享有；一般职务作品的著作权由作者享有；特殊职务作品的作者享有署名权，其他权利由法人或其他组织享有。

（8）委托创作的著作权归属由委托人和受托人通过合同约定。合同未做明确约定或者没有订立合同的，著作权属于受托人。

（9）美术等作品原件所有权的转移，不视为作品著作权的转移，但美术作品原件的展览权由原件所有人享有。

（2）著作权的客体。著作权的客体，即著作权的保护对象是作品，是指文学、艺术和科学领域内，具有独创性并能以一定形式表现的智力成果。

（3）著作权的内容。著作权包括人身权和财产权。人身权是指著作权人基于作品的创作依法享有的以人格利益为内容的权利，包括发表权、署名权、修改权和保护作品完整权。人身权与作者的人身不可分离,一般不能继承、转让,也不能被非法剥夺或成为强制执行中的执行标的。财产权,也称使用权,是指著作权人许可他人使用、全部或部分转让其作品而获得报酬的权利,主要包括复制权、发行权、出租权、展览权、表演权、放映权、广播权、信息网络传播权、摄制权、改编权、翻译权、汇编权、转让权、许可他人使用并获得报酬的权利、应当由著作权人享有的其他权利。财产权可以脱离作者而由他人使用。

 【案例直击】

"AI作文生成器"著作权侵权案

原告张某,著有《奇幻森林》系列童话书,起诉被告上海某教育科技公司(运营"智写宝"AI写作工具,提供"一键生成童话故事"服务)。

被告通过爬虫软件获取张某作品及其他公开童话资源,训练AI模型生成与《奇幻森林》风格高度相似的故事。用户输入"魔法森林""会说话的动物"等关键词后,AI生成的文本在情节结构、角色设定、语言风格上与原告作品实质性相似。被告将生成的童话故事打包出售给教育机构,作为教辅材料牟利,单份售价98元,累计销售超10万份。

被告未经许可抓取张某作品,用于AI模型训练,违反《中华人民共和国著作权法》"禁止复制、传播他人作品"的规定。AI生成的童话故事未标注来源,且与张某作品的独创性表达(如"月光兔""智慧树"等核心角色设定)高度雷同,远超合理借鉴范围,构成"文字作品"侵权。被告通过教育机构渠道大规模销售侵权内容,直接侵害了原告市场利益。

法院认为,AI生成内容若完全依赖算法随机生成,缺乏人类创作者的独创性表达,则不受著作权保护;但若AI训练数据包含大量受版权保护作品,则可能构成侵权。虽然"技术中立",但被告明知训练数据包含侵权内容,仍用于商业服务,需承担侵权责任。判令被告立即停止使用张某作品训练AI模型,下架所有侵权生成内容,销毁训练数据,判决被告赔偿经济损失及合理开支共计1 200万元。

案例思考:AI生成内容已渗透写作、设计、编程等多个领域,本案为全行业提供了"数据合法性"判例参考。AI不是创作主体,但使用者需为侵权行为负责。

(4)著作权的保护期。著作人身权与著作财产权所要维护的利益性质不同,因此保护期限也不相同。《著作权法》规定,著作权中的署名权、修改权和保护作品完整权的保护期不受限制,可以获得永久性保护。但发表权和使用权的保护期为作者终生及其死后五十年,截止于作者死亡后第五十年的12月31日。如果是合作作者,截止于最后死亡的作者死亡后第五十年的12月31日。

法人或其他组织的作品,著作权(署名权除外)由法人或其他组织享有的职务作品,其发表权和使用权的保护期为五十年,截止于作品发表后第五十年的 12 月 31 日,但作品自创作完成后五十年内未发表的,著作权不再保护。

发表作者身份不明的作品,其使用权的保护期截止于作品发表后第五十年的 12 月 31 日。作者身份确定后,适用《著作权法》第二十三条的规定,按不同作品类型分别确定保护期。

(5) 邻接权。邻接权是指与著作权相邻近的权利,是作品传播者对其传播作品过程中所作出的创造性劳动和投资所享有的权利。邻接权是在传播作品中产生的权利。作品创作出来后,需在公众中传播,传播者在传播作品中有创造性劳动,这种劳动亦应受到法律保护。邻接权既与著作权密切相关,又是独立于著作权之外的一种权利。在我国,邻接权主要是指出版者的权利、表演者的权利、录像制品制作者的权利、录音制作者的权利、电视台对其制作的非作品的电视节目的权利、广播电台的权利。

 【 实务拓展 】

邻接权与著作权的区别

一、主体不同

著作权的主体是作品的创作者,包括自然人和法人;邻接权的主体是出版者、表演者、音像制作者、广播电视组织,除表演者以外,几乎都是法人。

二、保护对象不同

著作权保护的对象是文学、艺术和科学作品;邻接权保护的对象是经过传播者加工后的作品。

三、内容不同

著作权主要是指作者对其作品享有人身权和财产权;邻接权的内容主要是出版者、表演者、音像制作者对出版、表演、音像制品的权利,以及广播电视组织对其广播、电视节目的权利等。

四、受保护的前提不同

作品只要符合法定条件,一经产生就可获得著作权保护;邻接权的取得须以著作权人的授权及对作品的再利用为前提。

(6) 著作权的许可使用与转让。著作权的许可使用是指著作权人许可他人行使著作权的使用权。著作权人可以许可他人行使使用权中的一项或数项权能,从许可方式来看,可以分为专有许可使用和非专有许可使用。

著作权中财产权的转让,是指著作权人将著作权中的财产权转移给他人,包括全部财产权利的转让和部分财产权利的转让。

6.2.2 电子商务中的著作权侵权与保护

1. 电子商务中的著作权

（1）网络作品享有著作权。著作权的保护对象是作品。传统意义上的作品创作以文字为主要表现形式，而在网络时代，作品的创作形式也发生了变化：一方面，作者可以凭借或者通过计算机完成作品，该作品直接以数字形式存在，例如，计算机软件、网页、网络游戏等；另一方面，作者可以通过计算机技术将传统作品数字化，使其转化为数字编码，运用数字信息的存储技术进行存储，并且随时可以根据需要将这些数字信息还原为作品。

作品数字化是网上传输和交易的前提，无论是直接以数字化形式出现的作品，还是经过数字化转换后的作品，数字化只是作品新的表现形式，并不能改变作者对其创作的作品享有的著作权。因此，以各种形式表现出来的网络作品可以依照《著作权法》的规定享有著作权。

【案例直击】

网页也是作品，受著作权保护

W公司是一家具有一定知名度的整合营销传播公司，某天W公司发现，Z公司经营的网站抄袭、盗用了W公司门户网站的绝大部分页面编排设计，同时直接使用了W公司享有著作权的四张摄影作品及一张美术作品，并且还出现了W公司的名称及同款客户展示墙，已经造成W公司客户认知混淆，故而W公司以侵害著作权及不正当竞争为由将Z公司诉至北京互联网法院。

被告Z公司辩称，涉案网站为原项目负责人超越授权私下自费委托第三人制作，系原项目负责人的个人行为，被告对此并不知情也不认可，涉案网站目前已关停，不应承担相应责任。

法院认定,原告网站页面构成汇编作品,被告网站侵犯了原告网站具有独创性的部分,且构成不正当竞争,法院判令被告在其官方网页置顶位置就其侵权行为及商业混淆行为予以公开说明,并赔偿原告经济损失及合理开支共 206 390 元。

案例思考:网页的设计是一项创造性的智力活动,为了吸引网民的注意和关注,网页设计者需要付出大量的脑力和体力劳动。因此,网页也是作品,是著作权保护的客体,受著作权保护。

(2) 作品享有网络传播权。根据《著作权法》的规定,作者对其作品享有信息网络传播权。在网络环境中,作者享有将其作品通过网络进行传播并获取收益的权利,享有禁止他人未经许可而将其作品利用网络进行传播侵害其著作权的行为,任何人未经许可将他人的作品上网传播,是对著作权人合法权益的侵犯。

2. 电子商务中著作权侵权行为

电子商务领域,侵犯著作权行为虽然表面上演化出了新的表现形式,但本质上仍然是传统意义上著作权侵权行为的,仍然可以分为直接侵权和间接侵权两种形式。

(1) 直接侵权。直接侵权是指未经著作权人的许可和在缺乏法律依据的情况下实施了著作权专有权利控制的行为,即侵犯了《著作权法》第十条规定的著作权人的人身权和财产权。

【实务拓展】

直接侵权行为的归责原则

直接侵权适用的归责原则为无过错责任原则,即只要行为人实施了侵权行为,且不存在法定许可或合理使用等限制著作权行使法定情形的,就应当依法承担相应的侵权责任。

但需要注意的是,直接侵权行为人如果确无主观过错,其承担法律责任的方式与有过错的侵权者有所不同:无须承担损害赔偿责任。例如,在"《傅雷家书》案"中,当当网销售的《傅雷家书》是某出版社未经著作权人许可出版的,因此,当当网经营者的行为侵害了著作权人的发行权。但其销售的《傅雷家书》为正规出版社出版,有明确的书号,并由拥有出版物经营许可证等相应资质的公司向其供货。因此,法院认为该图书有合法来源,当当网的经营者无须承担赔偿责任。

电子商务的一般业务流程包括网络洽谈、合同签订、电子支付以及在线下实际物品的传送几个环节。此外,对于一些可以转化为数字化形式的特殊商品,可以通过网络传输供用户浏览、下载或用于网站之间的转载。在以上过程中均可能出现著作权直接侵权行为，具体表现为以下几种形式：

① 作品数字化。侵权行为人未经著作权人许可将受著作权保护的作品，如文字、图像、音乐等，通过计算机转换成为计算机可读的二进制代码表示的数字信息，进行网络传输或保存到数据库中等。由于在数字化转换过程中，并没有进行创造性的工作（由计算机直接完成），数字化后的作品并没有改变原作品的根本属性，因此，可以认为是一种复制行为，侵犯了作者的复制权。

【案例直击】

非遗传承人诉电商平台侵犯著作权

被告（某电商平台及入驻商家）未经许可，擅自对张某（非物质文化遗产"东阳木雕"传承人）的木雕作品进行高精度扫描、建模，生成数字化的 3D 设计文件，并通过电商平台以"原创木雕模板"名义销售，累计销售额超 50 万元。

案例思考：尽管木雕技艺本身属非遗，但张某的特定纹样设计具有独创性，构成《中华人民共和国著作权法》中的"美术作品"。被告未经许可将作品上传至网络，提供下载服务，侵害了信息网络传播权。法院判令被告立即下架相关模板，删除侵权数据，判决被告赔偿原告经济损失及合理开支共计 85 万元。

② 将数字化后的作品或以数字形式存在的作品上传到网络。作品一旦上传到网络中，根据网络的特性，在世界上任何地点、任何时间，都可以通过与网络相连接的计算机得到该作品。这显然会使该作品作者合法利益受到损失，侵犯该作品的网络信息传播权。

【案例直击】

网络传播权第一案：王蒙等诉世纪互联案

被告世纪互联通讯技术有限公司下属的"北京在线"网站设立了"小说一族"栏目，在未征得作者同意的情况下，该栏目先后刊登了原告王蒙、张抗抗、毕淑敏、张洁、张承志、刘震云等六位作家的《一地鸡毛》《坚硬的稀粥》《漫长的路》《白罂粟》《预约死亡》《黑骏马》和《北方的河》共七部小说作品。任何互联网用户均可通过接入上网的方式进入被告的网站，浏览和下载六位作家的作品。六位作家认为被告的上述行为侵犯了自己的著作权，遂向北京海淀法院提起诉讼。法院最终判决被告停止使用原告的上述作品，并其主页上刊登致歉声明。

案例思考：本案是国内第一起网络信息传播权侵权判例，认定未经著作权人许可将作品上传至网络会构成对信息网络传播权的直接侵权。

③ 在网站的网页或广告中使用受著作权保护的图像或音乐作为背景或链接。电子商务的网站、网页或广告为了更加吸引人，往往用受著作权保护的图像或音乐作为背景图案或音乐，就是人们常常说的盗图、盗视频等现象，并用于商业目的。如同在广播或电视中使用受著作权保护的图像或音乐一样，显然是对该作品著作权的侵犯。

【案例直击】

某公司侵害信息网络传播权纠纷案

被告某商业公司在其微信公众号上发布了一篇文章，文内使用了原告某科技公司的美术作品"××汪星人"。看到辛苦创作的美术作品被他人随意使用，原告某科技公司遂在当地版权局进行了版权登记，将该商业公司的侵权行为进行了证据固定，要求被告立即停止侵权并赔偿损失1万元。被告某商业公司这才意识到自身行为构成了侵权，但辩称并非故意为之，原告要求赔偿金额过高。双方各执一词，僵持不下。

经过法官耐心释法明理，双方最终达成调解协议，被告立即删除其微信公众号文章中的案涉美术作品，并赔偿原告经济损失及合理维权费用。

案例思考：随着自媒体行业的蓬勃发展，网络上各类作品呈现爆炸式增长，复制、下载、截图、转发、分享等功能在为大众提供便利的同时，也给知识产权保护带来极大挑战。因此，在使用他人作品时，无论大小、多少，都应先取得著作权人许可，注明作者姓名或者名称、作品名称；对于自己的作品，可通过标明原创、添加水印、说明等方式进行权利明示，如有必要还可进行版权登记，发现侵权行为及时通过公证等方式固定证据，用法律武器捍卫自身合法权益。

④ 非法下载网络上传输的作品。随着电子商务的发展，越来越多的数字化商品（多为受著作权保护的作品）通过网络传送给用户；网络上各种各样的信息也会非常丰富，大有取代传统媒体成为"第四媒体"之势。如果未经权利人同意，擅自下载网络上的信息（作品）并用于其他商业目的，就会产生对著作权的侵犯。

【案例直击】

网站侵犯动漫作品著作权案

江苏省常州市文化市场综合行政执法支队通过网络巡查获得线索，经过进一步调查后发现，黄某某通过技术手段在互联网上获取多部动漫作品，将相关作品上传至其经营的"好看动漫"网站供在线观看，通过收取广告费等形式非法牟利3.8万元。因黄某某人在异地，在广东省梅州市文化广电旅游局的配合下，常州市文化广电和旅游局对黄某某作出罚款 25 万元的行政处罚。

该案系打击动漫侵权盗版的典型案例,对当事人予以顶格处罚体现了执法部门不断加大版权执法监管力度、严厉打击侵权盗版行为的决心。

案例思考:未经著作权人许可下载网络作品是否侵权的判定准则在于是否用于商业目的。本案中被告出于商业目的,在其经营的网站上擅自上传他人作品供人观看,侵犯了他人的作品使用权和获得报酬权,应承担侵权责任。但对于通过网络浏览或者下载只供个人使用,应视为合理使用,是对著作权的一种权利限制,而不应视为对著作权的侵权。

⑤ 非法转载网络上的作品。对于有些网站,由于自己的信息资源不足,只能依靠转载其他网站的信息来维持,在这一过程中,网站的作者没有经过创造、劳动就获得了他人所创造的成果,根据著作权保护的基本原则是绝对不允许的,应视为对著作权的侵权行为。

 【案例直击】

网络平台上随意转载他人作品会侵权吗?

被告某融媒体中心未经作品权利人杨某某许可,擅自在其微信公众号及 App 上选用杨某某发布部分视频,为此双方发生纠纷。

法院审理后认为,被告的行为侵害了原告的署名权及作品的信息网络传播权,被告应立即停止使用侵权视频并作出一定的经济补偿。审理结果体现了司法严格保护短视频作品原创,鼓励宣传地方历史、地理、文化等类的作品创新创作行为。教育引导视频创作者要尊重他人知识产权,创作中确有必要引用他人作品的,必须按规定取得权利人同意并合理使用、正确署名。

案例思考:报刊转载法定许可没有延伸到网络环境中,因此在网络上未经许可转载已发表作品构成侵权。即使在转载时已经注明了作者和来源,并且作出了免责声明,比如标明"如涉及侵权,请联系删除",而且被转载的文章也并未标明"未经许可,严禁转载",行为人转载相关文章的行为依然可能构成侵权。

⑥ 非法破坏技术措施、修改网络著作权管理信息。电子商务销售过程中,为了独占销售收入,从事销售的企业网站非法破解著作权作品的技术措施,对作品稍加改动后据为己有;或者删除、修改著作权作品的权利管理信息,如改变作者署名等,侵犯了著作权人的修改权、保护作品完整权、署名权,以及获得报酬的权利。

**【案例直击】**

刘某生等三人侵犯著作权案

权利人飞某浦公司、通某电气精准医疗有限责任公司均系 CT 机、血管机等医疗设备生产企业，创作发表了医疗设备软件、配套维修手册等作品。权利人为保护自身医疗设备软件的著作权及计算机信息系统安全，分别开发了安全认证系统、认证工具（俗称加密狗）、算码器软件等技术措施。

刘某生、刘某、刘某旺三人以营利为目的，未经上述权利人许可，自行制作用于避开技术措施的盗版加密狗工具，擅自复制医疗设备软件，提供医疗设备维修手册等作品的下载链接，利用网络平台销售传播，销售金额人民币 120 万余元。

经鉴定，上述三人销售的盗版加密狗均具有通过安全认证系统身份核验的功能，可以避开权利人为其医疗设备软件采取的技术措施；销售传播的盗版软件均与权利人的作品实质相同。

法院判决，以侵犯著作权罪分别判处被告人刘某生、刘某、刘某旺三人有期徒刑一年至三年二个月不等，并处罚金人民币八万元至七十万元不等，对刘某和刘某旺适用缓刑。

案例思考：技术措施是著作权人在数字化作品中添加的用于保护自己合法权益的技术手段，是一种防患于未然的事前预防措施，从根本上切断了未经许可使用、复制和传播作品的途径。因此，对技术措施的法律保护有助于维护著作权人的合法权益。

（2）间接侵权。间接侵权是相对于"直接侵权"而言的，它是指教唆、引诱他人实施著作权侵权行为，或在知晓他人侵权行为的情况下，对该侵权行为提供实质性帮助，则构成对著作权的间接侵权。由此可见，间接侵权是适用过错责任原则的。

在网络环境下，网络服务提供商提供的网络接入服务和信息存储服务客观上是侵权行为得以进行、侵权后果得以发生的条件，符合"对他人直接侵权行为提供实质性帮助"，如果权利人能够举证网络服务提供商对于侵权行为的发生或侵权后果的扩大存在过错，那么网络服务提供商则需要承担间接侵权责任。但反之，如果网络服务提供商不知晓他人侵权行为的存在，即不存在主观过错，在其行为不构成间接侵权。

电子商务经营中可能产生的间接侵权行为有以下几种情形：

① 销售的数字化商品包含侵权信息。电子商务企业在销售数字化产品时虽然已经取得著作权人的授权，但作品本身包含了侵权因素，从事销售的企业也可能因此要承担连带责任。尽管企业可能不知道正在销售的商品为侵权商品，但它应承担"注意"义务，否则要对侵权负连带责任。

② 网络服务提供商的间接侵权责任。网络服务提供商（Internet Service Provider, ISP）为网络作品提供了大量的存储空间（甚至是免费的），在这个过程中，

ISP 不可能对每一个使用其存储空间用户的作品内容进行审查,不可避免地会出现一些空间使用者侵犯他人著作权的现象。在这种情况下,个人侵权者是不容易被找到的,著作权人只能找 ISP 说理,而 ISP 也会面临承担间接侵权责任的风险。

❂【案例直击】

侵犯音频著作权,被判赔偿 500 万元

《三体》是国内外具有影响力的科幻小说之一,因未经授权传播《三体》有声小说,法院对帮助侵权的荔枝 App 开出高额赔偿。近日,上海知识产权法院对深圳市腾讯计算机系统有限公司(简称"腾讯公司")起诉广州荔支网络技术有限公司(荔枝 App,简称"荔支公司")侵犯《三体》著作权案作出二审判决。

法院认定,《三体》具有很高的商业价值,荔枝 App 上有大量《三体》音频,有些音频的标题中有"三体""刘慈欣"等字样,且有连续多集,荔支公司容易识别出此类音频是侵权音频。对于独家主播等有影响力的主播,荔支公司对其播出的内容有更高的注意义务。荔支公司明知或者应知其平台主播传播侵权音频,未采取制止侵权的必要措施,构成帮助侵权,应承担相应的民事责任。

一审法院综合考虑涉案作品知名度高、侵权规模大及持续时间较长、主观过错明显等因素,判决荔支公司赔偿 500 万元。二审法院维持原判。

案例思考:数字经济对文化创意产业业态的影响巨大,知名作品更是为平台带来了巨大流量。对知名度较高的作品,平台应履行更高注意义务。

❂【实务拓展】

网络服务提供商侵权认定的避风港原则

发生著作权侵权案件时,若网络服务提供商(ISP)只提供空间服务而不制作网页内容,被告知侵犯著作权后,履行了删除的义务,则不视其为侵权。如果侵权内容既不在服务器上存储,又没有被告知哪些内容应该删除,则 ISP 不承担侵权责任。

由此可见,"避风港原则"为 ISP 确定了可以采取"通知 + 删除"的规则,以避免承担间接侵权责任。

③ 网络链接指向著作权侵权内容。电子商务经营者的网站或网页往往设置大量的链接,如果这些链接指向的被链接方的网页上含有侵犯他人著作权的内容,那么设链接者就有可能被认为是他人著作权侵权行为的协助者而承担间接侵权责任。

❈ 【案例直击】

深度链接是否属于侵害信息网络传播权中的"提供行为"？

原告梦某公司取得对涉案影片的公开播映权及公开传播权、独家广告经营权收益权、独家单独进行维权的权利以及上述所有权利的转授权。原告发现泰安某电子商务有限公司通过其所经营的微信公众号"券某某优惠平台"及其所链接的侵权网站"影视 XX‑ 券某某"直接提供了涉案电影在线播放服务，构成对原告涉案影片信息网络传播权的侵害，故向法院提起诉讼。

二审法院认为，从查看源代码显示的播放网址可以确认，泰安某电子商务公司在播放时虽然没有发生跳转，但实际采取视频解析技术即深层链接的技术手段，在不改变页面地址栏所显示域名的情况下，实际链接引入了第三方网站视频对案涉影片进行播放，这一行为实质打破了原网站、权利人对作品播出范围的控制，改变了作品的目标用户群体和传播范围，违背了权利人对作品进行控制的意志，使得被链网站中的作品突破网站自身域名、客户端等限制范围而扩散传播，不合理损害了权利人对作品享有的合法权益，应当承担侵权赔偿责任。

案例思考：随着互联网技术发展，网络环境下侵犯知识产权的行为越来越隐蔽。本案认定判断深度链接是否属于侵害信息网络传播权中的"提供行为"应采法律标准说，充分体现了网络著作权保护中利益平衡原则。

④ 电子商务平台经营者共同侵权。电子商务平台经营者的共同侵权责任问题一直是一个热点问题，司法系统也就此进行了很多深入的研究和探讨，目前仍然适用通行的"避风港原则"和"红旗原则"。

在电子商务中，知识产权人认为其知识产权受到侵害的，有权通知电子商务平台经营者，电子商务平台经营者接到通知后，应当及时采取删除、屏蔽、断开链接、终止交易和服务等必要措施，并将该通知转送平台内经营者，这样一来就可以援引"避风港原则"进行规避、减轻侵权责任风险。

若未及时采取必要措施的，对损害的扩大部分与平台内经营者承担连带责任。但是，因通知错误造成平台内经营者损害的，应依法承担民事责任；而恶意发出错误通知，造成平台内经营者损失的，加倍承担赔偿责任。

"避风港原则"适用上唯一的例外就是"红旗原则"。"红旗原则"简单来说其实就是如果侵犯信息网络传播权的事实是显而易见的，明显得像红旗一样招展。电子商务平台经营者对这一切就不能视而不见，或借口不知道已经侵犯了他人的权利来推脱自己的责任。如果是这种情况，就算不移除链接，且知识产权权利人也未曾出过任何通知，都可以断定电子商务平台经营者是明知平台内经营者已经侵犯了他人权利，没有尽到"删除"义务，则根据"红旗原则"构成共同侵权，承担连带责任。

【实务拓展】

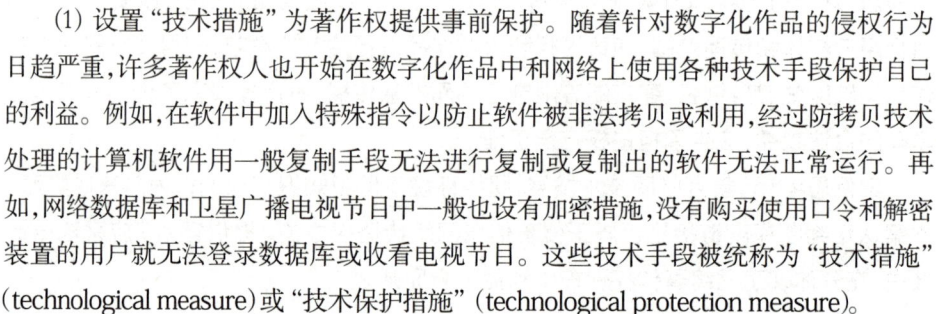

电子商务平台经营者共同侵权风险的规避

根据《电子商务法》的规定，电子商务平台经营者应当建立知识产权保护规则，与知识产权权利人加强合作，依法保护知识产权。例如，阿里巴巴国际站就设置了知识产权保护系统，该系统可以接受知识产权的投诉，并要求平台内经营者在接到投诉后及时处理，包括提出反诉通知或删除商品。如果平台内商家不予处理，则阿里巴巴国际站有权下架该商品、删除商品链接甚至关闭店铺。

上述的"避风港原则"和"红旗原则"适用于电子商务平台经营者知识产权共同侵权责任的认定，下文在商标权及专利权的侵权责任认定中不再赘述。

3. 电子商务中的著作权保护

（1）设置"技术措施"为著作权提供事前保护。随着针对数字化作品的侵权行为日趋严重，许多著作权人也开始在数字化作品中和网络上使用各种技术手段保护自己的利益。例如，在软件中加入特殊指令以防止软件被非法拷贝或利用，经过防拷贝技术处理的计算机软件用一般复制手段无法进行复制或复制出的软件无法正常运行。再如，网络数据库和卫星广播电视节目中一般也设有加密措施，没有购买使用口令和解密装置的用户就无法登录数据库或收看电视节目。这些技术手段被统称为"技术措施"（technological measure）或"技术保护措施"（technological protection measure）。

"技术措施"的优越性在于：它们是一种"防患于未然"的事前预防措施，从根本上切断了未经许可使用、复制和传播作品的途径。因此，在保护效果上较在侵犯著作权行为发生后再寻求法律救济的方法理想得多。

（2）通过行政执法快速维权。国家版权局以及县级以上地方主管著作权的部门，对于侵犯著作权同时又损害公共利益的违法行为有权责令侵权人停止侵权行为，没收违法所得，没收、销毁侵权复制品，并可处以罚款；情节严重的，著作权行政管理部门还可以没收主要用于制作侵权复制品的材料、工具、设备等。著作权的行政执法途径相比其他维权方式具有快速、高效、成本低的优势。2009 年，国家版权局为规范著作权行政管理部门的行政处罚行为，保护公民、法人和其他组织的合法权益，根据《中华人民共和国行政处罚法》《著作权法》和其他有关法律、行政法规，颁布了《中华人民共和国著作权行政处罚实施办法》。

【法条速递】

本办法所称的违法行为是指：

（一）著作权法第四十七条[①]列举的侵权行为，同时损害公共利益的；

① 最新修订的《著作权法》第五十二条。

（二）《计算机软件保护条例》第二十四条列举的侵权行为,同时损害公共利益的;

（三）《信息网络传播权保护条例》第十八条列举的侵权行为,同时损害公共利益的;第十九条、第二十五条列举的侵权行为;

（四）《著作权集体管理条例》第四十一条、第四十四条规定的应予行政处罚的行为;

（五）其他有关著作权法律、法规、规章规定的应给予行政处罚的违法行为。

——《中华人民共和国著作权行政处罚实施办法》第三条

本办法列举的违法行为,由侵权行为实施地、侵权结果发生地、侵权制品储藏地或者依法查封扣押地的著作权行政管理部门负责查处。法律、行政法规另有规定的除外。

侵犯信息网络传播权的违法行为由侵权人住所地、实施侵权行为的网络服务器等设备所在地或侵权网站备案登记地的著作权行政管理部门负责查处。

——《中华人民共和国著作权行政处罚实施办法》第五条

（3）依据平台规则投诉。为响应国家对知识产权保护的要求,加强对著作权的保护,各大电商平台均制定了相应的规则和流程,可以为著作权权利人提供全流程、便捷、透明的举报投诉服务。保护电子商务知识产权有利于增强各电商的竞争力,有利于创造互联网行业发展的良好环境。

❌【实务拓展】

淘宝网知识产权保护平台操作步骤

（1）登录淘宝网知识产权保护平台进行注册。

（2）在收到"欢迎您成功注册淘宝知识产权保护平台"的邮件后登录平台。

（3）提交知识产权权属证明,填写相关知识产权信息。

（4）单击"承诺函预览",打印"投诉函"并签字盖章。

（5）知识产权验证通过之后,单击"发起投诉"。

（6）查询处理结果,处理反通知。待投诉方回应反通知的状态,需要单击"查看申诉"进行回应,2个工作日不处理,系统默认为撤销投诉。针对会员提出的反通知,可选择"撤诉"或者"申请淘宝介入"。若撤诉,投诉处理完毕;若申请淘宝介入,同样可通过"我的投诉单"查询最后投诉结果。

（7）对于合格的投诉,淘宝将会在投诉进入处理流程后3~10个工作日内处理完毕。

（4）提起民事诉讼。未经著作权人同意,又无法律上的依据,对于使用他人作品或行使著作权人专有权的行为,被侵权人可以依法提起民事诉讼,根据具体情况有权要求侵权人承担停止侵害、消除影响、赔礼道歉、赔偿损失等民事责任。

6.3
电子商务中商标权的法律保护

6.3.1　商标与商标权

1. 商标

商标是区分商品或服务来源的商业标记，是品牌的法律载体，也就是通常所说的"牌子"。《中华人民共和国商标法》（简称《商标法》）第八条规定："任何能够将自然人、法人或者其他组织的商品与他人的商品区别开的标志，包括文字、图形、字母、数字、三维标志、颜色组合和声音等，以及上述要素的组合，均可以作为商标申请注册。"简单来说，就是保证生产者、经营者及他们的商品或服务的唯一性，从而与他人商品、服务相区分，而这个区分的标志就是商标。

商标可以根据不同的标准进行分类，对于不同类型的商标，获得注册的条件与法律的保护手段有差异。

（1）按照商标的可视性分为可视性商标和非可视性商标。可视性商标是指可以通过视觉感知的商标，绝大多数商标都是可视性商标。例如，厂商通过在自己生产的冰激凌上使用本品牌的商标，就能使消费者将其提供的冰激凌与其他厂商生产的冰激凌区分开来。事实上，仅能通过听觉或嗅觉感知的标志也能起到区分商品或服务来源的作用，比如一段由狗吠构成的声音已被注册为油漆商标。

（2）按照商标的二维形态和三维形态，可将可视性商标分为平面商标和立体商标，平面商标又分为文字商标、图形商标和组合商标三种。文字商标是指由纯文字符号构成的商标。文字可以包括语言文字、字母和数字。例如，"TCL"是由字母组成的文字商标，"3721"是由数字组成的文字商标。

图形商标是指由图形构成的商标。例如，京东公司的卡通小狗图形商标，以及浙江天猫网络有限公司的猫头商标。

组合商标是指用"文字、图形、字母、数字、三维标志和颜色"六要素中任何两种或两种以上的要素组合而成的商标，比如，肯德基的商标就是由字母和图形还有颜色组合在一起的组合商标，电子商务型网站 1 号店是由字母、数字和图形组合在一起的商标。

立体商标是指由三维标志或者含有其他标志的三维标志构成的商标。比如，麦当劳线条非常圆滑的大"M"，"凯迪拉克"汽车的张开双臂。

【实务拓展】

如何区分 TM 与 ®？

"TM"常见于国外商标，它是英文"trade mark"的缩写，"trade mark"的中文意思是"商业标记"，所以"TM"的意思就是"商标"，它的作用就是告诉人们，它所标注的图形或文字是这种商品或服务的商标，不是名称也不是广告宣传。

而"R"是英文"register"的缩写，"register"的中文意思是"注册"，商品或服务打上这个标记，就是告诉人们，它所标注的图形或文字不但是商标，而且还是注册商标，受到国家法律的保护，未经授权，其他任何个人和组织都不能擅自使用。

(3) 按商标的使用者分类又可分为制造商标和销售商标。制造商标用于区分商品的制造者，而销售商标用于识别商品的销售者。制造商标比如计算机上使用的"IBM""Lenovo"等用于识别计算机的制造商。销售商标可以用来宣传自己的商业信誉，比如，英国最大的"马莎"超市（Marks & Spencer）中诸多鞋子、袜子等小商品均印上了"马莎"商标，但是这些商品不是"马莎"超市自己制造的，而是由制造商供货，由"马莎"超市进行销售。此时，这些商品上的"马莎"商标就是销售商标。

2. 商标权

商标权是商标专用权的简称，是指商标主管机关依法授予商标所有人对其注册商标受国家法律保护的专有权。我国《商标法》对其获取途径做了规定，严格规范了注册程序，并确立了申请在先原则。

【案例直击】

真假"老干妈"对簿公堂

贵阳南明老干妈风味食品有限责任公司在1994年推出了以"老干妈"为商品名称的风味食品，其中以"老干妈"风味豆豉最受欢迎。该公司使用自己设计的包装瓶瓶贴，用在风味豆豉的外包装上，随后又申请了外观设计专利。1997年，湖南华越食品公司开发生产的"川南干妈"风味豆豉，使用的瓶贴与"贵阳老干妈"的瓶贴色彩、图案、产品名称及"老干妈"字体都相同（见图6-1），且不久也申请了与"贵阳老干妈"相似的外观设计专利。贵阳老干妈将商标评审委员会诉至法院，称商评委核准的"川南干妈"商标与"老干妈"商标在构成要素、含义、整体外观等方面均无显著差别，且指定使用在"调味品、辣椒油"等相同类似商品上，构成指定使用在类似商品上的近似商标。法院判决：贵阳"老干妈"胜诉，湖南"川南干妈"停止在风味豆豉产品上使用"老干妈"商品名称，并停止使用与贵阳"老干妈"风味豆豉瓶贴近似的瓶贴,赔偿贵阳"老干妈"经济损失 40 万元。

案例思考:贵阳"老干妈"能获胜是因为有较强的品牌保护意识,较早将自己的产品申请了专利,并注册了商标,该案例充分体现了商标专用权及申请在先原则。

(a)贵阳"老干妈"　(b)湖南"川南干妈"

图 6-1　贵阳"老干妈"与湖南"川南干妈"

微课:
电子商务中
的商标侵权
与保护

6.3.2　电子商务中的商标侵权与保护

在电子商务环境中,商品和商标以及服务不能在同一时间和空间呈现,网络商业领域本身就比较复杂,因此对于商标侵权的辨认就变得更不容易了。

1. 电子商务中商标侵权的特征

由于电子商务的特殊性,其商标侵权的形式也具有多样性。

第一,商标抢注打破了地域性的限制。在互联网的电子商务平台上,有国内和国际电子商务企业,虽然传统的商标权有地域上的限制,但是电子商务平台上商标侵权没有国家和国家间的地域限制,因此就出现了很多国际性的商标侵权现象,归根结底是由于电子商务平台的跨地域性导致的。

第二,新的侵权手段层出不穷,恶意投诉成为主要的侵权方式。在互联网环境中,电子商务商标侵权也有自己的特有方式,侵权手段呈现出多样化的趋势,比如商标抢注、恶意投诉等。

第三,商标权专用性错综复杂。在实体交易环境下,比如,对于金龙鱼食用油和金龙鱼方便面,人们很容易就能区分开。但是,如果在电子商务平台中,可能只出现"金龙鱼"一个商标标识,这就可能会造成商标混淆,只根据"金龙鱼"三字难以分清它是属于哪家的商标。

 【法条速递】

有下列行为之一的,均属侵犯注册商标专用权:

(一)未经商标注册人的许可,在同一种商品上使用与其注册商标相同的商标的;

（二）未经商标注册人的许可，在同一种商品上使用与其注册商标近似的商标，或者在类似商品上使用与其注册商标相同或者近似的商标，容易导致混淆的；

（三）销售侵犯注册商标专用权的商品的；

（四）伪造、擅自制造他人注册商标标识或者销售伪造、擅自制造的注册商标标识的；

（五）未经商标注册人同意，更换其注册商标并将该更换商标的商品又投入市场的；

（六）故意为侵犯他人商标专用权行为提供便利条件，帮助他人实施侵犯商标专用权行为的；

（七）给他人的注册商标专用权造成其他损害的。

——《中华人民共和国商标法》第五十七条

2. 与实物商品相关的商标使用侵权

（1）通过电子商务方式销售假冒商品。侵权人直接在电子商务平台上销售标有"真品"商标的假冒伪劣商品。侵权人打着"真品"的幌子欺骗消费者，以极低的价格利诱消费者而换取高额利益，同时损害了消费者和商标权利人的权益。

【案例直击】

销售假冒注册商标的商品获刑事判决

被告人罗某某租赁南京市雨花台区的某处房屋作为办公地点和仓库，通过淘宝网开设了名为"haohaohao""bbklkj""luoqiang6688""一加一批发公司88"的4家网店，出售印有"BBK"及"OPPO"商标的耳机、充电器、数据线等物品。公安机关在被告人罗某某租用的房屋内查获大量尚未出售的印有"BBK"及"OPPO"商标的耳机、数据线、手机充电器等。经鉴定，6 398副耳机、2 906条数据线、3 429个手机座充为假冒注册商标的商品，合计价值人民币155 719.90元。公诉机关认定，被告人罗某某系犯罪未遂。庭审中，经与实物比对，涉案商品标识与广东某电子工业有限公司、广东某通讯有限公司的同类商品在注册商标外观上完全一致，均为假冒注册商标的商品。被告人罗某某犯销售假冒注册商标的商品罪，判处有期徒刑一年八个月，宣告缓刑二年，并处罚金人民币78 000元。

案例思考：对于销售商标侵权产品，按照《商标法》《消费者权益保护法》的规定进行处罚。销售假冒伪劣产品构成犯罪的，依据《刑法》规定追究刑事责任。

公安机关将依法打击网上侵权假冒犯罪，切实保障广大消费者和各类市场主体合法权益，全力维护公平竞争的市场秩序。

(2) 通过电子商务形式销售平行进口商品。商标平行进口(Trademark Parallel Imports)是指未经进口国商标权所有人或者其授权人的同意,进口同一商标权利人或者其被许可人在国外销售的商标产品在国内销售的行为。

侵权人直接在电子商务平台上销售平行进口商品,虽然是所谓的"正品",但按照权利人经营管理的需要和与各自经销商的契约约定,这些商品应在其他国家的市场上进行销售,这就打破了各品牌的正常渠道分配模式。

在判断商标平行进口时,要注意以下两个要点:

第一,平行进口商品≠假冒商品。商标平行进口的产品为经过合法授权的真品。商标平行进口商品必须是经过商标权人合法授权而生产的产品,在商品上粘贴和标注商标标识的行为也必须是经过商标权人进行相应授权的。也就是说,商标平行进口商品的来源一定是合法的。

第二,平行进口产品≠走私产品。商标平行进口的产品都是经商标权人授权生产和投放市场之后由进口商通过合法的途径购买的,并且进口商进口该商标产品是通过进口国海关办理相应的清关手续同时缴纳关税后进入进口国市场的。

跨境电商中的平行进口有两种类型:海外代购和自营直采。

① 海外代购。海外代购是指进口国的买家通过个人或机构从海外市场购买商品,通过邮寄或直接携带的方式收货的一种购物模式。海外代购目前多采取电子商务形式,又可以分为职业私人代购和企业代购,前者一般是在电商平台上注册成立店铺,对外销售现货或应买家要求采购后销售境外商品,后者一般是直接在进口国成立企业,主营境外代购,如亚马逊等。

② 自营直采。网易考拉海购采用的就是自营直采模式,它以自营模式为主,并在美国、意大利、澳大利亚、日本、韩国等国家和中国香港地区设置了分公司和办事处,通过深入产品的原产地,对产品品质进行检验,具有较强的质量控制能力,用户能直接与平台进行沟通,交互性更强。

平行进口问题是一个十分复杂的问题。目前我国立法上没有关于平行进口的规定,国际条约中也没有相关规定认定平行进口是商标侵权行为,但是在实践中,平行进口对与商标权人来说是不利的,但是确有利于公共利益。对于平行进口和违约销售的商品是否侵犯商标权,在司法实践中,多数法院或执法机关对此持较为保守的态度,即不轻易认定侵权。但也有根据是否具有"实质性差异"作为侵权判定的依据。简单来说,就是进口的商品本身的质量、形状在来源国和进口国存在实质性差异,那么商标权人依然可能有权禁止在进口商品上使用该标识,而没有获得商标权人许可的进口行为就会被判定为侵权。这样做的主要理由是防止消费者对商品的质量和来源产生误认和混淆。

【案例直击】

商标平行进口侵权的判定

上海市第二中级人民法院在原告维多利亚的秘密商店品牌管理公司诉被告上海锦天公司侵害商标权及不正当竞争纠纷案(2013年)中认为,被告销售的被控侵权商品系来源于原告的母公司 LBI 公司。根据现行的《商标法》第五十七条第(三)项规定,销售侵犯注册商标专用权的商品的,属于侵犯注册商标专用权的行为。而在本案中,被告销售的商品是正牌商品,不属于侵犯原告注册商标专用权的商品,不存在会使相关公众产生误认的情形,因此,不构成商标侵权。

但对于某些商品和案件,法院也有可能考虑考虑更多的因素。长沙市中级人民法院在原告米其林集团总公司诉被告个体工商户侵害商标权纠纷案(2009年)中认为被告销售的轮胎产品标注了米其林商标,但是改变了轮胎的速度级别,以低速度级别的轮胎冒充高速度级别的轮胎属于以次充好和对消费者进行欺诈的行为,同时,将不属于 Y 级轮胎标记为高等级的 Y 级轮胎,使相关公众误认为该 Y 级轮胎为原告生产的同级轮胎,破坏了商标注册人、注册商标和商品的真实联系。不仅使消费者对于产品的来源产生混淆,也危及了商标注册人对于产品质量保证产生的信誉,构成商标侵权。

【实务拓展】

跨境电商商标平行进口风险规避

一是确保从合法渠道进口商品,严格遵守报关流程;

二是评估并避免平行进口商品的"实质性差异",保持进口商品的原始状态,谨慎加贴中文标签;

三是为降低或避免消费者对商品来源的混淆,在必要时,可在网页、宣传页、产品包装等地方向消费者展示商品来源加以说明;

四是合理使用商标权人的商标,在未得到商标权人授权的情况下,应注意产品销售过程中商标使用行为是否会给国内商标权人带来不利影响。

利民惠民的汽车平行进口

汽车平行进口是指没有经过品牌厂商授权,贸易商从海外市场购买并引入中国市场进行销售的汽车。自 2014 年 10 月起,商务部会同相关部门在部分地区开展汽车平行进口试点。近 5 年来,试点范围逐步扩大,相关政策措施不断完善,试点工作取得了积极成效,形成了一批可复制的推广经验,有效满足了多样化、多层次的消费者需求。2019 年,商务部等七部门印发了《关于进一步促进汽车平行进口发展的意见》,提出推进汽车平行进口工作常态化制度化。截至 2023 年年底,各地试点企业累计平行进口汽车 88.2 万辆,剔除降税因素,大部分中高端车型价格下降 15% 以上,部分超过 30%,平行进口车型超过 200 款,有 50 多款是国内没有的车型。

汽车平行进口正在打破传统汽车进口的狭窄渠道,使消费者有了更多的选择,汽车进口成本、价格双双下降,让消费者花更少的钱享受更优质的产品,这是深化改革、扩大开放的新实践,凸显了利民惠民的政策倾向。

案例思考:为了进一步扩大开放,促进电子商务的发展,我国出台了系列优惠政策,请举一例说明这些政策对老百姓的生活产生了怎样的影响。

3. 与交易信息相关的商品使用侵权

(1) 将他人商标作为商品搜索关键词。侵权人使用他人商标作为域名并从事相关商品的电子商务活动,或者使用他人的商标作为搜索关键词或网页关键词。例如,使用他人的商标作为自己网页的关键词,或通过搜索引擎提供的竞价排名,实现他人的商标与自己网站的关联。

此类问题目前在多数案件中被认定为属于侵权行为。权利人可以通过网络服务提供商(ISP)投诉等途径进行维权。

【案例直击】

搜索引擎中设置他人商标为关键词构成侵权

原告 A 公司是“莘某教育”商标的所有权人,在重庆地区教育培训类行业具有一定的知名度和影响力。某天,原告发现在百度搜索引擎中分别搜索“莘某”“莘某教育”两个关键词,显示在搜索页面排名第一的搜索结果为 B 公司的网站信息,起诉了 B 公司。

原告认为,被告在百度推广的关键词中设置“莘某”“莘某教育”关键词,侵害了原告的商标权且构成不正当竞争,遂诉至法院,要求 B 公司停止商标侵权及不正当竞争行为、消除影响并赔偿原告经济损失及合理费用。案涉关键词的相关链接已经被百度公司删除。

法院审理后认为,B 公司设置"莘某""莘某教育"作为关键词是否侵犯 A 公司的商标权,应考虑该链接搜索内容是否起到识别商品或服务来源的作用,使公众对"莘某""莘某教育"与 B 公司产生混淆,构成商标性使用。判决被告立即停止侵权、消除影响并赔偿经济损失及合理费用共计 2 万元。

案例思考:中国企业在互联网时代的竞争已从传统线下渠道延伸至数字空间,任何利用技术手段"寄生"在他人品牌流量上的行为都将面临法律严惩。对中小企业而言,合规经营不仅是道德要求,更是生存底线。

(2) 将他人商标用于网店的装修或宣传。侵权人在某一电子商务平台开设网店,使用他人的注册商标作为网店的名称、网店招牌、网店装饰并以该商标作宣传;在网店内陈设的商品链接标题中使用他人的注册商标;在商品介绍中使用他人的注册商标。

对于如何处理此类问题,在实践中,一方面是收集证据向该电子商务平台提出投诉,电子商务平台会依据不同情况采取删除链接、关闭店铺的措施。另一方面,对于侵权十分严重的情况,权利人可以向法院提出民事侵权诉讼或者向公安机关报案。

图 6-2 中的商品品牌是"其他",但是信息标题中包含了"诺缇娜""雪肌精"等多个商标关键词,则可能被这些品牌的权利人投诉,构成商标侵权。

图 6-2 可能构成商标侵权的品牌

将他人注册商标、未注册的驰名商标作为企业名称中的字号使用，误导公众，构成不正当竞争行为的，依照《中华人民共和国反不正当竞争法》处理。

——《中华人民共和国商标法》第五十八条

4. 电子商务商标权保护

针对电子商务运营过程中的商标侵权行为，可以采用以下三种途径进行商标知识产权保护。

（1）注册商标，主动保护。商标注册是对自我品牌、商品、服务的一种法律保护手段，建立在商标权利基础上的品牌，能有效防止品牌被他人恶意盗用、侵权等行为。

我国《商标法》第四条第一款规定："自然人、法人或者其他组织在生产经营活动中，对其商品或者服务需要取得商标专用权的，应当向商标局申请商标注册。"未注册商标处于无法定权利保障的状态，随时可能因他人相同或近似商标的核准注册而存在被禁止使用的风险。商标通常只有核准注册后才能享有独占使用权，获得法律保护。

企业只有具备商标意识，及早制定品牌战略，增强商标注册意识，构建自己的商标体系，实行商标全面注册，才能从容应对商标抢注。

商标抢注，顾名思义就是商标的"抢先注册"，是指商标注册申请人抢先将他人已经使用但尚未注册的商标或近似商标在相同或类似商品（或服务）上申请注册的行为，以及将他人已为公众熟知的相同或近似商标在非类似商品（或服务）上注册的行为。

【德技并修】

恶意抢注商标　违背诚实信用原则

福建蜡笔小新儿童用品有限公司（简称蜡笔小新公司）于 2010 年 7 月 26 日向国家工商总局商标局申请注册第 8511309 号 FIVEGUY 商标（简称诉争商标）。该商标于 2011 年 8 月 28 日被核准注册，核定使用商品为第 30 类咖啡、茶、谷类制品、调味品、豆浆、冰激凌。商标专用权期限至 2021 年 8 月 27 日。

2014 年 1 月 8 日，五兄弟控股有限公司（简称五兄弟公司）提出对诉争商标的无效宣告申请，主要理由为：诉争商标的注册侵犯了其商号权，属于抢先注册他人在先使用并有一定影响商标的行为，违反了《商标法》的规定；同时，蜡笔小新公司违背了诚实信用原则，造成不良社会影响，违反了《商标法》第十条第（八）项规定。2015 年 8 月 28 日，商标评审委员会出被诉裁定，对诉争商标予以无效宣告。

蜡笔小新公司不服被诉裁定,诉至北京知识产权法院。法院经审理认为,蜡笔小新公司注册的诉争商标与五兄弟公司具有较高知名度的商号、商标完全相同,且其法定代表人张秋龙作为商标从业人员注册诉争商标难言善意。特别是除诉争商标外,原告还申请注册了包括与他人在先使用的知名商标相同或相似的起亚、联通、外交官 diplomat、人人网、去哪儿 Qunar 等在内的 270 件商标,并通过好标网对多件商标进行高价转让。因此,蜡笔小新公司缺乏真实使用意图,具有囤积商标、复制抄袭他人知名商标的主观恶意。该行为不仅会导致相关公众对商品来源产生混淆误认,更会妨碍正常的商标注册管理秩序,损害公平竞争的市场秩序,已构成《商标法》第三十二条所指以"以不正当手段抢先注册他人已经使用并有一定影响的商标"的情形。

本案明确了凡是具有超出正常经营范围大量囤积注册商标的行为、非以使用为目的的商标注册行为、大量注册在先知名度较高或独创性较强商标的行为以及对多件商标进行高价转让获取高额利润的行为,均属于《商标法》所禁止的以"以不正当手段抢先注册他人已经使用并有一定影响的商标"并扰乱商标注册秩序、损害公共利益、不正当占用公共资源的情形。

案例思考:以小组为单位,请分析案例中蜡笔小新公司恶意抢注商标的行为给社会带来哪些不良影响。

(2) 寻求行政保护。商标侵权会使消费者受骗上当,损害了公共利益,因此,我国现行商标法规定,商标专用权受到侵犯时,权利人可寻求行政保护。

《商标法》第六十条规定,对于侵犯注册商标专用权的行为,"商标注册人或者利害关系人可以向人民法院起诉,也可以请求工商行政管理部门处理。工商行政管理部门处理时,认定侵权行为成立的,责令立即停止侵权行为,没收、销毁侵权商品和主要用于制造侵权商品、伪造注册商标标识的工具,违法经营额五万元以上的,可以处违法经营额五倍以下的罚款,没有违法经营额或者违法经营额不足五万元的,可以处二十五万元以下的罚款。对五年内实施两次以上商标侵权行为或者有其他严重情节的,应当从重处罚。销售不知道是侵犯注册商标专用权的商品,能证明该商品是自己合法取得并说明提供者的,由工商行政管理部门责令停止销售。"

(3) 积极诉讼,寻求司法保护。《商标法》同时规定了对工商行政部门处理结果不服的,可以申请司法救济,商标权人可向人民法院提起民事诉讼,向人民法院申请证据保全、财产保全等临时性保护措施,也可向法院申请诉前禁令,即在起诉之前先采取措施,防止商标侵权继续进行,该项规定反映了对商标侵权行为司法救济制度的加强。

2020 年 4 月 15 日,针对近年来涉电子商务平台知识产权恶意投诉频发,损害平台经营秩序,浪费司法资源的现象,最高人民法院发布了《关于全面加强知识产权司法保护的意见》,强调既要依法免除错误下架通知善意提交者的责任,督促和引导电子商务平台积极履行法定义务,促进电子商务的健康发展,又要追究滥用权利、恶意投诉等行为人的法律责任。

**【案例直击】**

阿里巴巴诉恶意投诉知识产权代理公司

2017年2月7日，阿里巴巴宣布首次针对利用虚假投诉从而骚扰、勒索淘宝商家的恶意知识产权代理公司发出封杀令。杭州某公司在明明知道平台商家不存在假货的情况下，为了谋取利益，恶意投诉平台商家出售假货，严重影响了商家的正常经营。

杭州某公司名义上是一家拥有着正规工商手续的知识产权代理公司，它代理了逾百个品牌，在阿里巴巴知识产权投诉平台代为投诉。阿里巴巴知识产权保护平台上的大数据显示，杭州某公司曾在该平台上投诉过数千个卖家，投诉范围涉及女装、运动鞋、化妆品等上百个品牌，其中不少商家都能举证证明自己并没有出售假货。初步估算，从2015年年初到2016年，已经有大约5 000商家、超过20 000个商品链接遭到虚假投诉，给商家造成经济损失高达上千万元。2017年2月14日，阿里巴巴率先向北京市东城区法院递交诉状，以商标权侵权以及不正当竞争为由向杭州某公司等索赔110万元，并要求其公开道歉，为自己所造成的损失负责。法院判决被告于本判决生效之日起，立即停止涉案不正当竞争行为。

案例思考：杭州某公司的这种行为不仅仅违反了诚信的原则，也丧失了基本的商业道德，而且造成了阿里巴巴投入的保护知识产权资源的浪费，扰乱了正常经营秩序和公平竞争环境。

6.4
电子商务中专利权的法律保护

6.4.1 专利与专利权

1. 专利

专利，英文为Patent，含有"垄断"和"公开"的意思。专利一词包含了三层含义：① 指专利权人对某项发明创造所享有的专利权；② 指取得专利权的发明创造；③ 指记载发明创造内容的专利文献，如说明书、摘要及其权利要求书等。通常情况下，专利是专利权的简称，它是由国务院专利行政部门依据申请所颁发的一种文件。

微课：
电子商务中
的专利权侵
权行为

【实务拓展】

何为发明创造？

发明创造是指发明、实用新型和外观设计。

发明，是指对产品、方法或者其改进所提出的新的技术方案。

实用新型，是指对产品的形状、构造或者其结合所提出的适于实用的新的技术方案。

外观设计，是指对产品的整体或者局部的形状、图案或者其结合以及色彩与形状、图案的结合所做出的富有美感并适于工业应用的新设计。

2. 专利权

专利权是指一项发明创造向国家专利行政部门提出专利申请，经依法审查合格后，向专利申请人授予的在规定时间内对该项发明创造享有的专有权。

（1）专利权的内容。专利权的内容是指专利权人依法取得专利后所享有的权利。主要包括：

① 专有权，是指专利权人在专利有效期限内享有独占制造、使用和销售专利产品或使用专利方法的权利。

② 转让权，是指专利权人享有将其专利申请权或者专利权依法转让给他人并获取报酬的权利。

③ 许可权，是指专利权人享有依法许可他人实施其专利，并获取专利使用费的权利。

④ 标记权，是指专利权人享有在专利产品或者该产品的外包装上标明专利标记和专利号的权利。

（2）专利权的限制。

① 专利权保护的时间限制。专利权人对发明创造享有专有权是有期限的。期限届满，任何人都可以不经许可并无偿使用。

【法条速递】

发明专利权的期限为二十年，实用新型专利权的期限为十年，外观设计专利权的期限为十五年，均自申请日起计算。

——《中华人民共和国专利法》第四十二条第一款

② 专利权保护的地域限制。依照一国专利法所获得的专利，只有在该国法律保护的范围内才享有专有权。除缔结或参加的国际条约另有规定外，专利权没有域外效力。

③ 专利权的强制许可。强制许可是指国务院专利行政部门在法定的情形下，不

经专利权人许可,授权他人实施发明或者实用新型专利的法律制度,取得实施强制许可的单位或者个人应当付给专利权人合理的使用费。具体包括以下三种形式:

一般强制许可,是指具备实施条件的单位以合理的条件请求发明或实用新型专利权人许可实施其专利,而未能在合理长的时间内获得这种许可时,国务院专利行政管理部门根据该单位的申请,给予该发明专利或者实用新型专利的强制许可。

特殊强制许可,是当法律规定的特殊情况出现时,为了国家和社会公共利益,专利局有权决定对专利权人的专利给予强制许可使用,以维持社会的稳定和保障公众的利益。

交叉强制许可,是指一项取得专利权的发明或实用新型比前已经取得专利权的发明或实用新型具有显著经济意义的重大技术进步,其实施又依赖于前一发明或实用新型的实施,国务院专利行政管理部门根据后专利权人的申请可以给予实施前发明或实用新型的强制许可,在给予后专利权人实施情况下,国务院专利行政管理部门根据前专利权人的申请,也可以给予实施后发明或实用新型的强制许可。

6.4.2　电子商务中的专利侵权与保护

1. 电子商务中的专利侵权行为

在电子商务领域,侵犯专利权的行为主要表现为:

(1) 通过电子商务方式销售、许诺销售侵犯他人专利权的商品。许诺销售,是指以做广告、在商店橱窗中陈列或者在展销会上展出等方式作出销售商品的意思表示。侵权人未经专利权人许可,直接在电子商务交易平台销售、许诺销售专利产品,是电子商务领域中主要的专利侵权行为。

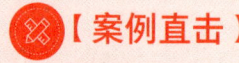 【案例直击】

晨光诉得力外观设计专利侵权案

晨光公司发现得力公司制造并销售的得力思达波普风尚 A32160 中性笔与其外观设计专利产品"笔 (AGP67101)"属相同产品,且外观设计近似,济南坤森有限责任公司 (以下简称坤森公司) 在天猫商城许诺销售、销售该产品。晨光公司认为,得力公司、坤森公司的行为构成对其专利权的侵犯,故向上海知识产权法院提起诉讼。得力公司辩称,被诉侵权设计采用了与晨光公司外观设计专利不同的色彩和图案,而这种色彩和图案对整体视觉效果会产生重要的影响,故其产品不构成对原告专利权的侵犯。

法院经审理认为,被诉侵权设计与涉案外观设计专利构成近似,被诉侵权设计落入晨光公司外观设计专利的权利要求保护范围。得力公司未经晨光公司许可制造、销售被诉侵权产品的行为,以及坤森公司未经许可销售、许诺销售被诉侵权产品的行为,构成对晨光公司外观设计专利权的侵犯。据此,法院判令得力公司、坤森公司立即停止侵权,得力公司赔偿晨光公司经济损失及合理费用10万元。

案例思考:企业在经营和发展过程中,对新产品的自主研发上应投入更多的精力,对于自身产品的研发过程中涉及的法律风险也应有较为专业的认知,如果认识不足、处理不当,不仅容易构成侵权,也会因此对自己的企业形象造成一定的冲击。

(2)假冒专利行为。在电子商务领域,假冒专利行为通常表现为:侵权人未经许可,在网站页面上将他人的专利号标注在其销售的产品、产品的包装上;未经许可,在网站页面发布的广告或者其他宣传材料中使用他人的专利号、使用伪造或者变造的他人专利证书、专利文件或者专利申请文件,使人将所涉及的技术误认为是他人的专利技术。

我国《刑法》第二百一十六条规定,"假冒他人专利,情节严重的,处三年以下有期徒刑或者拘役,并处或者单处罚金。"作为电子商务从业者应依法经营、诚信经营。

❌【案例直击】

不落入专利权保护范围的仿制药不构成侵权

中外制药株式会社依据《专利法》第七十六条第一款向北京知识产权法院提起药品专利链接诉讼,请求确认温州海鹤公司的"艾地骨化醇软胶囊"仿制药技术方案落入涉案专利权利要求的保护范围。一审法院判决驳回中外制药株式会社的诉讼请求。中外制药株式会社不服,提起上诉。

最高人民法院二审认为,温州海鹤公司未针对保护范围最大的权利要求作出声明,未将声明及声明依据及时通知上市许可持有人中外制药株式会社,其行为有所不当,应予批评;关于仿制药技术方案是否落入专利权利要求保护范围的判断,原则上应当以仿制药申请人的申报资料为依据比对评判;经比对,涉案仿制药技术方案未落入专利权利要求保护范围。遂判决驳回上诉,维持原判。

案例思考:本案系我国首例药品专利链接诉讼案件。2020年修正的《专利法》正式确立了我国的药品专利链接制度,本案判决贯彻立法精神,对实践中出现的药品专利链接制度相关问题进行了有益探索,受到中外媒体和医药界的普遍关注和广泛好评。

(3)以非专利产品冒充专利产品、以非专利方法冒充专利方法。侵权人在电子商务交易平台上销售标有专利标记的非专利产品的;在专利权被撤销或者被宣告无效后、专利权届满或者终止后,继续在电子商务交易平台上销售标有该专利标记产品的,构成冒充专利行为。冒充专利行为虽然并未侵犯他人专利权,但是侵犯了消费者的知情权,也是一种违法行为。

(4)电子商务平台经营者共同的专利侵权。电子商务平台通常对网络商户的侵权行为不具有预见和避免的能力,因此,"避风港原则"和"红旗原则"同样适用于电子商务平台经营者对于电子商务平台内经营者有关专利侵权投诉的处置。电子商务平台经营者在接到权利人的有效通知并采取删除、屏蔽、断开侵权链接等措施,可以受到"避风港原则"的保护。但如果有证据证明电商交易平台"知道或应当知道"其所提供的网络服务存在专利侵权事实,而仍然为侵权行为人提供网络服务或者没有采取必要的措施,则应当与网络商户承担共同侵权责任。

【案例直击】

电商平台专利侵权连带责任的判定

威海嘉易烤生活家电有限公司起诉永康市金仕德工贸有限公司(以下简称金仕德公司)、浙江天猫网络有限公司(以下简称天猫商城)专利侵权案中,被告金仕德公司销售的 3D 烧烤炉落入了原告专利权的保护范围,构成侵权。而天猫公司在接到嘉易烤公司的投诉后,未尽到合理的审查义务,也未采取必要的措施防止损害扩大,扩大了金仕德公司侵权的范围,天猫商城应对金仕德公司赔偿数额的 50 000 元承担连带赔偿责任。

而汪恩光诉福建美之扣家居用品有限公司(以下简称美之扣公司)、天猫商城专利权侵权案件中,虽然被告美之扣公司通过开设于天猫商城的"美之扣旗舰店"销售的榨汁机侵害了汪恩光的实用新型专利权,但天猫商城仅提供平台交易服务,并未销售侵权产品,并在收到法院送达的起诉状后及证据材料后,自行删除了证据保全公证书中列明的侵权产品网址,已经尽到了平台服务者的注意义务,无须承担侵权责任。

案例思考:专利侵权判定有较高的专业性,仅从商品外观无法判定是否为侵权产品,要求电商平台经营者在数量较多的商品中甄别出侵权商品并不现实。因此,《电子商务法》将"通知与移除"规则作为电子商务平台经营者的归责条款进行规定,即电子商务平台经营者在接到权利人发出的符合形式要求的通知,不必初步核实是否侵权,也无论最终是否认定构成侵权,就必须及时采取"移除"等必要措施,否则,不仅将对损害扩大部分承担连带赔偿责任,还将面临高昂的罚款。这是否意味着加重了电子商务平台经营者的知识产权保护责任?

2. 电子商务专利权保护

针对电子商务运营过程中的专利侵权行为,可以采用以下三种途径进行权利保护。

(1)利用规则,及时维权。《电子商务法》第五十九条规定:"电子商务经营者应当建立便捷、有效的投诉、举报机制,公开投诉、举报方式等信息,及时受理并处理投诉、举报。"目前,我国主要的电子商务交易平台均制定发布了平台市场管理与违规处理规范。例如,淘宝网的《淘宝规则》之《淘宝网市场管理与违规处理规范》第三十五条将不当使用他人商标权、著作权、专利权等权利认定为不当使用他人权利行为,淘宝网视情节严重程度可采取下架商品、删除商品、删除店铺相关信息、限制发布商品、监管账户、查封账户等措施。

(2) 创新思路,加强合作。随着电子商务的快速发展,电子商务平台内的专利侵权现象时有发生。相比传统的专利侵权模式,平台内的专利侵权更隐蔽,举证更困难。浙江省作为我国电子商务发达的地区,高度重视电子商务领域的专利保护力度,率先出台了《浙江省电子商务领域专利保护专项行动实施方案》。浙江省知识产权局与阿里巴巴签订了《知识产权战略合作备忘录》,共同推进电商领域专利保护实践工作。此外,国家知识产权局在浙江成立了中国电子商务领域专利执法维权协作调度(浙江)中心,建立全国各省知识产权执法主体与浙江省内电子商务平台之间的协作机制。

【实务拓展】

中国电子商务领域专利执法维权协作调度（浙江）中心

该中心可将接收的浙江省内电子商务平台上的专利侵权举报投诉案件,分送至全国各有关知识产权维权援助中心协助办理,相应知识产权维权援助中心配合尽快给出咨询意见书;各地方知识产权局对于电子商务领域的案件,应在接到协助执行书后快速提供协助,对具有重大社会影响或群体性的专利侵权案件,由国家知识产权局协调处理;对于线上查实的专利侵权假冒案件,可由该中心通过电子商务平台确认被请求人的详细信息,及时将案件线索移送有管辖权的地方知识产权局进行线下办理,从源头打击专利侵权假冒行为。

【案例直击】

浙江省知识产权局处理"极速拉线装置"实用新型专利侵权纠纷案

投诉方杨光献获得"极速拉线装置"的实用新型专利授权,专利号为ZL2015207817282.2。该专利权在投诉方提出投诉时合法有效。投诉方以侵犯专利权为由,对在阿里巴巴平台上的 240 条链接进行了投诉,并提供了涉案专利的专利证书、专利权评价报告以及有初步实物拆解图等内容的专利侵权初步分析报告等证据材料。

浙江省知识产权局委托中国（浙江）知识产权维权援助中心进行处理，后者接到投诉后，根据投诉方的侵权分析材料及被投诉链接所反映的被控侵权产品技术信息，将侵权产品的技术方案进行了分解，并与涉案专利进行了比对。经比对，被控侵权产品落入涉案专利权利要求的保护范围，认定投诉成立。随后，阿里巴巴平台通知了卖家，结合卖家的申诉举证，所有链接对应的被控侵权产品均为侵权产品，阿里巴巴平台及时对涉案链接进行了断开处理。

案例思考：本案是全国知识产权系统电子商务领域专利执法维权协作机制的具体体现。通过深化地方知识产权局及维权中心与电商平台之间的协作，可快速、准确打击电子商务领域专利侵权假冒行为，有利于健全电子商务领域专利保护长效机制，构建良好市场环境，促进我国电子商务健康有序发展。

（3）积极诉讼，寻求司法保护。电子商务争议可以通过协商和解，请求消费者组织、行业协会或者其他依法成立的调解组织调解，向有关部门投诉，提请仲裁，或者提起诉讼等方式解决。

权利人向法院提起专利侵权诉讼是有效打击专利侵权、维护权利的一个重要途径，与向知识产权局提起的行政投诉相比，其具有以下特点：

① 可以请求赔偿，有效弥补损失。知识产权局进行行政处理只能对侵权人进行行政处罚，不能裁定赔偿，而法院可以根据权利人提交的诉讼请求、侵权证据等裁定侵权人赔偿权利人的损失。

② 判决或裁定结果具有终局性。当事人对知识产权局进行的行政裁定不服的，可以提起行政复议或者提起行政诉讼，而经过法院一审、二审程序的判决或裁定具有终局性效力。

6.5
电子商务中域名的法律保护

6.5.1 互联网域名及其管理

1. 互联网域名

域名，又称网域，是由一串用点分隔的名字组成的互联网上某一台计算机或计算机组的名称，用于在数据传输时对计算机的定位标识。由于 IP 地址具有不方便记忆并且不能显示地址组织的名称和性质等缺点，人们设计出了域名，并通过网域名称系统来将域名和 IP 地址相互映射,使人们更方便地访问互联网,而不用去记住能够被机器直接读取的 IP 地址数串。

【实务拓展】

域名注册

域名的注册依管理机构之不同而有所差异。

一般来说 .com 注册用户为公司或企业,.org 为社团法人,.edu 为教育单位,.gov 为政府机构。

申请者申请注册域名时,可以通过联机注册、电子邮件等方式向域名注册服务机构络递交域名注册申请表,提出域名注册申请,并且与域名注册服务机构签订域名注册协议。

域名的注册遵循先申请先注册原则,管理机构对申请人提出的域名是否违反了第三方的权利不进行任何实质审查。同时,每一个域名都是独一无二的、不可重复的。因此域名是一种相对有限的资源。

2. 域名管理

(1) 管理机构。中国互联网络信息中心负责管理维护中国互联网地址系统,其主要职责包括以下几部分:① 运行、维护和管理我国国家顶级域名 CN 和中文域名系统,维护域名数据库,保证域名系统安全可靠地运行;② 运行、维护和管理 CN 域名和中文域名根服务器;③ 按照《中国互联网络域名管理办法》制定 CN 和中文域名注册管理实施细则;④ 制定具体的域名运行管理费用收费办法;⑤ 根据域名管理工作的进展提出域名管理政策建议;⑥ 按照非歧视原则选择域名注册服务机构,并对域名注册服务机构的域名注册服务进行监督管理;⑦ 指定中立的第三方域名争议解决机构解决域名争议。

(2) 管理制度。2018 年 8 月 25 日,国务院颁布《国务院办公厅关于加强政府网站域名管理的通知》,从健全政府网站域名管理体制、进一步规范政府网站域名结构、优化政府网站域名注册注销等流程、加强域名安全防护及监测处置工作四个方面对加强政府网站域名管理提出了要求。

(3) 法律法规及司法解释。与域名有关的权利面临与商标权、地理标志、姓名权、厂商名称权等众多既有权利的冲突,这类纠纷可以使用《商标法》《著作权法》《反不正当竞争法》加以调整,其中以与商标权的冲突最为突出。

《最高人民法院关于审理涉及计算机网络域名民事纠纷案件适用法律若干问题的解释》第四条对域名侵权的构成做出了规定,对于同时满足四个要件的域名注册、使用行为应认定为侵权或不正当竞争。

【法条速递】

人民法院审理域名纠纷案件,对符合以下各项条件的,应当认定被告注册、使用域名等行为构成侵权或者不正当竞争:(一)原告请求保护的民事权益合法有效;(二)被告域名或其主要部分构成对原告驰名商标的复制、模仿、翻译或音译;或者与原告的注册商标、域名等相同或近似,足以造成相关公众的误认;(三)被告对该域名或其主要部分不享有权益,也无注册、使用该域名的正当理由;(四)被告对该域名的注册、使用具有恶意。

——《最高人民法院关于审理涉及计算机网络域名民
事纠纷案件适用法律若干问题的解释》第四条

2014年9月1日,为了解决互联网域名争议,中国互联网络信息中心发布了《中国互联网络信息中心域名争议解决办法》,明确了域名争议的受理时效和恶意注册的概念,区分了商标使用权与域名使用权。

6.5.2　电子商务中的域名侵权与保护

随着互联网的发展,大量的企业通过建立自己的网站来宣传自己的产品和服务。域名和企业、产品有了越来越密切的关系,已成为企业进入信息化社会、适应现代市场竞争的重要工具。企业网站的域名如果直接以企业、商标、产品名称命名,网站的访问率将大大提高。域名的知名度和访问量就是企业形象在电子商务环境中的具体体现,企业的商标的知名度和域名的知名度在互联网上是一致的,域名从作为计算机网络通信的识别提升为企业的商标资源,正因为域名具有商标特性,使得域名侵权行为主要表现为侵犯他人商标权的行为。

1. 电子商务中的域名侵权行为

(1)将与他人驰名商标相同或近似文字注册为域名。域名或其主要部分与他人驰名商标相同或近似,容易使公众误认为域名所有者与驰名商标或商标权人有关联,损害了驰名商标权人的合法利益,属于恶意注册和"搭便车"的不正当竞争行为。

【案例直击】

驰名商标域名抢注不正当竞争案

宝洁公司起诉上海晨铉智能科技发展有限公司(以下简称晨铉公司)恶意抢注"safeguard"相关域名,宝洁公司认为自己是"safeguard/舒肤佳"等商标的注册人,且这些商标享有很高知名度。晨铉公司却将"safeguard"商标注册在其域名中,明显是恶意注册和"搭便车"的不正当竞争行为。晨铉公司辩称:"safeguard"商标并非驰名商标,且自己公司的经营范围中包括"安防系统的设计安装维修","安防"的英文表述为"safeguard",所以,其注册"safeguard"相关域名属善意在先注册,并非恶意抢注行为。

上海市第二中级人民法院经审理认为:宝洁公司"safeguard"注册商标应当被认定为在市场上享有较高声誉并为相关公众所熟知的注册商标。晨铉公司在申请注册"safeguard"为其三级域名前,对"safeguard"本身并不享有任何合法的权利和利益,且应当知道"safeguard"商标在市场上享有的优良信誉和广泛知名度。晨铉公司的注册行为,阻止了原告将其"safeguard"商标在 com.cn 中注册为三级域名的可能,应当认定晨铉公司行为属恶意注册,构成不正当竞争,故判决晨铉公司注册的"safeguard"相关域名无效,应立即停止使用,并于判决生效之日起十五日内撤销该域名。

案例思考:本案是上海法院受理的第一起计算机网络域名与商标相冲突的案件。本案主要解决了以下问题:第一,确认将他人商标注册为域名使用产生的纠纷属于法院受理民事诉讼的范围;第二,法院在审理将他人商标注册为域名使用的案件中,可以根据当事人的请求,就系争商标是否构成驰名商标作出认定。

(2) 将与他人注册商标相同或者近似文字注册为域名。将与他人注册商标相同或者近似文字注册为域名,并且通过该域名进行相关商品交易的电子商务,容易使相关公众产生误认的,属于《商标法》第五十七条第(七)项规定的给他人注册商标专用权造成其他损害的行为。

在先商标诉在后域名侵权为商标与域名冲突的常见形式,其解决原则通常为保护在先权利,同时考察在后权利是否主观上是恶意的、是否会造成相关公众误认。如果不符合上述原则,则不构成侵犯他人商标权。

 【 案例直击 】

域名与他人注册商标相同构成侵权吗?

孔网时代科技有限公司 (以下简称孔网公司) 持有"kongfz"域名,而北京老派农计算机技术有限公司 (以下简称老派农公司) 持有"kongfz"商标,为此,老派农公司将孔网公司诉至法院,要求其停止使用被诉侵权域名,停止将"kongfz"作为网站名称,并赔偿其经济损失及合理费用 500 余万元。

北京市海淀区人民法院审理认为,我国域名管理实行"先申请先注册"原则,孔网公司分别于 2002 年和 2003 年注册了以"kongfz"为主体的域名,且相关域名已获得一定知名度,而原告的"kongfz"商标于 2011 年被核准注册,在此情况下,不能认定孔网公司对相关域名的注册使用存在侵权恶意,也不会造成相关公众的误认。据此,法院判决驳回老派农公司的诉讼请求。

案例思考:从事电子商务的企业在注册域名时应避免侵权行为,但企业将自己使用的域名同时进行商标注册,会使自己获得更全面的保护。

(3) 域名之间的模仿行为。域名模仿是指针对一些知名网站的域名稍加改动再行注册,引起公众混淆的不正当行为。

 【 案例直击 】

个人抢注百度域名被判赔 80 万元

自然人陈某注册了"baidu.mx"域名,并以此搭建"简单搜索"网站提供搜索服务,其行为侵害了百度在线公司、百度网讯公司享有的第 5916520 号"baidu"及第 1579950 号"百度"商标专用权且构成不正当竞争,重庆市第四中级人民法院(2020) 渝 04 民初 12 号判决,陈某赔付百度在线公司、百度网讯公司经济损失 80 万元并在《法治日报》刊登道歉声明。

陈某不服一审判决,提起上诉。重庆市高级人民法院 (2020) 渝民终 2241 号二审判决驳回上诉,维持原判。

案例思考:企业不仅需要对商标权进行保护,还应对外观专利、著作权、域名等进行保护,形成立体的知识产权保护网。这种"搭便车"的行为被认定为侵权行为的法律依据是什么?

 【 实务拓展 】

域 名 抢 注

在实务中有两种意义上的域名抢注:一种是域名的注册者预见到该域名潜在的价值,抢先把该域名注册下来,主要是对知名品牌,知名团体或个人的名称、商标等进行抢注。知名企业 CN 域名遭抢的事件屡屡发生,涉及恒源祥、白猫、海狮、南极人、红双喜、三枪等品牌。

另一种是对一个曾经被注册过的域名进行抢注。一般来说,一个被注册过的域名,如果未能够在有效期结束前及时续费,则会在一段时间后被删除。抢注者往往在域名被删除后的第一时间内抢先注册到该域名。例如,北京吉普 CN 域名因未续费也遭他人抢注。

2. 电子商务中域名的保护

(1) 申请仲裁。《中国互联网络信息中心域名争议解决办法》规定,域名争议由中国互联网络信息中心认可的争议解决机构受理解决。争议解决机构实行专家组负责争议解决的制度。专家组由一名或三名掌握互联网络及相关法律知识,具备较高职业道德,能够独立并中立地对域名争议作出裁决的专家组成。域名争议解决机构通过在线方式公布可供投诉人和被投诉人选择的专家名册。任何人认为他人已注册的域名与其合法权益发生冲突的,均可以向争议解决机构提出投诉。争议解决机构受理投诉后,应当按照程序规则的规定组成专家组,并由专家组根据本办法及程序规则,遵循"独立、中立、便捷"的原则,在专家组成立之日起 14 日内对争议做出裁决。

【实务拓展】

ICANN 域名争议仲裁

互联网名称与数字地址分配机构 (ICANN) 针对域名纠纷制定了详细的处理规则。这些规则主要包括:《关于委任域名注册机构规则的声明》,主要用于对域名注册时可能产生的纠纷进行预处理;《统一域名争议解决政策之规则》和《中国互联网络信息中心域名争议解决办法》是域名争议处理的依据。ICANN 与很多域名注册商签订合同,准许其受理顶级域名 .com、.net 和 .org 下的域名注册。对于不遵守《注册商认证协议》的域名注册商,ICANN 有权进行处理。按照《统一域名争议解决政策》的规定,域名注册商必须与域名注册人签订合同。对于恶意注册引起的域名商标纠纷,域名注册商可提交给 ICANN 认可的域名争端仲裁机构进行裁决。

(2) 提起诉讼。《最高人民法院关于审理涉及计算机网络域名民事纠纷案件适用法律若干问题的解释》第二条规定:"涉及域名的侵权纠纷案件,由侵权行为地或者被告住所地的中级人民法院管辖。对难以确定侵权行为地和被告住所地的,原告发现该域名的计算机终端等设备所在地可以视为侵权行为地。

涉外域名纠纷案件包括当事人一方或者双方是外国人、无国籍人、外国企业或组织、国际组织,或者域名注册地在外国的域名纠纷案件。在中华人民共和国领域内发生的涉外域名纠纷案件,依照民事诉讼法第四编的规定确定管辖。"

【模拟法庭】

立邦涂料与上海展进贸易有限公司、浙江淘宝网络有限公司侵权案

原告立邦涂料 (中国) 有限公司 (以下简称立邦公司) 诉被告上海展进贸易有限公司 (以下简称展进公司)、浙江淘宝网络有限公司 (以下简称淘宝公司) 侵权一案,在

上海市徐汇区人民法院立案。

原告立邦公司诉称，原告是"立邦"注册商标的所有权人，亦是众多平面、媒体广告的著作权人。原告发现被告展进公司未得到原告许可或授权，在被告淘宝公司运营的淘宝网上开设的店铺中，使用原告上述商标标识、平面广告来装饰其店铺页面，其行为足以使消费者误认为被告展进公司与原告存在关联，系原告授权许可的销售网点，展进公司的行为侵害了原告的商标权及广告著作权，造成了重大经济损失，应承担相应的赔偿责任。原告发现展进公司侵权行为后，即通过电子邮件方式向被告淘宝公司进行投诉，并按其要求提供完整的证明材料，多次要求被告淘宝公司履行网络服务提供者的管理义务，采取有效措施制止展进公司的侵权行为，但淘宝公司不予理睬，放任展进公司继续侵权，导致原告损失进一步扩大。

被告展进公司辩称，展进公司确实在淘宝网站上开设店铺销售立邦漆，但展进公司有合法的进货渠道，网站上的商品图片是自行拍摄的，且在原告提出异议后，展进公司已经停止在淘宝网站上销售立邦漆，要求法院驳回原告立邦公司所有的诉讼请求。

被告淘宝公司辩称，首先，被告展进公司已提供证据证明其有正规进货渠道，其在销售原告经营的立邦漆时使用涉案注册商标是正常的经营手段，不构成商标侵权。其次，即使展进公司的行为构成商标侵权，淘宝公司只是网络服务提供者，并非侵权行为直接实施者，淘宝公司已尽到了事先审查注意义务，要求法院驳回原告立邦公司所有的诉讼请求。

请同学们以小组为单位，以模拟法庭为训练形式，分析：

（1）展进公司作为平台内经营者，是否构成商标及广告著作权侵权？

（2）淘宝公司作为电子商务平台经营者，是否构成商标侵权？

（3）淘宝公司应该怎样做才能合理规避风险呢？

实训目的：

将法律法规教育与司法实践结合起来，旨在加深学生对知识产权保护制度的理解，了解民事诉讼活动程序，体验法官、律师、当事人等角色，熟悉法庭氛围和司法审判实践过程，培养学生探寻法律事实的能力和综合运用法律解决实际问题的能力，提高学生在电子商务经营过程中规避法律风险的意识。

实训要求：

（1）学生训练前复习《电子商务法》《商标法》《著作权法》《反不正当竞争法》等有关知识产权法律制度有关内容，明确训练要求。

（2）采取分组训练方式，小组进行模拟角色分工，明确审判长、审判员、控诉人、辩护人、原告、被告、书记员等各个角色工作职责，在老师指导下熟悉案情。

实训内容：

1. 模拟法庭的组织

学生分组：① 审判组，包括审判长、审判员和书记员，进行角色分工，制作审判流程、案由、案件争议焦点、庭审笔录等；② 当事人组，包括原告、被告，进行角色分工，并制作起诉状、答辩状、证据等；③ 辩论组，包括控诉人和辩护人，与当事人沟通，制作代理词、辩论词等。

2. 开庭审理

（1）庭审准备。

诉讼参与人入场，书记员宣布法庭纪律：

_____

_____

审判人员入场，审判长宣布开庭：

_____

（2）法庭调查。

① 起诉与答辩：

原告宣读起诉书：_____

_____

_____

被告方宣读答辩状：_____

_____

_____

② 法庭调查取证：

原告方举证：_____

_____

_____

被告方举证：_____

_____

_____

原、被告双方进行质证：_____

_____

_____

③ 案件事实交叉提问：

_____

_____

_____

④ 案件争议焦点归纳：

_____

_____

_____

（3）法庭辩论。

原告方发言：_____

_____

_____

被告方发言：_____

_____

自由辩论：_____

_____

（4）休庭评议、宣判。

_____

_____

_____

3. 教师点评

_____

_____

_____

实训思考：

（1）本案件争议焦点有哪些？

（2）本人所扮演角色在审判活动中有哪些注意事项？

（3）法庭辩论过程的成功与不足之处有哪些？

（4）在参与模拟审判训练中，有哪些收获与不足，如何改进？

【课后习题】

一、单选题

1. 以下使用作品的行为，可以不经著作权人许可且不必支付报酬的（　　）。

    A. 将少数民族文字作品翻译成汉字出版发行

    B. 将他人已出版的教材复制后卖给学生

    C. 为介绍某一作品而适当引用

    D. 为希望工程捐款的义演表演已发表作品

2. 注册商标人连续（　　）年停止使用，注销其商标主用权。

A. 2　　　　　　　B. 3　　　　　　　C. 1　　　　　　　D. 5

3. 在商标注册方面,我国采用的原则是(　　　)。

A. 一律自愿申请注册原则

B. 一律强制注册原则

C. 自愿注册原则,法律规定必须使用注册商标的,依其规定

D. 强制注册原则,法律规定可以不注册的,依其规定

4. 关于著作权产生的时间,表述正确的是(　　　)。

A. 自作品首次公开发表时

B. 自作者有创作意图时

C. 自作品得到国家著作权行政管理部门认可时

D. 自作品完成创作之日起

5. 下列选项中,不属于职务发明的是(　　　)。

A. 甲在单位从事计算机设计工作,开发设计出一种新产品

B. 乙在单位销售部门工作,后由于单位技术开发部门人手紧缺,李某被暂调到技术开发部开发新产品,两周后,李某开发出一种新产品

C. 丙为某机械厂金属材料仓库管理员,2014 年 7 月退休后,潜心钻研,于 2015 年 6 月发明创造出一种焊接高碳钢的新方法

D. 丁是某大学实验室研究员,丁与校办工厂合作,利用实验室中的显微镜等尖端设备,发明创造出一种性能优越的新型材料

二、多选题

1. 我国已经参加了很多保护知识产权的国际公约,其中包括(　　　　　)。

A.《保护工业产权巴黎公约》

B.《世界贸易组织的协议》

C.《建立世界知识产权组织公约》

D.《保护文学艺术作品伯尔尼公约》

2. 商标法规定禁止作为商标使用的标志有(　　　　)。

A. 与"红新月"相同文字　　　　　　　B. 同外国军旗近似的图形

C. 本商品的通用名称　　　　　　　　　D. 夸张带有欺骗性的图形

3. 著作权法所保护的作品有很多种,其中包括(　　　　)。

A. 文字作品　　　　　　　　　　　　　B. 产品设计图

C. 地图　　　　　　　　　　　　　　　D. 通用数表和公式

4. 根据《专利法》的规定,下列各项中,能被授予专利权的有(　　　　)。

A. 新的昆虫品种　　　　　　　　　　　B. 调味品

C. 诊断肝炎的方法　　　　　　　　　　D. 杂交水稻新品种的培育方法

5. 下列属于著作权人身权的有(　　　　)。

A. 发表权　　　　B. 署名权　　　　C. 修改权　　　　D. 复制权

三、判断题

1. "真皮"可以作为皮鞋的注册商标。（　　）

2. 甲发明的治疗糖尿病的特有方法不能被授予专利。（　　）

3. 我国实用新型专利保护期限是 20 年。（　　）

4. 时事新闻不享有著作权。（　　）

5. 作者的署名权、修改权、保护作品的完整权的保护期没有限制。（　　）

四、案例题

甲将其原创网络小说授权乙网站发表。丙编辑将该小说译成英文在某英文期刊上连载，但未指明原作者姓名和作品出处。丁出版社擅自以中英文对照版形式出版该小说，为作者和译者署名并向其支付报酬。甲发现上述行为后，向法院起诉，状告丙编辑、丁出版社侵犯其著作权。

请分析：

1. 丙编辑的行为是否侵权，为什么？

2. 丁出版社的行为是否构成侵权，为什么？

第七章

电子商务安全的法律制度

※ **素养目标**
- 增强网络安全意识、维护网络安全
- 培养诚信意识、养成诚信习惯
- 增强自我保护意识、防范网络诈骗

※ **知识目标**
- 熟悉电子商务安全内容、隐患与要求
- 了解计算机信息系统安全保护制度
- 了解国际联网安全保护制度
- 掌握电子商务信息安全法律制度
- 掌握电子商务交易安全法律制度

※ **能力目标**
- 能够辨别各种电子商务安全隐患
- 能够根据电子商务安全行为分析安全责任，规避安全风险
- 能够运用法律法规保障电子商务运营的合法权益

※ 思维导图

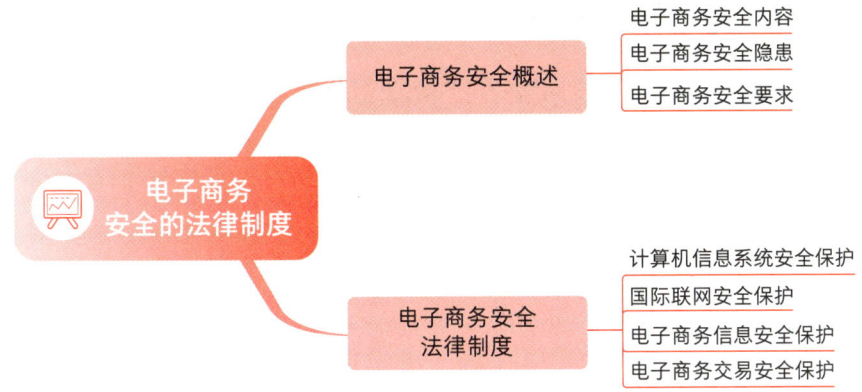

【案例导入】

淘宝"错价门"敲响电子商务安全警钟

　　互联网上从来不乏标价 1 元的商品。淘宝网上曾经将大量商品标价 1 元，引发网民争先恐后哄抢，但是之后许多订单被商家取消。随后，淘宝网发布公告称，此次事件为第三方软件"团购宝"交易异常所致。部分网民和商户询问"团购宝"客服得到自动回复称："服务器可能被攻击，已联系技术紧急处理。请紧急下架相关商品，已被拍下商品请先关闭交易。"这一事件暴露出来的我国电子商务安全问题不容小觑。

　　电子商务中的恶意行为都会使商户遭受严重的经济和信誉损失。其他一些商户普遍表示忧虑：电子商务网站的安全缺乏保障，势必影响商户们的日常经营。

　　此次"错价门"事件与以往一些电子商务企业爆出的错价现象截然不同。之前发生的"错价"现象，集中在某个商户或某个电子商务企业的某种商品，人为因素的可能性较大。此次"错价门"则是大批商户的大批商品价格在短时间内被恶意篡改，达到这个目的需要借助一定的技术手段。

　　安全工程师认为，此次淘宝网大批商户的价格数据被恶意篡改，并不能完全排除黑客利用第三方软件的漏洞进行攻击的可能性。电子商务企业后台系统一旦被黑客侵入，数据库会被肆意篡改，不仅仅是商品的价格，还包括接收货物的客户个人信息等，这种非法入侵往往会造成很大的混乱，带来很严重的后果，相关企业甚至会因此破产。

　　案例思考：此次"错价门"事件涉及众多商户和消费者，扰乱了正常的网络商品交易秩序。网络安全作为网络强国、数字中国的基础，将在未来的发展中承担托底的重担，是中国式现代化产业体系中不可或缺的部分。我们应贯彻党的二十大精神，共同筑牢安全可信的网络安全保障体系，维护我国电子商务健康有序的发展。

7.1
电子商务安全概述

电子商务是一种基于信息网络的商务活动,活动的全过程涉及顾客、销售商、供应商、银行金融系统、政府机构、配送中心、网络中介服务机构等众多参与者,活动的全部或部分的环节是通过网络进行的,且在很多情况下是在互不见面的情况下进行的。电子商务的这些特点对运行的环境提出了非常高的要求,研究和分析电子商务安全的法律问题,已成为目前电子商务法律领域的关注焦点。

7.1.1   电子商务安全内容

电子商务安全从整体上分为计算机信息系统安全、电子商务信息安全和电子商务交易安全三大部分。

1. 计算机信息系统安全

计算机信息系统安全主要是指计算机和网络本身存在的安全问题,也就是保障电子商务平台的可用性和安全性的问题,其内容主要包括计算机网络设备安全、计算机网络系统安全、数据库安全等。

2. 电子商务信息安全

电子商务信息安全是指电子商务信息在网络的传递过程中面临的信息被窃取、信息被篡改、信息被假冒和信息被恶意破坏等问题。例如,交易双方的交易内容被第三方窃取或交易一方提供给另一方使用的文件被第三方非法使用等。电子商务对信息安全的要求是信息传输的安全性、信息的完整性及交易者身份的确定性。

3. 电子商务交易安全

电子商务交易安全是指电子商务虚拟市场交易过程中存在的交易主体真实性、资金的被盗用、合同的法律效力、交易行为被抵赖等问题。电子商务交易安全是传统商务活动在互联网上应用时产生的各种安全问题,在计算机网络安全和信息安全的基础上,要保障电子商务过程顺利进行,就要实现电子商务的真实性、保密性、有效性、完整性和不可抵赖性。

7.1.2   电子商务安全隐患

1. 计算机信息系统安全隐患

(1) 电子商务服务器安全隐患。电子商务服务器是电子商务的核心,服务器上安装了大量与电子商务有关的软件,存储了大量商家信息,并且服务器上的数据库里有电子商务活动过程中的一些保密数据。因为服务器特别容易受到安全的威胁,一旦出现安全问题,造成的后果非常严重,尤其是在云计算服务的环境之中,服务器的

安全性问题显得尤为重要。

支付宝网络故障

几年前,由于市政施工,杭州市萧山区某地的光缆被挖断,随后全国部分用户约2小时无法使用支付宝。

支付宝发生事故不久,阿里巴巴相关负责人表示,由于杭州市萧山区有一个地方光缆被挖断了,造成了目前小部分用户无法使用支付宝的情况。为什么挖断一根线,全国多个地区的用户都会受到影响呢?对此,支付宝方面解释称,支付宝有很多机房,每一条光纤对应不同的机房,但是机房中的用户并不是按照地域来划分的,每个省份都会有一部分的用户,所以才会导致光纤被挖断之后,各地用户都反映受到影响。第二天,支付宝基本恢复了正常服务。

案例思考:电商网站服务器中保有大量个人信息和财务信息,因此安全漏洞危害极大。不法分子利用电商网站的漏洞通常会篡改网站和内容,盗取电商网站数据库,实施诈骗等违法行为等。

曾出现过的某假冒淘宝网站,犯罪分子利用网页设计非常相近的特点企图蒙蔽粗心的用户。这种行为就是常见的网络"钓鱼"。网络"钓鱼"是一种网络欺诈行为,是指不法分子利用各种手段,仿冒真实网站的 URL 地址(跟真正的网站地址相似度极高)以及页面内容(网页设计基本一致),或利用真实网站服务器程序上的漏洞,在站点的某些网页中插入危险的 HTML 代码,以此来骗取用户银行或信用卡账号、密码等私人资料。

(2) 电子商务网络安全隐患。在网络运行环境安全问题中,最重要的是内部网与外部网之间的访问控制问题,这是黑客最容易攻击的环节。另外一个问题是内部网不同网络安全域的访问控制问题,不同内部网具有重要性不同的信息资料,因此内部犯罪人员往往利用内部网管理上的漏洞,寻找盗窃或破坏的机会。

微盟删库事件

某年 2 月 23 日晚 18:56,微盟研发中心运维部核心运维人员贺某通过个人 VPN 登录公司内网跳板机,因个人精神、生活等原因,对微盟线上生产环境进行恶意的破坏。当天 19:00,微盟收到系统监控报警,服务出现故障。中心负责人立刻召集相关技术人员进行定位,发现大面积服务集群无法响应,生产环境及数据遭受严重破坏。截至 2 月 28 日 24:00,完成生产环境和数据修复。

就微盟本次的事件看，核心关键的业务数据库被删除，意味着核心业务数据的完整性受到了严重的破坏，根据相关报道，微盟市值因此一天蒸发了 9 亿元，几乎是致命的打击，可见数据对业务的影响、业务连续运行对公司财务以及投资人的影响巨大。

微盟有非常多的商家入驻，如电商、酒店、餐饮类商家，业务也因这次的删库事件受到了重创，商家背后的客户群体也因此失去了原有的客户信息。微盟当务之急，除了需要解决数据修复问题，还需要对商家进行赔付，总而言之，一系列连锁反应造成了更多的危机，受害者群体也因此急剧扩大。

案例思考：本次微盟事件是由于个人情绪失控造成的蓄意破坏，属于典型的企业类数据被人为破坏的案例。从数据安全角度来看，微盟的关键任务之一是需要及时采取措施控制内部人员的权限，以防类似行为重现。

（3）电子商务网站漏洞。随着电子商务的发展以及互联网消费的普及，大型电子商务网站、大型金融机构网站、第三方在线支付站点、大型社区交友网站自身的漏洞成为网络仿冒、黑客攻击的主要对象，网络安全漏洞仍然是网站和系统面临的主要安全威胁之一。

 【案例直击】

利用平台漏洞诈骗被定罪判刑

某学生汪某花 200 元购买了一张在校学生的身份证和一张手机卡，在学信网上注册了一个账号，并查询到这张身份证对应的学籍信息，便在京东平台申请一个账号，提交"京东白条"赊购业务的申请。随后，汪某把身份证和学籍信息全部转交给张某，张某利用学籍信息来到了该身份证人的大学，找到了该学校的京东面签官（一般为大学生兼职），进行现场面签。面签官仅对张某进行简单的问询式面签，对身份信息并没有进行仔细核对，就完成了初审，然后把初审材料发往公司后台，由公司后台进行最终审核。审核通过后，汪某利用审批通过的"京东白条"赊购额度在京东平台购买了一台 6 000 余元的手机，汪某将手机邮寄到深圳，以原价八八折的价格进行销赃获利 5 200 元。接着，汪某雇佣张某、刘某、王某等人负责购买身份证和手机卡、查询学籍信息、注册京东账号，申请"京东白条"赊购业务和收货、发货及货物的变现；张某雇佣彭某为等 15 名人员冒充大学生，找面签官进行面签审核。

京东金融公司总部在日常交易监控中发现一团伙多次冒用他人身份进行线下和线上视频面签骗取白条额度并进行购物消费。在欠款到期后，京东公司电话联系身份证上的人员，其均表示从未进行视频面签申请"京东白条"，也未使用"京东白条"额度进行购物消费。京东金融公司遂向公安局报案。

案例思考：多名大学生利用"京东白条"诈骗等最终被定罪判刑，尽管京东金融公司在管理上存在明显漏洞、风险控制存在问题，但是从刑法意义的角度，这些大学生并不能因京东金融公司自身的问题而减轻刑责。从本案例中，大学生应该吸取哪些教训？

2. 电子商务信息安全隐患

计算机和网络技术为人们获取、传递、复制信息提供了方便，但网络的开放性和互动性又给商业数据的保护带来麻烦。在线消费（购物或接受信息服务）均需要将个人资料传送给银行和商家，这些信息可能在网络传输过程中被他人非法修改、删除、重放（只能使用一次的信息被重复使用），使信息失去真实性和完整性，这样就会使数据包不能达到预期目标，给交易双方造成损失。

商业信息在网络上传输时出现错误或失败是电子商务中的信息被破坏的表现。网络软硬件出现问题会导致信息传递的丢失，一些恶意的程序也会导致电子商务信息遭到篡改和破坏。

 【案例直击】

冒用身份篡改消费者购物浏览记录

一个取名"魔搜"的软件篡改消费者在电商平台的购物浏览记录，企图通过数据造假制造"爆款"，对于这一严重损害平台购物秩序、影响营商环境的网络违法犯罪行为，阿里安全第一时间协助警方破案，将软件开发者张某抓获。

"所谓'魔搜'，本质上是冒用用户身份，修改或增加用户浏览特定商品的历史行为数据，不但破坏计算机信息系统，还损害平台经营秩序。"电子商务安全专家介绍说。阿里安全配合浙江绍兴警方将"魔搜"软件开发者张某在其老家福建省福安市抓获归案。

"魔搜"软件具有在指定"阿里旺旺"用户实际未参与的情况下，增加该用户访问指定商品的历史记录，使指定商品出现在指定用户"淘宝网"的首页中的功能。

案例思考：平台反应迅速，系统监控到异常数据波动后，快速封杀"魔搜"软件。对于这一危害计算机安全及平台经营秩序的违法犯罪行为，电商平台应采取"零容忍"的态度，全力保护广大消费者的个人信息安全。

在数字经济时代，信息就意味着财富，无论是对于经营者，还是信息贩卖者而言，拥有信息就是掌握一座价值斐然的金矿。但与其巨大经济价值不相符的是，获取信息的成本是极其低廉的。正是在这样一种"低成本、高收益"的巨大诱惑面前，通过贩卖个人信息牟利的事件频发，电子商务信息安全愈发得到公众与市场监管者的重视。

【案例直击】

庞先生诉去哪儿网个人信息泄露

庞先生委托他的鲁姓朋友通过去哪儿网订购了一张东航的机票,整个订票过程中,该鲁姓朋友仅仅提供了自己的手机号码,从没有提供过庞先生的手机号码,因此所有的售票代理联系到的均为庞先生的鲁姓朋友,而非庞先生本人。同时,订票成功后,订票相关的所有的信息,如飞机票已出票等信息通过手机短信发送至了庞先生的鲁姓朋友的手机号,并非庞先生本人。不久后,庞先生自己的手机上收到一条诈骗短信,称庞先生委托鲁姓朋友预定的东航航班因机械故障已取消,但庞先生可以进行改签,并提供了具体的改签费用和相关的操作链接。该条"航班取消通知"短信只有庞先生收到了,而其鲁姓朋友并没有收到。庞先生立刻委托其鲁姓朋友就相关信息向去哪儿网和东航进行确认,去哪儿网和航空公司均否认发送了此诈骗短信。庞先生顿生疑惑,整个订票过程中,庞先生和其鲁姓朋友从未提供过自己的手机号,诈骗短信发送方是如何获取其手机号的,又是如何清楚地知道自己将要乘坐哪一班飞机的呢?自己的信息到底是哪一方泄露出去的呢?庞先生认为,同时能够获得自己手机号码信息和行程信息并且泄露出去的只有去哪儿网和东航,因此将二者起诉至法院并请求判令被告向自己道歉。

案例思考:近年来,个人信息被泄露或者非法买卖的现象越来越多,国家重拳打击泄露个人信息犯罪,但仍不免有犯罪分子顶风作案。那么当遇到此类情况,应如何避免自己权益受到不法侵害?

【实务拓展】

电子商务平台经营者信息保护风险防范措施

为保障电子商务信息的完整性、保密性、可用性以及不可抵赖性,电子商务平台经营者应采取以下措施保障网络免受干扰、破坏或者未经授权的访问,防止网络数据泄露或者被窃取、篡改。

(1)制定内部安全管理制度和操作规程,确定网络安全负责人,落实网络安全保护责任;

(2)采取防范计算机病毒和网络攻击、网络侵入等危害网络安全行为的技术措施;

(3)采取监测、记录网络运行状态、网络安全事件的技术措施,并按照规定留存相关的网络日志不少于六个月;

(4)采取数据分类、重要数据备份和加密等措施;

(5)提供的产品或者服务,应当符合相关国家标准的强制性要求,不得设置恶意程序,发现其网络产品、服务存在安全缺陷、漏洞等风险时,应当立即采取补救措施,按照规定及时告知用户并向有关主管部门报告。应当为其产品、服务持续提供安全维护;在规定或者当事人约定的期限内,不得终止提供安全服务。

3. 电子商务交易安全隐患

(1) 商业信用危机。大多数提供电子商务服务的网络体系,在对参与电子商务活动主体的审核方面相对简便,很多时候根本不进行安全审核,造成在商品信息不对称的互联网上,双方的诚信缺失,影响了电子商务的快速健康发展。

第一,电子商务主体的一方所提供的产品信息与产品本身不相符。在电子商务过程中,消费者只能根据网页上公布的图片和相关文字描述了解产品的部分信息,商家可以通过改变视觉角度或者光线的强弱,甚至运用艺术化的手法进行加工,使产品的信息实现最优化,或者在描述中运用夸张等手段来增强吸引力,从而误导电子商务的另一方,最终导致消费者对电子商务商家的不信任,产生电子商务的商业信用危机。

 **【案例直击】**

网购产品与广告描述不符

上海消费者张女士在网上浏览时,被一款某知名品牌空气净化暖风器的宣传介绍所吸引,"全年净化并整屋循环洁净空气、冬季快速均匀制暖、夏季输送强劲凉风"。鉴于该品牌在业界树立的良好口碑,张女士遂通过网购平台下单购买了该款空气净化暖风器。

使用过程中,张女士发现该款空气净化暖风器的制热效果不理想,开启后不能感受到明显的温度上升,完全达不到网络上商品页面上所述的快速均匀制暖效果。通过正规渠道高价购买的产品不具备应有的功能,张女士感觉被误导、欺骗,故诉至上海市金山区人民法院,要求向其出售该款产品的电商平台退货并进行三倍赔偿。

案例思考:电子商务企业要诚信经营,只有树立良好的信誉和企业形象,真诚服务消费者,才能在电子商务市场竞争中有立足之地。

第二,电子商务企业信用缺失。电子商务取得了巨大的成绩,但同时还存在一些尚待解决的问题。特别是电子商务信用风险的防范和控制相对薄弱,加之网络诈骗行为手法不断翻新升级,防不胜防,这不仅破坏了市场规则,也侵害着交易主体的合法权益。

(2) 虚假网络广告。网络作为信息的传播媒体,不仅覆盖面广、不受时间和地域限制,而且反应快、使用便利、成本低廉,再加上其互动性,使广告发布商与消费者产生了更便利的沟通。因此,网络广告不仅成为广告产业的重要变革,而且成为现代企业营销的主要手段。

虚假广告,就是指广告内容是虚假的或者是容易引人误解的,一方面,它是指商品或服务宣传的内容与所提供的商品或者服务的实际质量不符;另一方面,它是指可能使宣传对象或受宣传影响的人对商品的真实情况产生错误的联想,从而影响其购买决策的商品宣传。这类广告的内容往往夸大失实,语意模糊,令人误解。

例如,某企业在其开设的网店发布"泰国纯天然乳胶枕头枕芯保健枕"广告,含有"抑制螨虫,纯天然乳胶,具有抗菌防螨的功效"等虚假内容,并且无法提供有效证明材料加以证实,这种广告不仅使得消费者对广告的信心大打折扣,也严重扰乱了市场竞争秩序。

(3) 电子商务欺诈。电子商务的发展为欺诈犯罪提供了新的犯罪场所,从实体环境转到了虚拟环境,犯罪分子利用电子商务平台进行欺诈的行为已经越来越猖獗,行骗的手段变化多端、层出不穷,犯罪行为具有极强的隐蔽性,且犯罪成本低。目前,电子商务领域的诈骗犯罪主要有虚假交易和电子邮件欺诈等形式。

虚假交易是指交易过程违背真实的交易本质,交易目的是获取某种不正当利益的交易行为。电子商务中的虚假交易特指利用或通过网络购买商品或服务过程中的虚假交易行为。

【案例直击】

朱某等人网络诈骗案

朱某出资组建榆林农惠现货交易平台,纠集和聘用艾某、陈某、姚某加入,与代理商勾结,先以可提供所谓的内幕交易信息为由,诱骗客户进入电子商务平台进行交易,后通过指令操盘手,采用抛单卖出或用虚拟资金购进产品的手段,控制产品大盘行情向客户期望走势相反的方向发展,通过虚假的产品行情变化,达到使被诱骗加入平台交易的客户亏损的目的。朱某等人有时也刻意在客户进行小额投资后,促其盈利,以骗其投入大额资金,谋取大额客损。朱某、艾某、陈某、姚某通过上述以虚拟资金操控交易平台的手段,共骗取客户资金215余万元。按照事先与代理商约定的比例计算,朱某、艾某、陈某、姚某从中获得诈骗资金约75万元。

案例思考:此种新型网络诈骗犯罪手段更加隐蔽,迷惑性强,容易使人上当受骗。虽然被告人是借助电子商务平台进行交易,但其行为本质仍在于虚构事实、隐瞒真相,以达到非法占有他人财物的目的。

电子商务中商务活动的有关信函大多是通过互联网以电子邮件的方式进行传输和交换的,电子邮件既方便快捷,又能节约一笔不小的商务开支。但是,电子邮件在传输过程中有可能被犯罪嫌疑人非法获得,被他们利用来假冒电子商务交易方,进行诈骗活动。

例如:柳某在广州市番禺区一间网吧里,利用其掌握的黑客技术,非法进入四川一家公司深圳办事处的业务员夏某的电子邮箱内,截留了一位也门客户发给夏某的电子邮件,再自建了一个与该也门客户同名的电子邮箱,并将原邮件通过自建的新邮箱发送给夏某,很快就套取到了夏某回给该也门客户的邮件。随后,柳某将该邮件中夏某提供给该也门客户的收款银行账号等内容更改为其本人所开设的一个户名为"钱俊"的中国工商银行广州市花城支行的账号,再将修改后的邮件从夏某电子邮箱内发送给也门客户。上述做法致使该也门客户将4万美元货款汇入柳某所持有的"钱俊"的账户。

7.1.3　电子商务安全要求

电子商务的最大特征是信息数字化,一切交易信息都通过计算机网络传输并存储于计算机或服务器上,包括终端和各种中介服务器。电子商务面临的威胁引发了该行业对电子商务安全的需求。一个安全的电子商务系统应保证其真实性、保密性、有效性、完整性和不可抵赖性等。

1. 真实性

在进行电子商务交易时，首先要保证身份的真实性，这就意味着在双方进行交易前，必须明确对方的身份，交易双方的身份不能被假冒或伪装。

《电子商务法》规定了电子商务平台经营者和平台内经营者的信息。交易双方需要对交易全过程中涉及的主体登记注册信息、资质信息、商品或者服务信息、物流信息进行查验或认证。

2. 保密性

电子商务建立在一个开放的网络环境中，当交易双方通过互联网交换信息时，如果不采取适当的保密措施，那么其他人就有可能知道他们的通信内容，存储在网络上的文件信息如果不加密，也有可能被黑客窃取。如果企业的订货和付款信息被竞争对手获悉，就可能丧失商机；如果客户的信用卡账号和用户名被人知悉，就可能被盗用。因此，信息的保密性是电子商务的一个重要的安全需求。

3. 有效性

有效性是指贸易数据在确定的时刻、确定的地点是有效的。

电子商务系统应有效防止系统延迟和拒绝服务情况的发生，要对网络故障、硬件故障、操作错误、应用程序错误、系统软件错误及计算机病毒所产生的潜在威胁加以控制和预防，保证交易数据在确定的时刻、确定的地点是有效的。

对电子商务网站来说，系统故障往往意味着高昂的代价。例如，一个大型购物网站、机票／酒店预订系统如果出现难以接受的页面响应延迟或拒绝服务，在一个小时之内，就有可能损失数百万元的订单。它对品牌信誉度的负面影响可能直接导致客户黏性的降低。

4. 完整性

完整性（integrity）是指保护数据不被未经授权者修改、建立、嵌入、删除、重复传送或者由于其他原因使原始数据被更改。

例如，在电子贸易中，乙给甲发了如下一份报文："请给丁汇一百元钱。乙"。报文在报发过程中经过了丙之手，丙就把"丁"改为"丙"。这样甲收到后就成了"请给丙汇一百元钱。乙"，结果是丙而不是丁得到了一百元钱。当乙得知丁未收到钱时就去问甲，甲出示有乙签名的报文，乙发现报文被篡改了。

因此，保证信息的完整性也是电子商务活动中的一个重要的安全要求。这意味着交易各方能够验证收到的信息是否完整，即信息是否被人篡改过，或者在数据传输过程中是否出现信息丢失、信息重复等差错。

5. 不可抵赖性

不可抵赖性又叫不可否认性（non-repudiation），是指信息的发送方不能否认已经发送的信息，接收方不能否认已经收到的信息，这是一种法律有效性要求。

电子商务系统应有效防止商业欺诈行为的发生,网上进行交易的各方在进行数据传输时,都必须携有自身特有的、无法被别人复制的信息,以保证交易发生纠纷时有所对证,以保证商业信用和行为的不可否认性,保证交易各方对已做交易无法抵赖。

例如,在电子商务活动中订购冰箱时,如果订货时冰箱价格较低,但收到订单后,冰箱价格上涨了,假如供应商能否认收到订单的事实,则采购商就会蒙受损失;同样,如果收到订单后,冰箱价格下跌了,假如订货方能否认先前发出订货单的事实,则供应商就会蒙受损失。

因此,保证交易过程中的不可抵赖性也是电子商务安全要求中的一个重要方面。

7.2 电子商务安全法律制度

电子商务交易安全的法律保护问题,涉及三个方面。第一,计算机信息系统安全保护,电子商务交易是通过计算机及其网络实现的,其安全与否依赖于计算机系统及其网络自身的安全程度。第二,电子商务交易本质上是一种商品交易,其安全问题涉及电子商务信息安全保护。第三,电子商务交易过程的安全保护。

7.2.1　计算机信息系统安全保护

为了保护计算机信息系统的安全,促进计算机的应用和发展,保障社会主义现代化建设的顺利进行,1994 年国务院发布了《计算机信息系统安全保护条例》,从中央政府颁布的行政法规层面首次对计算机信息系统的安全应用提供了法律保障。

根据《计算机信息系统安全保护条例》的规定,计算机信息系统的安全保护,应当保障计算机及其相关的和配套的设备、设施(含网络)的安全,运行环境的安全,保障信息的安全,保障计算机功能的正常发挥,以维护计算机信息系统的安全运行。

1. 计算机信息系统安全的主管部门

计算机信息系统安全的主管部门是公安部,公安部下设网络安全保卫局,负责全国计算机信息系统安全保护工作。国家安全部、国家保密局和国务院其他有关部门,在国务院规定的职责范围内做好计算机信息系统安全保护的有关工作,重点维护国家事务、经济建设、国防建设、尖端科学技术等重要领域的计算机信息系统的安全。任何组织或者个人,不得利用计算机信息系统从事危害国家利益、集体利益和公民合法利益的活动,不得危害计算机信息系统的安全。

2. 计算机信息系统安全的等级保护

计算机信息系统实行安全等级保护。2007年6月,公安部会同国家保密局、国家密码管理局、国务院信息化工作办公室制定了《信息安全等级保护管理办法》。信息安全等级保护管理办法规定,信息系统的安全保护等级分为5级。

信息系统运营、使用单位依据《信息安全等级保护管理办法》和相关技术标准对信息系统进行保护,国家有关信息安全监管部门对其信息安全等级保护工作进行监督管理。

计算机信息系统的使用单位应当建立健全安全管理制度,负责本单位计算机信息系统的安全保护工作。对计算机信息系统中发生的案件,有关使用单位应当在24小时内向当地县级以上人民政府公安机关报告。对计算机病毒和危害社会公共安全的其他有害数据的防治研究工作,由公安部归口管理。

3. 计算机信息系统安全的行政法律责任

2017年6月1日,《网络安全法》正式施行。这是我国网络安全领域的第一部综合性基础法律,旨在保障网络安全,维护网络空间主权和国家安全、社会公共利益,保护公民、法人和其他组织的合法权益,促进经济社会信息化健康发展。

另外,根据《计算机信息系统安全保护条例》的规定,有下列行为之一的,由公安机关处以警告或者停机整顿。

(1) 违反计算机信息系统安全等级保护制度,危害计算机信息系统安全的;

(2) 违反计算机信息系统国际联网备案制度的;

(3) 不按照规定时间报告计算机信息系统中发生的案件的;

(4) 接到公安机关要求改进安全状况的通知后,在限期内拒不改进的;

(5) 有危害计算机信息系统安全的其他行为的。

故意输入计算机病毒以及其他有害数据危害计算机信息系统安全的,或者未经许可出售计算机信息系统安全专用产品的,由公安机关处以警告或者对个人处以5 000元以下的罚款、对单位处以1.5万元以下的罚款;有违法所得的,除予以没收外,可以处以违法所得1至3倍的罚款。

构成违反治安管理行为的,依照《中华人民共和国治安管理处罚法》的有关规定处罚;构成犯罪的,依法追究刑事责任。

⊗【案例直击】

我国第一起"流量劫持"被判刑

被告人付某、黄某等人租赁多台服务器,使用恶意代码修改互联网用户路由器的DNS设置,进而使用户登录某网站等导航网站时跳转至其设置的另一个导航网站,被告人付某、黄某等人再将获取的互联网用户流量出售给杭州久尚科技有限公司

(系该导航网站所有者),违法所得合计人民币 754 762.34 元。

　　不久,被告人付某接民警电话通知后自动至公安机关,被告人黄某主动投案。二被告人到案后均如实供述了上述犯罪事实。

　　被告人通过修改路由器、浏览器设置、锁定主页或者弹出新窗口等技术手段,强制网络用户访问指定网站的"DNS 劫持"行为,属于破坏计算机信息系统,后果严重的,构成破坏计算机信息系统罪。

　　根据最高人民法院、最高人民检察院《关于办理危害计算机信息系统安全刑事案件应用法律若干问题的解释》,破坏计算机信息系统,违法所得人民币二万五千元以上或者造成经济损失人民币五万元以上的,应当认定为"后果特别严重"。本案中,二被告人的违法所得达人民币 754 762.34 元,属于"后果特别严重"。

　　上海市浦东新区人民法院于作出刑事判决:① 被告人付某犯破坏计算机信息系统罪,判处有期徒刑三年,缓刑三年;② 被告人黄某犯破坏计算机信息系统罪,判处有期徒刑三年,缓刑三年;③ 扣押在案的作案工具以及退缴在案的违法所得予以没收,上缴国库。

　　案例思考:DNS 流量劫持等网络案件的频发,需要设备和技术的更新换代,也包括增配安全技术人员,互联网行业只有打好安全基础,才有望成长为国民经济的中流砥柱。

【法条速递】

　　违反国家规定,对计算机信息系统功能进行删除、修改、增加、干扰,造成计算机信息系统不能正常运行,后果严重的,处五年以下有期徒刑或者拘役;后果特别严重的,处五年以上有期徒刑。违反国家规定,对计算机信息系统中存储、处理或者传输的数据和应用程序进行删除、修改、增加的操作,后果严重的,依照前款的规定处罚。故意制作、传播计算机病毒等破坏性程序,影响计算机系统正常运行,后果严重的,依照第一款的规定处罚。单位犯前三款罪的,对单位判处罚金,并对其直接负责的主管人员和其他直接责任人员,依照第一款的规定处罚。

　　　　　　　　　　　　——《中华人民共和国刑法》第二百八十六条

7.2.2　国际联网安全保护

　　为了规范电信市场秩序,维护电信用户和电信业务经营者的合法权益,保障电信网络和信息的安全,促进电信业的健康发展,2000 年国务院颁布了《中华人民共和国电信条例》,对电信网络的网络安全及电信消费者、经营者的网络安全提供行政法律保障。

根据《计算机信息系统安全保护条例》和《中华人民共和国电信条例》等法规的规定,1997 年公安部制定了《计算机信息网络国际联网安全保护管理办法》,该办法规定,任何单位和个人不得利用国际联网危害国家安全、泄露国家秘密,不得侵犯国家的、社会的、集体的利益和公民的合法权益。任何单位和个人不得违反法律规定,利用国际联网侵犯用户的通信自由和通信秘密。

从事国际联网业务的单位和个人应当接受公安机关的安全监督、检查和指导,如实向公安机关提供有关安全保护的信息、资料及数据文件,协助公安机关查处通过国际联网的计算机信息网络的违法犯罪行为。国际出入口信道提供单位、互联单位的主管部门或者主管单位,应当依照法律和国家有关规定负责国际出入口信道、所属互联网络的安全保护管理工作。

微课:
违规了! 淘宝网等 5 家网站被责令限期整改

🔅【德技并修】

某社交平台用户数据泄露

国内某知名社交平台因系统安全漏洞导致大规模用户数据泄露,涉及超过 5 000 万名用户的隐私数据,包括手机号码、邮箱地址、昵称等信息,泄露的数据在暗网被公开售卖,部分用户因此收到垃圾邮件、骚扰电话,甚至遭遇精准诈骗。事件曝光后,平台承认存在安全漏洞,表示已修复漏洞并配合调查,同时承诺加强安全防护并对受影响用户提供补偿。

从法律角度看,该平台违反了《个人信息保护法》和《数据安全法》,既未履行个人信息保护义务,也未落实数据分类分级保护制度,可能面临高额罚款和行政处罚。受影响的用户可根据《民法典》和《消费者权益保护法》要求平台承担民事赔偿责任,并向监管部门投诉。

该事件为互联网公司和用户敲响了警钟。企业应加强信息安全防护,定期检测和修复漏洞,建立完善的数据保护制度,并在发生泄露后及时采取补救措施。用户则应提高信息安全意识,避免使用相同密码,并通过官方渠道核实可疑信息。监管部门也需加大检查力度,推动建立数据泄露事件的快速响应机制。

案例思考:

1. 互联网企业在用户数据保护方面应承担哪些法律责任?如何平衡数据利用与隐私保护之间的关系?

2. 用户数据泄露事件发生后,平台应如何应对以减少损失和影响?请结合《个人信息保护法》和《数据安全法》提出具体措施。

【实务拓展】

互联网公司防范信息泄露管理制度

互联网公司首先要具有严格的权限管理制度,具备强大的系统审计、预警功能,一旦出现违规操作,系统就能立刻捕获信息,达到有效的监控及迅速止损的目的。其次,公司应定期向员工进行信息安全教育培训,不断宣导相关法律和规定,持续强化员工的法律法规意识,让员工了解信息安全对企业的重要性及相关管理规则,规范员工严谨的信息安全习惯。

7.2.3　电子商务信息安全保护

信息是电子商务活动的基础,电子商务交易安全的核心是数据安全。电子商务平台数据安全包括电子商务活动产生的交易数据和个人信息的安全。

1. 电子商务平台交易数据安全保护

随着互联网和大数据技术的发展,在电子商务交易中,数据来源更加复杂多样,数据量越来越庞大,数据应用范围不确定性也越来越大,这些都会给电子商务平台带来交易数据安全问题。同时,也增加了恶性窥探和侵害企业商业秘密、盗取商业机密的可能性。

因此,在电子商务交易中,要保障交易信息的安全,即信息在存储、传输等整个过程中,不遭受被拦截、丢失、非法泄露等影响,以保障电子支付和物流的顺利进行,即履约安全。

【案例直击】

全国首例电商平台诉"差评师""1元官司"案

2018年11月8日,全国首例电商平台诉"差评师"案在江苏省海门市人民法院开庭审理,庭审全程进行了网络直播——阿里巴巴以侵权为由,将三名利用恶意差评敲诈商家、已被刑事判决的差评师诉至法院,请求法院判令赔偿损失1元、合理支出2万元,并在淘宝网主页赔礼道歉。

2017年4月,杜某等三人共谋利用恶意差评在淘宝上敲诈商家。三人分工明确,杜某挑选店铺和商品,然后将链接发给邱某。邱某购买收货后,直接给差评,待商家联系她后,她就将杜某的联系方式推给商家。此后,杜某与商家讨价还价,要求商家要么"花钱消灾",要么"我让更多的人来给你差评"。邱某见有利可图,便拉着弟媳张某一起做。落网前,三人敲诈勒索了多个商家,每笔获利600~8 800元不等,共计2万余元。

阿里巴巴安全部接到商家举报后，协助警方侦破此案。同年11月，海门法院以敲诈勒索罪判处杜某等三人缓刑，并处罚金。

但此事并未结束。杜某等三人受到刑罚后，淘宝公司以恶意评价涉嫌侵权为由，将三人诉至海门法院。这起全国首例电商平台诉差评师案，于2018年11月8日公开开庭审理。法庭上，淘宝公司辩称，杜某等三人的行为不仅直接损害被敲诈的商家权益和淘宝对评价数据所享有的合法权益，更误导了消费者，破坏了良好的电子商务营商环境。

案例思考：对商家来讲，消费者的评价会直接影响其交易情况；而作为购物评价这一数据信息的收集者和保管者，电子商务平台亦对数据信息非常重视。电商平台在长期经营活动中积累的有关销量、评价等数据所构建的信用评价体系已成为其核心竞争力的一部分，大量虚假评价的存在会影响消费者对电子商务平台的评价，进而影响其商业信誉以及在市场上的竞争力。

2. 电子商务平台个人数据安全保护

通过电子商务平台强大的收集能力可以准确收集和整理用户的交易记录、浏览记录、收藏记录等个人在平台内产生的数据；同时，电子商务平台拥有强大的数据处理能力，使电子商务经营者能够准确地分析消费者的兴趣爱好、消费习惯等。基于分析结果，电子商务经营者可以根据搜索结果，以定向广告的方式向用户推销商品或者服务，从而提高交易成功率。精准营销可针对特定用户提供定制化搜索结果，向消费者发送各种定向广告，这在一定程度上是利用用户的个人数据侵害消费者的知情权和选择权，并出现了明显的负面效果，对很多消费者已造成困扰。

因此，《电子商务法》保障交易当事人人身和财产安全，如用户个人信息免受非法收集利用和泄露，个人账户资金不被盗取等。第三方电子商务平台存储有大量交易数据，这些交易数据事关我国经济安全，基于国家安全的考虑，电子商务数据应在法律规定的范围内有序流动。

《电子商务法》第六十九条第一款规定："国家维护电子商务交易安全，保护电子商务用户信息，鼓励电子商务数据开发应用，保障电子商务数据依法有序自由流动。"

【案例直击】

快递员泄露客户信息获利3.8万元被判刑

被告人宋某某利用其系湖南省长沙市某速运有限公司员工身份，获得同事的公司操作平台员工账号和密码后，将自己的VPN权限与公司账户、密码一同提供给另一名被告人曹某某。

其后，曹某某通过外网登录了该速运公司的VPN服务器，访问运单查询系统，并下载了20多万条客户运单信息，包括客户的姓名、购买物品、住址、电话、价格等。

然后,曹某某把这些客户运单信息交由另一被告人李某某贩卖获利。

一名网店老板黄某则以人民币 1 000 元的价格向李某某购买公民个人信息,用于发送信息宣传其网店。

截至被抓之日,宋某某收取曹某某给予的报酬人民币 38 000 元,曹某某贩卖公民个人信息获利人民币 60 000 多元,李某某分得约人民币 5 000 多元。

最终,宋、曹、李、黄四人均因侵犯公民个人信息罪而获刑。其中,快递员宋某某获刑一年三个月,曹某某获刑两年,李某某获刑 11 个月,黄某则被判缓刑。4 人被处罚金 5 000~300 000 元不等。

案例思考:党的二十大报告指出,要加强个人信息保护。本案例中速运公司和用户之间具备合同关系,物流企业有保障用户信息安全的义务,需承担一定赔偿责任。

【法条速递】

国家实行网络安全等级保护制度。网络运营者应当按照网络安全等级保护制度的要求,履行下列安全保护义务,保障网络免受干扰、破坏或者未经授权的访问,防止网络数据泄露或者被窃取、篡改:(一)制定内部安全管理制度和操作规程,确定网络安全负责人,落实网络安全保护责任;(二)采取防范计算机病毒和网络攻击、网络侵入等危害网络安全行为的技术措施;(三)采取监测、记录网络运行状态、网络安全事件的技术措施,并按照规定留存相关的网络日志不少于六个月;(四)采取数据分类、重要数据备份和加密等措施;(五)法律、行政法规规定的其他义务。

——《中华人民共和国网络安全法》第二十一条

违反国家有关规定,向他人出售或者提供公民个人信息,情节严重的,处三年以下有期徒刑或者拘役,并处或者单处罚金;情节特别严重的,处三年以上七年以下有期徒刑,并处罚金。违反国家有关规定,将在履行职责或者提供服务过程中获得的公民个人信息,出售或者提供给他人的,依照前款的规定从重处罚。窃取或者以其他方法非法获取公民个人信息的,依照第一款的规定处罚。单位犯前三款罪的,对单位判处罚金,并对其直接负责的主管人员和其他直接责任人员,依照各该款的规定处罚。

——《中华人民共和国刑法》第二百五十三条之一

自然人的个人信息受法律保护。任何组织或者个人需要获取他人个人信息的,应当依法取得并确保信息安全,不得非法收集、使用、加工、传输他人个人信息,不得非法买卖、提供或者公开他人个人信息。

——《中华人民共和国民法典》第一百一十一条

在数字经济蓬勃发展的态势之下,《个人信息保护法》自 2021 年 11 月 1 日起施行,回应了数字经济大潮带来的个人信息保护问题,体现了我国对个人信息权益保护的决心,同时为促进数字经济的健康发展提供了具体路径。《个人信息保护法》第六条明确规定:处理个人信息应当具有明确、合理的目的,并应当与处理目的直接相关,采取对个人权益影响最小的方式。收集个人信息,应当限于实现处理目的的最小范围,不得过度收集个人信息。

对于提供重要互联网平台服务、用户数量巨大、业务类型复杂的个人信息处理者,个人信息保护法特别规定了其需要履行的义务,如建立健全个人信息保护合规制度体系,定期发布个人信息保护社会责任报告,接受社会监督等。

对于企业而言,企业需要严格遵循《个人信息保护法》构建相应的合规体系,避免在收集、处理个人信息的活动中未履行相应义务而导致纠纷、遭受行政机关罚款,或影响商业活动的有效开展。

对于公民个人而言,《个人信息保护法》的出台意味着更有力的赋权,面对有损个人信息权益的行为时有了明确的法律依据为其提供救济,但权利亦伴随着义务,若行为越界,亦将面临相应的民事、行政或刑事责任。

【案例直击】

网购平台向内嵌支付机构提供用户个人信息的合法性认定案

原告吴某诉称,其下载某电商购物 App 并使用个人手机号注册了账号。登录 App 后,原告发现该电商购物 App "个人中心"栏项下有"某钱包"选项,遂按照 App 界面要求,在输入原告本人真实姓名及身份号码后开通了"某钱包"。

在使用"某钱包"提供的"免输卡号添加银行卡"功能时,原告原本打算选择自己有卡的银行进行关联,但误触了列表中的某银行,得到了"暂无银行卡可以绑定"的反馈。

原告认为,其并未授权某电商购物平台经营方告知某银行自己真实姓名及身份号码,某银行能够得知原告本人并无银行卡在该行开具,系案涉 App 泄露原告的敏感个人信息所致,而某银行亦因此非法获得了原告的敏感个人信息。其后,原告在某电商购物 App 内查阅了相关用户协议内容后还进一步发现,App 的运营主体上海某公司与"某钱包"经营主体某付费通公司的运营主体并不一致,而在原告并未明确知情同意的情况下,其真实身份信息还由上海某公司传输给了某付费通公司,并极可能又由某付费通公司传输给了某银行。原告自觉权利受损,遂决定注销"某钱包",但竟然无法注销。故向法院提起诉讼。

经查,案涉电商购物平台 (App) 系由被告上海某公司运营的电商平台。某电商购物 App 在应用程序个人用户界面上线了名为"某钱包"的支付服务应用功能,用户可通过"某钱包"的支付功能在平台内购物交易时进行充值、支付及提现等应用。"某钱包"的实际运营主体为某付费通公司。被告某付费通公司为实现用户"某钱包"账户绑定银行卡并具备银行卡快捷支付功能，与包括某银行公司在内的多家银行机构开展有银行卡快捷支付合作。原告吴某使用案涉账号首次进入该电商购物 App "某钱包"界面填入的个人姓名、公民身份证号码等信息，先由上海某公司收集、存储，在原告不知情的情况下，再由上海某公司提供给某付费通公司。

当原告进入"某钱包"添加银行卡界面选择免输卡号进行银行卡绑定操作时，某付费通公司则会将其姓名、公民身份证号码信息提供给选定绑卡的银行，银行获取前述信息后根据提供的信息验证该信息主体是否为该银行的持卡人，若为该行持卡人，则留存该信息并进入后一步绑卡操作流程；若非为该行持卡人，亦留存该信息并向某付费通公司反馈结果。

杭州互联网法院判决认为，该电商购物平台向某付费通公司提供其收集的吴某个人信息的行为属于未明示信息处理的目的、方式、范围的行为，吴某系在未充分知情的情况下实施对其个人信息披露的同意。该电商购物平台的上述行为既违反了其与吴某之间的合同约定，也不符合个人信息处理活动应遵循的知情同意规则。某付费通公司收集吴某个人信息时，某电商购物平台未以任何形式告知吴某，某付费通公司将获取其案涉个人信息，更未以任何形式获得过吴某的同意，亦不存在通过订立、履行合同必需规则或履行法定义务规则等获得处理吴某个人信息的合法性基础。综上，该电商购物平台经营者、某付费通公司对吴某个人信息的处理行为缺乏合法性基础，法院认定二者的信息处理行为侵害了吴某的个人信息权益。考虑到该电商购物平台经营者、某付费通公司对吴某个人信息的处理行为存在意思联络，故判令两被告向吴某进行书面道歉并赔偿相应合理维权支出。

案例思考：电子商务经营者如何依照法律法规处理用户个人信息，尽到相应义务？

 【法条速递】

符合下列情形之一的，个人信息处理者方可处理个人信息：

（一）取得个人的同意；

（二）为订立、履行个人作为一方当事人的合同所必需，或者按照依法制定的劳动规章制度和依法签订的集体合同实施人力资源管理所必需；

（三）为履行法定职责或者法定义务所必需；

（四）为应对突发公共卫生事件，或者紧急情况下为保护自然人的生命健康和财产安全所必需；

（五）为公共利益实施新闻报道、舆论监督等行为，在合理的范围内处理个人信息；

（六）依照本法规定在合理的范围内处理个人自行公开或者其他已经合法公开

的个人信息；

（七）法律、行政法规规定的其他情形。

依照本法其他有关规定，处理个人信息应当取得个人同意，但是有前款第二项至第七项规定情形的，不需取得个人同意。

——《中华人民共和国个人信息保护法》第十三条

7.2.4　电子商务交易安全保护

1. 电子商务诚信建设

随着居民消费进入品质消费阶段，人们对社会诚信体系建设的呼声越来越高，对于假冒伪劣、虚假广告、价格欺诈等行为的容忍度越来越低。在国家、地方社会信用体系建设不断深化的同时，电商平台自律意识也在增强，消费者网购的信用环境进一步优化。但作为社会现象，虚假广告、假冒伪劣、质量不合格、拒不履行合同等电子商务中的违法失信现象仍长期存在，一些新的失信现象也仍有发生。

 【德技并修】

电子商务诚信建设势在必行

国内某知名生鲜电商平台因"虚假宣传"问题被消费者投诉。该平台在宣传中声称其销售的农产品为"有机认证"，但消费者购买后发现部分商品并无相关认证，甚至存在农药残留超标问题。市场监管部门调查发现，商家通过虚假宣传误导消费者，该平台因未能有效审核商品信息被责令整改。

此类现象并非个例，这些不诚信经营行为不仅严重损害了消费者权益，还极大地损害了品牌形象，扰乱了网络经营秩序。诚信是电子商务健康发展的基石，虚假宣传不仅损害消费者权益，还破坏了市场公平竞争环境。平台和商家应通过技术手段和制度建设共同营造公平、透明的市场环境。

平台应加强对商家的监管，确保宣传信息的真实性。消费者需提高警惕，理性看待商品宣传，发现虚假行为及时举报；监管部门则应加大检查力度，推动建立信用信息共享机制；作为未来电子商务从业者，既要掌握专业技能，又要树立合法合规诚信经营意识，为电子商务行业的健康发展贡献力量。

案例思考：请结合自身的购物体验分析为什么电子商务诚信建设势在必行？并且谈谈在电子商务交易中，如何弘扬诚信文化？

2016年12月，国务院发布了《关于加强政务诚信建设的指导意见》和《关于加强个人诚信体系建设的指导意见》、国家发改委等九部门发布了《关于全面加强电子商务领域诚信建设的指导意见》。这三个文件的出台,标志着我国社会信用体系建设进入全面深化推进的新阶段。电子商务诚信建设方面,着重利用大数据协同监管,做到"五抓五推进":抓信用记录、抓信息共享、抓大数据评价、抓协同监管、抓联合惩戒;推进实名登记和认证、推进事前信用承诺、推进产品信息溯源、推进网络交易评价、推进权益保护。

《关于全面加强电子商务领域诚信建设的指导意见》由国家发展改革委等九个部门共同发布,对电子商务信用监管和电子商务信用联合奖惩进行了规范,在对电子商务诚信建设加大奖励和引导的同时,也加大了行政监管力度,以保障电子商务健康有序发展。《电子商务法》对促进电子商务信用建设有明确的规定,指出"国家支持依法设立的信用评价机构开展电子商务信用评价,向社会提供电子商务信用评价服务"(第七十条)。同时,明确了电子商务平台经营者信用建设的责任和义务,规定其"电子商务平台经营者应当建立健全信用评价制度,公示信用评价规则,为消费者提供对平台内销售的商品或者提供的服务进行评价的途径。电子商务平台经营者不得删除消费者对其平台内销售的商品或者提供的服务的评价"(第三十九条),且"电子商务平台经营者应当根据商品或者服务的价格、销量、信用等以多种方式向消费者显示商品或者服务的搜索结果;对于竞价排名的商品或者服务,应当显著标明'广告'"(第四十条),对于电子商务经营者有违法行为的,"依照有关法律、行政法规的规定记入信用档案,并予以公示"(第八十六条)。

(1) 大力实施电子商务信用监管。

① 加强第三方大数据监测评价。鼓励社会信用评价机构对电子商务平台定期进行信用状况评估,监测失信行为信息。制定相关程序规范,加强对市场监督投诉电话"12315"等投诉举报服务平台中电子商务失信信息的整合、共享、推送。在"信用中国"网站和企业信用信息公示系统开通网络失信举报中心,畅通群众举报途径。全国信用信息共享平台要及时采集部门监管、大数据监测、群众举报等渠道形成的电子商务领域的失信信息。

② 健全政府部门协同监管机制。构建以信用为核心,以实时监控、智能识别、风险预警、科学处置为主要特点的电子商务新型市场监管体系。建立常态化、长效化的多部门联合执法检查工作机制。实施信用分级分类监管,建立集风险监测、网上抽查、源头追溯、属地查处、信用管理为一体的电子商务信用监督机制。

③ 提高电子商务平台的信用管理水平。支持电子商务平台依法整合线上线下数据资源,对政府部门市场监管中产生的可公开信用信息与自身掌握的信用信息进行汇聚整合和关联分析,构建大数据监管模型,及时掌握市场主体经营交易信用状况,有效识别和打击失信商家,为诚信商家和客户提供优良的交易环境及平台服务。

④ 落实电子商务平台主体责任。电子商务平台要建立健全内部信用约束机制,

充分运用大数据技术,加强在商品质量、知识产权、服务水平等方面的信用管控。建立商家信用风险预警制度,对销售假冒伪劣商品、恶意刷单炒信的严重失信商家,电子商务平台应按照有关行业主管、监管部门要求,及时向社会公示相关信息,发布风险提示。电子商务平台要建立并完善投诉举报解决机制,及时将掌握的涉嫌违法违规线索报送相关行业主管、监管部门,配合有关部门进行查处。对不积极承担主体责任的电子商务平台,有关行业主管、监管部门要及时采取约谈、通报等措施,并依法做出行政处罚。

⑤ 更好发挥第三方机构和社会组织在电子商务信用监管中的积极作用。支持信用服务机构以需求为导向,依法采集电子商务平台、交易主体及其物流等相关服务企业的信用信息,加大信用产品研发力度,提供信用调查、信用评估、信用担保、信用保险等信用产品和服务。通过电子商务相关协会组织加强电子商务企业的自我信用约束和行业自律。

(2) 广泛开展电子商务信用联合奖惩。

① 加大信用信息公示力度。建立电子商务平台基本信息、信用信息及重大事件信息披露制度。推动电子商务平台在市场主体经营页面显著位置公示其营业执照、身份核验标识、信用等级等信息或包含以上信息的电子链接标识。引导电子商务平台在网站首页设立"信用中国"网站和企业信用信息公示系统查询窗口,提供市场主体信用信息查询服务。引导电子商务市场主体公示更多生产经营信息,特别是采购、销售、物流等方面的信用信息,完整公示产品信息和服务承诺。健全个人信息保护制度,保护电子商务领域消费者个人隐私。

② 加大对守信主体的激励力度。建立和规范电子商务领域守信主体"红名单"制度。在商贸活动中,加大对"红名单"主体的推介力度,在公共服务、市场交易、社会管理等方面给予一定的便利。鼓励电子商务平台对"红名单"主体在搜索排序、流量分配、营销活动参与机会、信用积分等方面给予倾斜,强化正面激励引导。推动金融机构加大对"红名单"企业支持力度,引导金融机构优化贷款流程,创新金融产品,积极做好金融服务。

③ 加大对失信主体的惩戒力度。建立电子商务领域失信主体"黑名单"制度。加大对被列入"黑名单"的电子商务平台及相关服务企业的监管力度,提高检查频率,依法对企业有关失信人员实施不得担任企业法定代表人、负责人、董事、监事、高级管理人员职务,限制经营或融资授信等联合惩戒措施。支持电子商务平台按照有关管理规定,对"黑名单"主体实施限制入驻会员、降低信用等级、屏蔽或关闭店铺、查封电子商务账户、公开曝光等惩戒措施。

④ 严厉打击、整治电子商务领域违法失信行为。严防打击制假售假、以次充好、虚假宣传、恶意欺诈、服务违约、恐吓威胁以及通过恶意刷单、恶意评价、空包裹代发邮寄等方式伪造交易记录和物流信息实现"增信""降信"的违法失信行为。加大对即时通信等社交网络服务的监管力度,对通过个人社交平台进行交易的行为加强

监控和检查,依法查处违法交易行为。加大对物流配送环节违法违规行为的查处力度,严厉打击利用电子商务平台或物流体系非法采集、滥用、泄露和倒卖个人信息的行为。

【案例直击】

全国"刷单炒信"入刑第一案

刷单组织者李某某通过创建网站和利用语音聊天工具建立刷单炒信平台,非法获利 90 万余万元,被公诉机关以涉嫌非法经营罪起诉。这是阿里巴巴运用大数据主动发现并向警方提供刷单线索,进入刑事宣判的第一案,也成为网络"刷单"被定为非法经营罪第一案。

随着网购的流行,刷单、炒信已成为一条巨大的灰色产业链。2013 年 2 月,李某某通过创建"零距网商联盟"网站和利用 YY 语音聊天工具建立刷单炒信平台,吸纳淘宝卖家注册账户成为会员,并收取 300~500 元不等的会员费和 40 元的平台管理维护费。李某某通过制定刷单炒信规则与流程,组织及协助会员通过该平台发布或接受刷单炒信任务。会员在接受任务后,通过与发布任务的会员在淘宝网上进行虚假交易并给予虚假好评的方式,赚取任务点,从而有权限在该平台自行发布刷单任务,使其他会员为自己刷单,进而提升自己淘宝店铺的销量和信誉,欺骗淘宝买家。期间,李某某通过向会员销售任务点的方式牟利。截至 2014 年 6 月,被告人李某某共计获利 90 余万元人民币。经查询,由江苏省通信管理局回函,"零距网商联盟"网站不具备获得增值电信业务经营许可的条件。

同时,在"刷单"赚钱的行为中,还存在部分平台会员先帮商家刷单,商家支付刷单垫付的本金,会员又申请退款,造成商家损失的行为。这种行为严重扰乱了电子商务市场的正常经营秩序,亦对社会诚信体系造成严重冲击。

法院认为,被告人李某某违反国家规定,以营利为目的,明知是虚假的信息,仍通过网络有偿提供发布信息等服务,扰乱市场秩序,且属情节特别严重,遂依据相关法律规定,以非法经营罪判处被告人李某某有期徒刑五年六个月,并处罚金人民币九十万元,连同原判有期徒刑九个月,并处罚金人民币二万元,予以并罚,决定执行有期徒刑五年九个月,并处罚金人民币九十二万元。

案例思考:组织刷单入刑第一案的意义在于告诫人们,尽管网络扩展了人们的活动边界,但网络不是法外空间,网络空间的违法犯罪行为也必将受到法律的惩处。这对于倡导诚实守信、健康文明的网络行为,推进网络空间的依法治理意义重大。

违反国家规定,有下列非法经营行为之一,扰乱市场秩序,情节严重的,处五年以下有期徒刑或者拘役,并处或者单处违法所得一倍以上五倍以下罚金;情节特别严重的,处五年以上有期徒刑,并处违法所得一倍以上五倍以下罚金或者没收财产:(一)未经许可经营法律、行政法规规定的专营、专卖物品或者其他限制买卖的物品的;(二)买卖进出口许可证、进出口原产地证明以及其他法律、行政法规规定的经营许可证或者批准文件的;(三)未经国家有关主管部门批准非法经营证券、期货、保险业务的,或者非法从事资金支付结算业务的;(四)其他严重扰乱市场秩序的非法经营行为。

——《中华人民共和国刑法》第二百二十五条

经营者不得对其商品的性能、功能、质量、销售状况、用户评价、曾获荣誉等作虚假或者引人误解的商业宣传,欺骗、误导消费者。经营者不得通过组织虚假交易等方式,帮助其他经营者进行虚假或者引人误解的商业宣传。

——《中华人民共和国反不正当竞争法》第九条

经营者违反本法第十三条第二款、第三款、第四款规定利用网络从事不正当竞争的,由监督检查部门责令停止违法行为,处十万元以上一百万元以下的罚款;情节严重的,处一百万元以上五百万元以下的罚款。

——《中华人民共和国反不正当竞争法》第二十九条

2. 依法打击电子商务犯罪

在电子商务快速发展的同时,针对电子商务的犯罪也在急剧增多。电子商务犯罪主要包括批量倒卖网站信息、利用外挂网站植入计算机病毒程序、伪造或盗用支付账户及修改或破坏信息系统这四种,涉及的罪名主要包括网络传销罪、盗窃罪、诈骗罪、敲诈勒索罪、非法获取计算机信息系统数据罪等。一旦电子商务经营者触犯法律,构成犯罪,就要承担相应的刑事责任,因此需要提高认识,预防犯罪。

(1)网络传销罪。目前网络传销犯罪主要有三种模式:一是传统传销的网络版,即借助互联网推销实物产品,靠发展下线盈利,但这种模式过于明显,已逐渐被抛弃;二是靠发展下线增加广告点击率来获取佣金回报,通过网络浏览付费广告获得积分,并由单一的点击广告发展为点击广告、收发电子邮件、在线注册等多种方式并存;三是多层次信息网络营销模式,该模式的传销载体主要为购物网站。这三种类型的网络传销主要通过购物网站、付费广告、网络游戏、金钱游戏等载体发展下线。

网络传销犯罪具有隐蔽性强、虚拟性强、成本低廉的特征。

① 隐蔽性强。在传统传销犯罪中,通常整个组织是家族式的传销集体,所有成员不分男女每天吃住在一起,而且上下线之间以双方见面作为主要的联系方式。在这种情况下,下线人员能清楚了解自己上线和其他成员的情况,传销组织的隐蔽性较

低。相比之下,网络传销犯罪充分利用了互联网的便利性,下线与上线之间通过网上聊天工具使用网络名称进行单线联系,其他会员之间根本没有任何联系,甚至根本不知道对方的存在,更不用说有深入的了解,这使得网络传销犯罪的隐蔽性大大增强。

② 虚拟性强。在传统传销犯罪中,组织者通常使用实物进行传销,在拉人入伙时,给予他们一些不具备流通性和购买性的所谓的"商品",以掩饰其真实目的。与传统传销犯罪截然不同的是,网络传销犯罪嫌疑人多打着电子商务、虚拟空间、网络教育等旗帜,隐藏其传销的本质。这比传统传销犯罪更具欺骗性和诱惑性。而多数网民缺乏专业网络知识,对电子商务、虚拟空间、网络教育等高科技产品知之甚少,网络传销犯罪的组织者正是利用网民的无知和迅速致富的幻想,以达到非法敛财的目的。

③ 成本低廉。在传统传销犯罪中,组织者需要筹集大量人力、财力和物力来组建传销组织并控制手下的人员。相比之下,网络传销犯罪则简单得多,往往只要几台计算机和几个调制解调器就可以创建一个传销网站,而且无须购买用于传销的"商品",只要创建几个虚拟的网络空间即可。最重要的是,其管理却极其容易,只要在网上发布消息和命令就行。此外,收费又是利用银行账号甚至网络银行支付等极为迅捷的方式进行,这些都大大节约了犯罪成本。

【实务拓展】

如何辨别返利与网络传销?

第一,是否存在资金投入。正规返利网站不需要支付任何费用,而网络传销往往需要通过缴纳入会费来取得加入资格。

第二,是否有实物交易。正规返利网站是一个电子商务入口,消费者通过该入口购买选定的电商商品获得返利,是一种以商品交易为目的的返利。而虚假返利类网站主要依靠购买实物、发展下线赚钱。

第三,返利过程中是否存在发展下线。发展下线,并根据直接或者间接发展下线的数量计算销售业绩并计酬是判定传销的显著特征。

第四,是否有合法资质。正规的返利网站,首先必须要具备经营性 ICP 证书,而不是普通的网站备案证书。此外,正规的返利网站一般都是公司运作,可以在工商部门查到其注册地址、法人代表、注册资本金等。

第五,是否有合理的返利规则。如果网站是把正常的积分返利由消费返利变成投资返利,且正常消费返利的比例远低于投资返利比例,则涉嫌违法。

随着国家打击网络传销力度的加大,建议社会公众,特别是一些年轻人在利用电子商务进行创业时,要合法、适度。在罪与非罪、合法与违法等法律定性问题上产生疑问时,要及时咨询相关法律人员。不要抱有急功近利的心理,被一时的利益冲昏头脑,组织、领导传销活动,因违法乱纪行为而后悔一生。如果发现自己被骗参与传销活动,要注意收集、保存汇款账号、缴费收据等相关证据,及时提供给执法机关,以便于及时、准确地打击违法犯罪,保障自身的权益。

网络传销犯罪案件往往涉案人员众多,参与传销人员地域分布广泛,传销时间较长,涉案金额巨大,仅仅依靠言词证据难以查清案件事实。因此,要利用网络传销犯罪过程中往往留下大量客观证据的特点,及时、充分地收集网络传销组织账本、申购单、宣传资料等书证、物证,与言词证据构成证据链。

✖【案例直击】

社交电商平台网络传销案

国内某社交电商平台因涉嫌网络传销被警方查处。该平台以"社交裂变""自购省钱、分享赚钱"为噱头,通过发展会员、收取入门费、层级计酬等方式进行非法经营活动。短短一年内,平台发展会员超过 50 万人,涉案金额高达 10 亿元。警方调查发现,该平台并无真实商品交易,主要依靠新会员的资金维持运营,最终依法查封平台并对主要犯罪嫌疑人采取刑事强制措施。

该平台未取得合法经营资质,通过虚假宣传诱导用户加入,违反了《刑法》《电子商务法》相关规定。平台主要负责人可能面临五年以下有期徒刑或拘役,并处罚金;情节严重的,可能面临五年以上有期徒刑。平台还需退还非法所得并承担行政处罚。

该事件为电商行业带来深刻的警示:平台应依法取得资质,规范经营行为,避免触碰法律红线;消费者需提高警惕,认清传销本质,避免被虚假宣传迷惑;监管部门则应加大检查力度,严厉打击网络传销行为。

案例思考:该平台通过"高额回报""零风险创业"等虚假宣传诱导用户加入。作为消费者,如何识别和防范类似的网络传销陷阱?提出具体的防范措施。

(2) 网络盗窃罪。网络盗窃具体指的是以违法侵占为最终目标,通过计算机网络手段,秘密窃取他人有价值的个人信息数据(电子货币、游戏装备、消费积分等)或秘密窃取他人财物的行为。

网络盗窃犯罪的基本方式主要有四种:第一,利用职务之便,窃取他人个人信息数据;第二,利用网络上常见的木马病毒等,通过邮件、不明网页链接等方式,植入他人计算机,读取他人计算机内存储的个人资料后实施盗窃;第三,以无偿使用为目的,不经过电信部门许可,非法获取、使用他人电信密码号或账号,或者非法侵入电信部门计算机信息系统,非法设立电信账号,私自接入互联网络获得电信服务;第四,利用电子邮件、QQ、微信等,诱使他人点击某链接,从而将键盘记录程序植入他人的计算机中,窃取网上银行的登录账号和密码后实施盗窃。

【法条速递】

利用计算机实施金融诈骗、盗窃、贪污、挪用公款、窃取国家秘密或者其他犯罪的，依照本法有关规定定罪处罚。

——《中华人民共和国刑法》第二百八十七条

盗窃公私财物，数额较大的，或者多次盗窃、入户盗窃、携带凶器盗窃、扒窃的，处三年以下有期徒刑、拘役或者管制，并处或者单处罚金；数额巨大或者有其他严重情节的，处三年以上十年以下有期徒刑，并处罚金；数额特别巨大或者有其他特别严重情节的，处十年以上有期徒刑或者无期徒刑，并处罚金或者没收财产。

——《中华人民共和国刑法》第二百六十四条

网络盗窃犯罪具有以下特征：

① 犯罪主体专业化。网络盗窃犯罪的主体往往具有相当丰富的计算机专业知识和熟练的网络操作技能，甚至可以设计具有推理技能、自动进行目标搜索，并可改变自身形态、具有自行修复能力的智能型计算机病毒，以此来对抗一般的反病毒措施。

② 犯罪手段更隐蔽。网络的开放性、虚拟性和超空间性等特点，使得计算机犯罪具有极高的隐蔽性，鼠标一点，就能轻松实施异地作案，甚至跨越国(边)境作案。

③ 犯罪工具更简便普及。网络盗窃犯罪的实施者只要拥有一台能够上网的计算机，就能着手其犯罪计划。特别是随着网络病毒泛滥，有心实施网络盗窃的犯罪分子，只要下载一些不法软件，稍做改编就能让病毒肆意蔓延，为其获取有用的信息，进而实施网络盗窃行为。

④ 网络盗销的职业化与产业链化。目前，网上盗窃、销赃情况向着职业化、一体化、产业链化的趋势发展。在盗号行为中，销售团伙将其所盗窃的虚拟财产打包销售，转移给买家获利。甚至出现利用虚拟币交易平台或网上购物等方式，将虚拟货币转化为现金或实物牟利。

控制和惩治网络盗窃犯罪是一个复杂的社会系统工程，需要汇集全社会的共同努力，齐抓共管，综合治理，采取积极的防治措施。

首先，要倡导"以德治网"。网上交往的虚拟性，淡化了人们的道德观念，削弱了人们的道德意识。要大力加强网络伦理道德教育，提倡网络文明，培养人们明辨是非的能力，使其形成正确的道德观。

其次，通过信息技术手段防范。使用正版软件，有效防止计算机病毒入侵，同时充分运用防火墙技术，把对网络和主机的冲击降至最低限度。

最后，要增强防范意识，勿因好奇心点击、登录来路不明的网址。当收到广告信、电子邮件、插件等陌生信息时，不要被其文字吸引而点击信息中所提供的网址和文件。

 **【案例直击】**

虚假链接实施网络盗窃

被告人臧某获悉被害人金某的建行网上银行账户内有 30.5 万多元存款且无每日支付限额，便以尚未看到金某付款成功的记录为由，发送给他一个交易金额标注为 1 元而实际植入了支付 30.5 万元的计算机程序的虚假链接，谎称金某点击该 1 元支付链接后，其即可查看到付款成功的记录。金某在诱导下点击了该虚假链接，卡里的钱通过程序转到了臧某事先设立的账户中。随后，臧某用其中的近 12 万元购买了大量游戏点卡，并在名为"小泉先生哦"的淘宝网店上出售套现。案发后，公安机关追回赃款 18.7 万元发还被害人。

案例思考：臧某利用信息网络，诱骗他人点击虚假链接，而实际通过预先植入的计算机程序窃取财物构成了犯罪，应以盗窃罪定罪处罚。同时，该案件也警示人们，在网络购物、网络支付中应更加审慎，也促使相关网络支付平台加强网络安全监管，防范和减少网络犯罪案件的发生。

（3）网络诈骗罪。网络诈骗罪是以非法占有为目的，利用互联网，采用虚构事实或者隐瞒事实真相的方法，骗取数额较大的公私财物的行为。

 **【案例直击】**

通过虚假商品交易链接实施网络诈骗

王某以虚假身份开设无货可供的淘宝网店铺，并以低价吸引买家。他事先在网游网站注册一个账户，并对该账户预设充值程序，充值金额为买家欲支付的金额，然后将这个充值程序代码植入一个虚假淘宝网链接中。与买家商谈好价格后，以方便买家购物为由，将该虚假淘宝网链接通过阿里旺旺聊天工具发送买家，买家误以为是淘宝网链接而点击该链接进行购物、付款。最终货款通过预设程序转入了被告人事先在网游网站注册的充值账户。被告获取买家货款后，购买游戏点卡、腾讯 Q 币并在淘宝网店"游戏天地"出售套现，先后获利数万元。

案例思考：本案被告通过提供虚假的商品交易链接，欺骗他人点击链接并付款以骗取他人财物，构成了犯罪，应当以诈骗罪定罪处罚。请同学们思考：如何区分利用网络进行盗窃与诈骗？

目前，网络购物中诈骗的方式形形色色，归纳起来主要有以下八种：

① 谎称其货品为走私物品或海关罚没物品，要求买家支付一定的保证金、押金、定金；

② 谎称买家下订单时卡单，要求买家重新支付或重新下订单；

③ 谎称第三方支付系统正在维护,要求买家直接将钱汇到其指定的银行账户中;

④ 谎称购物网站系统故障,要求买家重新支付;

⑤ 谎称网店正在搞促销、抽奖活动,需要买家缴纳一定的手续费;

⑥ 在买家网购火车票或飞机票时,谎称买家提供的身份信息有误,要求买家重新支付购票款;

⑦ 谎称需要进行资质验证,要求买家支付验证资质费;

⑧ 谎称自己店内无货但朋友的店里有货,于是推荐一个看似差不多的网店。

消费者在选择电子商务网站进行网络商品交易和购买服务过程中,可以采取以下措施防止被骗:

① 选择货到付款的交易模式,即由物流快递代收货款,收到货品后再支付;

② 选择具有第三方支付方式的平台进行交易,如使用支付宝、微信等第三方支付模式交易;

③ 选择具有消费者保障制度的交易平台,指具有 7 天包退换、正品保证、30 天免费维修、假一赔三等消费者保障制度的电子商务交易平台;

④ 选择店铺的产品质量、货源和售后服务具有品牌厂家认证的网店;

⑤ 索取购物凭证或者服务单据,为解决网上购物纠纷提供凭证和依据。

【德技并修】

违信刷单反陷诈骗陷阱

在广州某高校就读的小何同学偶然看到帮商家刷好评和销量即可赚钱的广告,诱惑之下添加了客服人员的微信。首次轻松赚得 200 元后,客服提出因系统故障需小何先垫付费用。在小何垫付了近千元后,客服人员提出要小何再介绍两位朋友"入伙"才可继续赚钱,此时,小何非常后悔,"懊恼自己鬼迷心窍"。很显然,小何同学陷入了诈骗的陷阱,他只能用近千元买个教训了。

案例思考:请同学们思考为什么小何那么容易陷入诈骗陷阱?我们应该怎样才能有效防范此类诈骗?

【法条速递】

诈骗公私财物,数额较大的,处三年以下有期徒刑、拘役或者管制,并处或者单处罚金;数额巨大或者有其他严重情节的,处三年以上十年以下有期徒刑,并处罚金;数额特别巨大或者有其他特别严重情节的,处十年以上有期徒刑或者无期徒刑,并处罚金或者没收财产。本法另有规定的,依照规定。

——《中华人民共和国刑法》第二百六十六条

电子商务平台经营者应当采取技术措施和其他必要措施保证其网络安全、稳定运行，防范网络违法犯罪活动，有效应对网络安全事件，保障电子商务交易安全。

电子商务平台经营者应当制定网络安全事件应急预案，发生网络安全事件时，应当立即启动应急预案，采取相应的补救措施，并向有关主管部门报告。

——《中华人民共和国电子商务法》第三十条

 **【模拟法庭】**

用户买机票后遭诈骗案

申女士于 8 月 9 日凌晨替同事购买机票，当天上午 10 点 15 分收到署名"东方航空"的手机短信，被告知航班取消，让联系客服办理改签或退票。"想到航班取消了，我就按照短信提示拨打了客服电话。客服准确地说出了乘机人的信息，并再次告诉我，因为航班取消可以退还我 1 250 元。"申女士表示，一开始她并没有意识到这是一个骗局。按照客服的要求，申女士提供了支付宝账户等待退款。但随后，客服以无法操作为由，提出使用支付宝亲密付方式付款。为了尽快得到机票退款，申女士迅速地开通了亲密付功能。但没想到，自己在支付宝绑定的中国工商银行账户，分四次向"开通航空服务"账户付款共计 19 008.99 元。

此时，申女士以为是自己的工商银行卡被盗刷，并没有联想到自己被骗，马上挂断客服的电话，想去向工商银行核实。但随即客服将电话回拨过来，"她说是因为我挂断电话影响了后台操作，导致钱被刷走的，要退还给我。"申女士信以为真。

"客服说，因为亲密付有数额限制，需要向我的网银转账。"然而，开通手机银行、网上银行后，申女士遭遇了更大金额的诈骗。原来，骗子以退款需输入验证码为由，让申女士在网上银行输入 49 988 的数字，并以输入失败的理由，让申女士再一次输入。"其实这并不是什么验证码，而是汇款金额，我分两次给骗子的账户汇入了 99 976 元。"法庭上，申女士难掩懊恼。在一直未收到退款后，申女士意识到被骗，随后报案。

申女士认为，携程公司作为机票代理公司，未尽到合理范围内的个人信息保密义务，导致其身份信息及订票信息遭泄露，使得诈骗分子有机可乘，携程公司在安全措施上存在重大疏漏，应当承担相应的赔偿责任；而支付宝作为第三方支付公司，未按照国家相关法律规定实施注册实名制，亦未在亲密付等功能中尽到风险提示义务，导致诈骗分子能够获取原告信任并进行诈骗。两个公司应该承担连带责任，赔偿其经济损失 11.89 万元，精神损害 1 万元，并公开赔礼道歉。

在法院审理过程中，携程公司对其内部员工授权进行访问涉案订单的人员范围、访问敏感信息的授权记录、监控情况、操作记录、内外部传输审批情况等均未提交证据举证。法院审理中还发现,在大量机票退改签短信诈骗案被媒体报道后,携程公司对于订单信息的保护反而从 2014 年的二级加密保护降低为 2018 年的一级不加密传输。在应用界面及短信确认内容中也没有充分明显地告知消费者对于航班信息诈骗的注意。

而对于支付宝,申女士受骗原因与支付宝是否实行实名制及是否尽到风险提示义务无直接因果关系,申女士在亲密付开通的过程中,平台向她发送了四条短信,提示她正在开通此功能,已经尽到了充分的告知义务。

请同学们以小组为单位,以模拟法庭为训练形式,分析:

(1)携程公司作为电子商务平台经营者,在信息安全管理方面是否尽到个人信息保管及防止泄露义务?是否应承担侵权责任?

(2)支付宝作为第三方支付平台是否尽到义务,是否应承担侵权责任?

(3)电子商务经营者应该怎样做才能合理规避风险呢?

将法律法规教育与司法实践结合起来,旨在加深学生对电子商务安全法律制度的理解,了解民事诉讼活动程序,体验法官、律师、当事人等角色,熟悉法庭氛围和司法审判实践过程,培养学生探寻法律事实能力和综合运用法律解决实际问题的能力,提高学生在电子商务经营过程中规避法律风险的意识。

实训要求:

(1)学生训练前复习《电子商务法》《网络安全法》《民法典》《全国人民代表大会常务委员会关于加强网络信息保护的决定》等电子商务安全法律制度有关内容,明确训练要求。

(2)采取分组训练方式,小组进行模拟角色分工,明确审判长、审判员、控诉人、辩护人、原告、被告、书记员等各个角色工作职责,在老师指导下熟悉案情。

实训内容:

1. 模拟法庭的组织

学生分组:① 审判组,包括审判长、审判员和书记员,进行角色分工,制作审判流程、案由、案件争议焦点、庭审笔录等;② 当事人组,包括原告、被告,进行角色分工,并制作起诉状、答辩状、证据等;③ 辩论组,包括控诉人和辩护人,与当事人沟通,制作代理词、辩论词等。

2. 开庭审理

(1)庭审准备。

诉讼参与人入场,书记员宣布法庭纪律:

_____

_____

审判人员入场,审判长宣布开庭:

_____

（2）法庭调查。

① 起诉与答辩：

原告宣读起诉书：_____

_____

_____

被告方宣读答辩状：_____

_____

_____

② 法庭调查取证：

原告方举证：_____

_____

_____

被告方举证：_____

_____

_____

原、被告双方进行质证：_____

_____

_____

③ 案件事实交叉提问：

_____

_____

_____

④ 案件争议焦点归纳：

_____

_____

_____

（3）法庭辩论。

原告方发言：_____

_____

_____

被告方发言：_____

_____

自由辩论：_____

_____

_____

（4）休庭评议、宣判。

3. 教师点评

_____

_____

_____

实训思考：

（1）本案件争议焦点有哪些？

（2）本人所扮演角色在审判活动中有哪些注意事项？

（3）法庭辩论过程的成功与不足之处有哪些？

（4）在参与模拟审判训练中，有哪些收获与不足？如何改进？

【课后习题】

一、单选题

1.《网络安全法》于（　　）开始实施。

    A. 2014 年 4 月 1 日　　　　　　B. 2016 年 11 月 7 日

    C. 2017 年 6 月 1 日　　　　　　D. 2015 年 5 月 1 日

2. 网络盗窃犯罪的特征不包括（　　）。

    A. 网络盗销的职业化与产业链化

    B. 犯罪主体专业化

    C. 犯罪工具更简便普及

    D. 犯罪手段更明显

3. 经修订后的《刑法》第二百八十五条不包括（　　）。

    A. 非法侵入计算机信息系统罪　　B. 非法获取计算机数据罪

    C. 故意制作、传播计算机病毒罪　　D. 非法控制计算机信息系统罪

4.（　　）具体指的是以违法侵占为最终目标，通过计算机网络手段，秘密窃取他人有价值的个人信息数据（电子货币、游戏装备、消费积分等）或秘密窃取他人财物的行为。

    A. 网络盗窃　　　　　　　　　　B. 网络诈骗

    C. 网络传销　　　　　　　　　　D. 网络钓鱼

5.（　　）是指电子商务信息在网络的传递过程中面临的信息被窃取、信息被篡改、信息被假冒和信息被恶意破坏等问题。

A. 计算机信息系统安全　　　　B. 电子商务信息安全

C. 电子商务交易安全　　　　D. 计算机硬件安全

二、多选题

1. 电子商务交易安全的法律保护问题,涉及 (　　　　) 三个方面。

A. 计算机信息系统安全保护

B. 电子商务信息安全保护

C. 电子商务交易过程的安全保护

D. 电子商务商品信息安全保护

2. 一个安全的电子商务系统要求做到 (　　　　)。

A. 真实性　　　　　　　　B. 保密性

C. 有效性　　　　　　　　D. 完整性和不可抵赖性

3. 广泛开展电子商务信用联合奖惩,应该 (　　　　)。

A. 加大信用信息公示力度

B. 加大对守信主体的激励力度

C. 加大对失信主体的惩戒力度

D. 严厉打击、整治电子商务领域违法失信行为

4. 常见的电子商务交易安全隐患包括 (　　　　)。

A. 正规网站返利　　　　　B. 虚假网络广告

C. 电子商务欺诈　　　　　D. 商业信用危机

5. 网络传销犯罪具有 (　　　　) 的特征。

A. 隐蔽性强　　　　　　　B. 易于打击

C. 虚拟性强　　　　　　　D. 成本低廉

三、判断题

1. 计算机和网络技术为人们获取、传递、复制信息提供了方便,但网络的开放性和互动性又给商业数据的保护带来麻烦。(　　)

2. 电子商务系统的有效性是指保护数据不被未经授权者修改、建立、嵌入、删除、重复传送或者由于其他原因使原始数据被更改。(　　)

3. 网络传销罪,是以非法占有为目的,利用互联网,采用虚构事实或者隐瞒事实真相的方法,骗取数额较大的公私财物的行为。(　　)

4. 电子商务平台数据安全包括电子商务活动产生的交易数据和个人信息的安全。(　　)

5. 计算机信息系统安全的主管部门是公安部,公安部下设网络安全保卫局,负责全国计算机信息系统安全保护工作。(　　)

四、案例题

据中国反钓鱼网站联盟报道,经此联盟秘书处认定并处理的"钓鱼网站"域名中,腾讯网、淘宝网、中国工商银行官方网站位列网络钓鱼对象的前三位。有的受害人成立了维权联盟,设立了专门的网站,要求对"网络钓鱼"对象予以经济赔偿。

请分析:

1. "网络钓鱼"对象是否应当承担相应的责任,为什么?

2. "网络钓鱼"对象应该加强哪些方面的安全保护?

电子商务争议解决机制与法律责任

Chapter

※ **素养目标**
- 培养诚信、平等、友善的价值观
- 培养对话合作的国际视野
- 培养守法意识和责任意识

※ **知识目标**
- 掌握电子商务争议的概念、类型与争议解决方式
- 了解电子商务争议在线解决机制的原理和规则
- 了解电子商务争议管辖权的国际规则与国内规则
- 掌握电子商务经营者承担法律责任的形式

※ **能力目标**
- 能够应用争议在线解决机制解决电子商务争议
- 能够应用电子商务争议的管辖新规则恰当地选择管辖法院
- 能够识别电子商务经营活动中的侵权行为、行政违法行为和犯罪行为

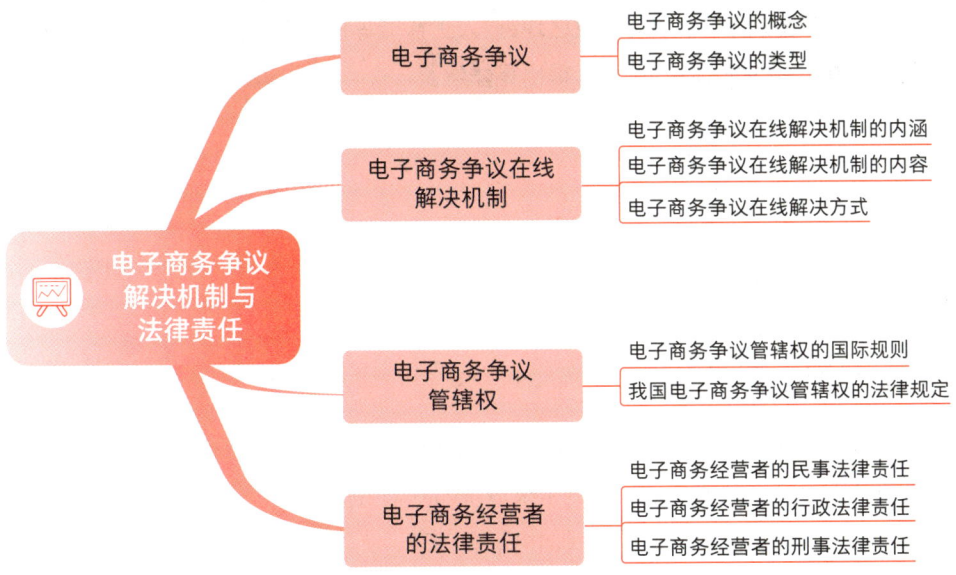

【**案例导入**】
从直播带货纠纷看电子商务争议解决与法律责任

　　某知名网红在直播带货过程中因虚假宣传引发消费者集体投诉,该网红在直播中宣称某款护肤品具有"抗衰老""祛斑"等功效,并承诺"无效退款"。然而,消费者购买使用后发现产品效果与宣传严重不符,部分消费者甚至出现过敏反应。事件曝光后,消费者通过平台投诉、社交媒体曝光等方式维权,但平台和商家未能及时妥善处理,导致事态进一步升级。最终,市场监管部门介入调查,并对涉事网红、商家和平台进行了处罚。

　　近年来,全国 12315 平台受理的网络消费投诉数量持续攀升,其中直播带货相关投诉占比显著增加。这一态势反映了电子商务领域争议解决的复杂性和紧迫性,尤其是在新兴模式快速发展的背景下,消费者权益保护面临新的挑战。如何在高效解决争议的同时,明确各方主体的法律责任,已成为电子商务健康发展的重要课题。

　　电子商务的虚拟性、跨地域性和交易主体多样性,使得传统争议解决方式难以满足高效、便捷的需求。为此,我国明确提出了在线争议解决机制,鼓励通过协商、调解、仲裁等多元化方式解决纠纷。在电子商务争议中,法律责任的界定直接关系到争议解决的公平性和效率。以直播带货纠纷为例,网红、商家和平台的责任如何划分?根据《电子商务法》和《消费者权益保护法》,网红作为广告代言人,需对宣传内容的真实性负责;商家作为商品提供者,需承担产品质量责任;平台作为交易场所提供者,需履行监督管理义务。然而,在实际操作中,责任界定往往存在模糊地带,导致消费者维权困难。

案例思考：在电子商务领域，传统的争议解决方式往往难以满足消费者对解决争议高效、便捷的需求。如何通过区块链、人工智能等技术手段提升在线争议解决机制的效率和公平性？请结合案例，提出具体建议。

8.1 电子商务争议

随着上网人数、国内电子商务网站急速增加及网上交易数量的激增，一系列电子商务争议随之产生。面对电子商务争议数量的激增，选择和建立高效便捷、公平公正的电子商务争议解决机制已成为我国电子商务进一步发展的关键。

8.1.1 电子商务争议的概念

1. 电子商务争议的含义

电子商务争议是指当事人通过互联网进行在线交易的过程中产生的争议。电子商务争议从性质上看是一种民事争议，其交易主体具有平等地位；双方的网上交易内容与传统的民事交易并无不同；电子商务争议一般以合同争议、侵权争议等民事争议的形式出现，同一般的民事争议并无差异。因此，电子商务争议解决机制也应当是一种民事争议解决机制。同时，由于电子商务争议是一种网上争议或在线争议，其交易主体是互不相识的网民，交易中信息的传递、合同的订立、合同的履行等都在网上进行，争议发生后证据的收集及消费者争议的处理也一般在网上进行，电子商务的这些特殊之处也是电子商务争议解决机制必须考虑的重要因素。

2. 电子商务争议的特点

电子商务争议具有空间上跨区域、小额争议居多、当事人地位不对等、争议的虚拟性等特点。

8.1.2 电子商务争议的类型

1. 商品质量产生的争议

商品质量争议产生的原因是消费者与商家对于商品认知存在落差。消费者在网络上购买商品时，只能通过网店中贴出的图片、相关描述以及商品评价来判断商品的质量，难免会存在消费者认为商品与原图片在色泽或者性能等方面不一致，但商家认为这就是原产品的情况。也有商家经不住利益的诱惑，以次充好、故意夸大或者虚构商品的质量和性能，甚至雇人刷好评，从而欺骗消费者购买商品。信息的不对称导致商品质量与消费者的心理期待之间相去甚远，由此产生了此类争议。它几乎发生于各种类型的产品交易中，是电子商务中普遍存在的争议。

微课：
电子商务争议的类型

2. 款项支付产生的争议

款项支付产生的争议主要分为两种情况：一是商家发货，但是消费者拒绝付款；二是消费者付款，但是商家拒绝发货。在第一种情形下，商家已经履行了发货义务，但是消费者因为各种各样的原因未收到货物并拒绝付款，或者消费者已经收到了货物但是谎称未收到货物并拒绝付款；在第二种情形下，消费者在网络平台上完成了支付义务，商家作为后履行义务人很有可能不发货给消费者，或者发货了但因为其他原因消费者未收到货物；对于涉及钱款的争议，商家与消费者都不会作出让步，因此争议就产生了。

3. 物流运输产生的争议

在电子商务中，物流运输也是一个十分重要的环节，顾客有权利选择自己想要的物流公司。对于没有自己的物流公司的电子商务平台来说，一般是电子商务平台与单一的物流公司签订合作协议，或者不与单一的而是与多个物流公司签订合作协议。在这种情形下，就算买卖双方当事人在此次交易中都已经尽到了自己应尽的义务，但物流公司的疏忽大意或意外等也有可能导致争议的产生。例如，商品在运输过程中不慎损毁，这时如果由消费者或者商家的任何一方承担所有的风险都不尽合理，物流运输争议就产生了。

4. 商家侵犯消费者个人信息产生的争议

在电子商务平台上购买商品，消费者需要填写一系列信息，如客户名称、地址、联系电话等，这些都是为了保障商品能够及时准确地送达消费者。但是，这也为商家出售消费者信息资料提供了方便，一旦商家出售了消费者的信息资料，即侵犯了消费者的隐私，争议也会由此产生。虽然此类争议不属于商品交易争议，但是属于商品交易中产生的附带性争议。

8.2
电子商务争议在线解决机制

8.2.1　电子商务争议在线解决机制的内涵

1. 在线争议解决机制概念

鉴于电子商务争议急需一种高效、公平、快捷、低成本的解决机制，于是，替代性争议解决方式（Alternative Dispute Resolution，ADR）被引入网络，产生了在线争议解决方式——ODR(Online Dispute Resolution)。

在线争议解决机制是指利用互联网进行全部或主要程序的各种争议解决方式的总称,主要包括在线仲裁、在线调解和在线和解等方式。虽然在线争议解决方式基本上沿用了已有的替代性争议解决方式,但由于其运用了网络这一特殊的技术手段,因此成为一种相对独立的争议解决方式。仅利用网络技术实现文件管理功能,程序的其他部分仍用传统离线方式进行的不属于 ODR 范围。

2. 在线争议解决机制的特征

(1) 在线特征。电子商务争议解决程序的发动及整个过程都是以在线方式进行的。互联网打破了地域的限制,使当事人可以异地同时或异地异时进行虚拟的面对面协商,节省了时间和费用。

(2) 以业界自律为基础的运行机制。大量的企业通过信任标记、商业行为规范等业界自律机制,自愿将自己与消费者之间的争议交给 ODR 服务者处理,并承诺执行 ODR 的处理结果,以建立企业与消费者之间的信任关系。通过 ODR 机制,可跨越各国政府在全球电子商务环境下解决争议的重重障碍,提供一条有利于网络争议快速、高效、公正地解决的可选择的途径。

(3) 对中立第三方提出新要求。ODR 对中立第三方提出了更高的要求,主要是针对如何建立信任感,以及当事人之间的沟通问题。

(4) 适用规则的灵活性。在实践中,ODR 逐步形成了自己的网络法则,制定规则的是单个网络服务提供者,用户可以根据不同需要从中选择使用,并可自主决定进入或退出该 ODR 程序,决定是否接受该规则约束。

8.2.2　电子商务争议在线解决机制的内容

解决电子商务争议,是对消费者权益进行保护的重要方面,电子商务争议能否公正、公平、快速地处理和解决,既是影响消费者的消费目的、消费体验及信心的重要因素,也是对电子商务经营者能否履行义务和责任的考验,更是司法、仲裁及调解水平、能力和效率的体现,这些方面都决定着消费者权益能否被有效保护。因此,《电子商务法》在立法过程中很重视对消费者权益的保护,鼓励电子商务平台经营者建立质量责任担保机制,设立消费者权益保证金,以及承担先行赔偿责任的规定。

1. 商品或服务质量担保机制

《电子商务法》第五十八条第一款规定:"国家鼓励电子商务平台经营者建立有利于电子商务发展和消费者权益保护的商品、服务质量担保机制。"一般来说,电子商务中的商品或服务担保机制包括以下几个方面:

第一,鼓励由电子商务平台经营者(发起)建立商品、服务质量担保机制。

第二,电子商务平台经营者所建立的质量担保机制,应当有利于电子商务发展和消费者权益保护。

第三,该质量担保机制的保证人并不限于电子商务经营者,也可以由电子商务经营者或者第三方机构中的一方单独作出或者多方共同(联合)作出。

第四,(质量)保证人作出的担保应符合或者高于法定或者交易合同约定的标准。

在电子商务活动中,消费者出于交易安全的考虑,往往选择更有保障的平台进行交易。在《电子商务法》中设立倡导性规定,推动电子商务平台经营者自行建立质量担保机制,能够促进电子商务经营者通过消费者的选择来实现优胜劣汰,从而促使其不断提高商品及服务质量。天猫平台的商家品控页面如图8-1所示。

图 8-1　天猫平台商家品控页面

2. 消费者权益保证金机制

《电子商务法》第五十八条规定的"消费者权益保证金",是指该电子商务平台经营者与平台内经营者之间达成协议,缴纳的用于保障消费者合法权益的专用款项。协议中应当就消费者权益保证金的提取数额管理、使用和退还办法等内容作出明确约定。此外,协议还需要对缴纳义务人、缴纳标准、期限、赔偿对象、赔偿范围、赔偿标准和赔偿程序等进行约定,以保障平台内经营者的合法权益。

对于平台内经营者交纳的保证金,电子商务平台经营者应当尽到安全存管义务。电子商务平台经营者应当将消费者权益保证金与企业自有资金分离存管,并制定合理措施和制度保证其能够被专款专用。保证金主要用于以下两种情况:

第一,因平台内经营者违反合同约定,经电子商务平台经营者查证属实,需向消费者承担违约责任的。

第二,因平台内经营者销售商品或者提供服务侵害消费者的人身或财产权益,经电子商务平台经营者查证属实,需承担侵权责任的。

建立消费者权益保证金制度,对于电子商务平台内经营者加强自我监督和自我约束,督促其不断提升守法、守约意识,保证商品和服务质量,保护消费者的合法权益等具有重要作用。天猫平台保证金规则如图8-2所示。

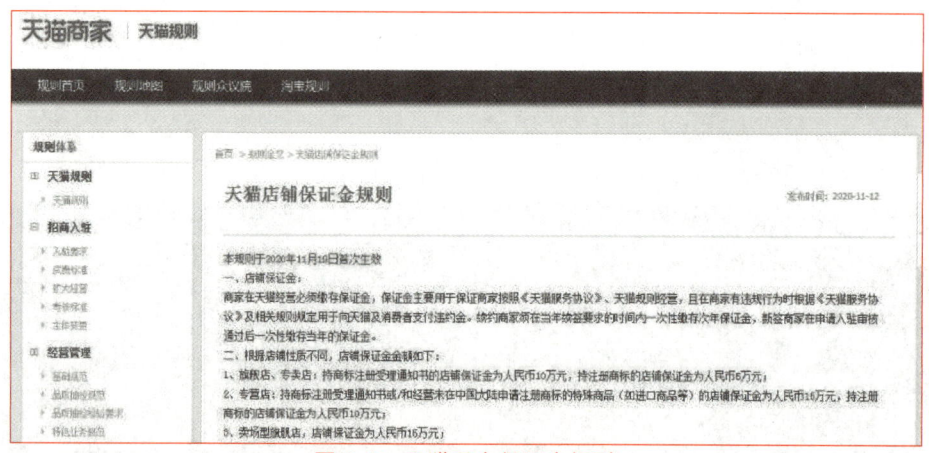

图8-2 天猫平台保证金规则

3. 先行赔偿责任机制

消费者通过电子商务平台购买商品或者接受服务与平台内经营者产生争议时,由于无法知悉或者查询到平台内经营者的身份信息、有效联系方式等,无法通过司法途径维护权益,因此确定平台内经营者的主体身份,成为消费者维权的首要难题。《消费者权益保护法》规定,在特定情况下,消费者有权要求电子商务平台经营者承担先行赔偿责任;电子商务平台经营者赔偿后,有权向平台内经营者追偿。

《消费者权益保护法》第四十四条规定:消费者通过网络交易平台购买商品或者接受服务,其合法权益受到损害的,可以向销售者或者服务者要求赔偿。网络交易平台提供者不能提供销售者或者服务者的真实名称、地址和有效联系方式的,消费者也可以向网络交易平台提供者要求赔偿;网络交易平台提供者作出更有利于消费者的承诺的,应当履行承诺。网络交易平台提供者赔偿后,有权向销售者或者服务者追偿。

网络交易平台提供者明知或者应知销售者或者服务者利用其平台侵害消费者合法权益,未采取必要措施的,依法与该销售者或者服务者承担连带责任。

如电子商务平台经营者不能提供相关真实信息,一般有两种情况:一是平台内经营者入驻时,电子商务平台经营者未尽审核义务,因此未掌握相关真实信息;二是电子商务平台经营者明知平台内经营者的信息而故意不提供。不论属于这两种情况中的哪一种,都属于电子商务平台经营者不履行法定义务的情形,因此应当由电子商务平台经营者承担先行赔偿责任。淘宝网的先行赔付机制如图8-3所示。

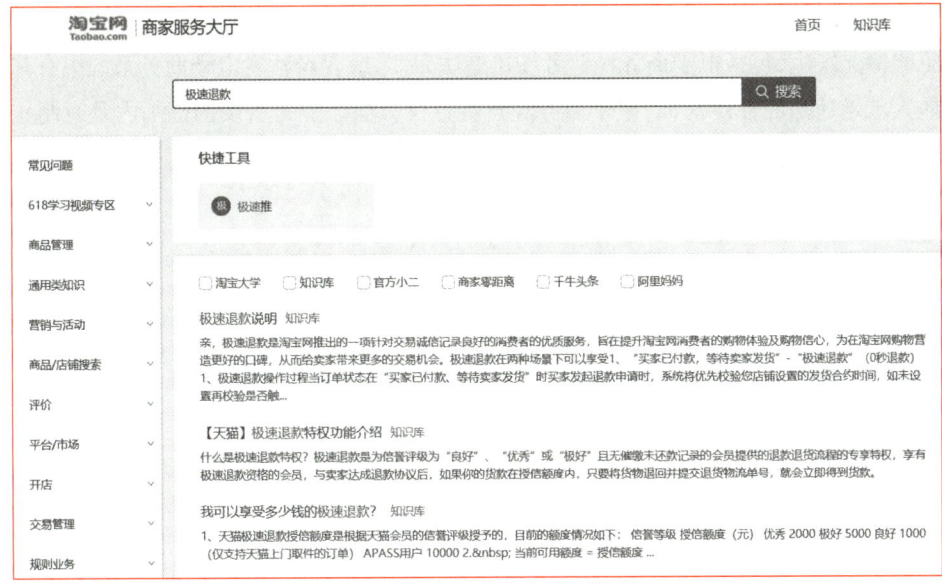

图8-3　淘宝网的先行赔付机制

　　上述规定既能有效保障消费者的合法权益,也能督促电子商务平台经营者积极主动地要求平台内经营者提交主体信息并认真履行及时核验的法定义务,还能促进电子商务平台经营者监督平台内经营者守法、诚信经营,能够减少纠纷,更好地维护电子商务市场的秩序。

4. 电子商务经营者的投诉举报机制

　　《电子商务法》第五十九条的规定:"电子商务经营者应当建立便捷、有效的投诉、举报机制,公开投诉、举报方式等信息,及时受理并处理投诉、举报。"此为强制性法律规范,赋予了电子商务经营者一项新的法律义务。

　　《电子商务法》的规定,一方面促进了电子商务经营者及时从用户(包括消费者)处了解发生争议的信息,及时通过协商化解电子商务争议;另一方面充分考虑到了电子商务平台经营者在解决平台内经营者与用户(包括消费者)之间争议的地位和能力,发挥平台经营者解决电子商务争议的作用,提高争议解决效率,降低争议解决成本。电子商务争议如能通过投诉举报解决,则无须诉诸诉讼、仲裁、调解、行政处理等传统的争议解决方式,符合网上争议网上解决的便利化原则。

　　(1) 投诉的处理。用户(包括消费者)投诉电子商务经营者的,不论是对经营者销售的商品或者提供的服务质量不满,还是在付款、收货、信息保护等方面有其他纠纷,本质上都属于民事纠纷,经营者可以通过协商谈判等方式处理,避免进入正式的争议解决程序。电子商务经营者认为无法通过内部程序处理投诉的,应及时告知投诉人,根据《电子商务法》第六十条的规定:"电子商务争议可以通过协商和解,请求消费者组织、行业协会或者其他依法成立的调解组织调解,向有关部门投诉,提请仲裁,或者提起诉讼等方式解决。"

（2）举报的处理。用户、知识产权人或者其他公众提出举报的，表明有涉嫌违法犯罪情况发生，包括电子商务经营者涉嫌违法犯罪，或者经营者电子商务系统中有其他人涉嫌违法犯罪。对此，电子商务经营者不仅应当在能力所及的范围内及时制止被举报的违法犯罪行为，而且应当报告相关执法机构，并告知举报人通过有关法律途径解决。淘宝网的投诉与举报机制如图8-4所示。

（a）淘宝网投诉机制

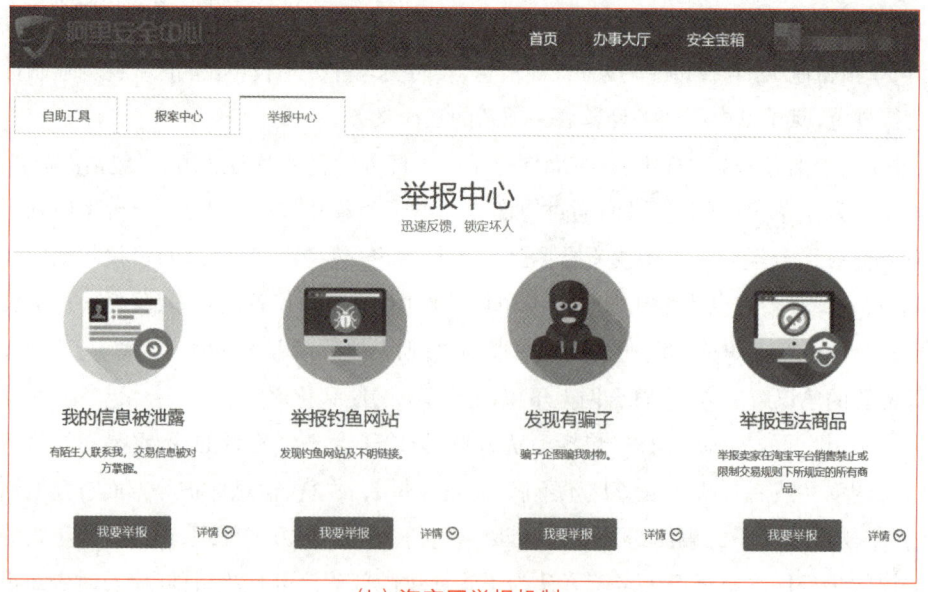

（b）淘宝网举报机制

图8-4　淘宝网投诉与举报机制

【德技并修】

警惕网络购物中的"职业索赔"现象

近年来,电商平台频繁遭遇职业索赔人恶意投诉事件。这些职业索赔人以"打假"为名,利用《消费者权益保护法》和《食品安全法》等法律法规的相关规定,故意购买商品后以"质量问题"或"标签瑕疵"为由向商家索要高额赔偿。据统计,某电商平台在短时间内收到数千起类似投诉,其中大部分被证实为恶意投诉。这些行为不仅扰乱了平台正常经营秩序,还损害了商家的合法权益,违背了诚信、友善的基本原则。

职业索赔人通常通过批量购买低价商品,寻找商品标签、包装或宣传中的微小瑕疵,并利用法律规定的赔偿条款向商家施压。部分商家因害怕声誉受损或法律风险,选择支付赔偿金,而一些小型商家则因无力承担高额赔偿被迫关闭店铺。为应对这一问题,电商平台通过大数据分析识别恶意投诉行为,并建立"恶意投诉黑名单"机制,限制多次恶意投诉的用户,同时联合商家共同抵制职业索赔行为。

职业索赔人利用法律漏洞谋取不当利益,违背了诚信原则,破坏了市场秩序。根据法律规定,平台有责任保护商家合法权益,对恶意投诉行为采取必要措施。商家也可通过法律途径追究职业索赔人的民事责任。平台应建立完善的投诉审核机制,通过技术手段识别恶意投诉,并与监管部门合作打击职业索赔乱象。

案例思考:职业索赔人利用法律漏洞进行恶意投诉,违背了诚信原则。作为消费者,如何在维护自身权益的同时,避免滥用投诉机制?请结合案例,提出具体的建议。

8.2.3　电子商务争议在线解决方式

电子商务活动涉及的法律关系复杂,有关参与主体多样,发生争议是不可避免的。争议解决制度是保障电子商务健康发展的重要法律制度。电子商务争议不仅包括经营者之间的争议、经营者与消费者之间的争议、经营者与其他主体(如知识产权人)之间的争议,而且包括平台内经营者或者其他主体与平台经营者之间的争议。

目前,电子商务领域在线争议解决方式主要有五种,分别为在线协商、在线调解、在线行政投诉、在线仲裁和网络庭审。

1. 在线协商

在线协商(Online Negotiation)又称在线和解、线上协商。是为当事人和解提供的第一选择,在线协商是指在没有第三人参加的情况下,通过第三方的网络信息平台和网络争议解决环境,当事人双方利用网络信息技术,在没有双方会面的情况下,进行解决争议的信息传输、交流、沟通,最后达成争议解决协议、化解争议。

在线协商最主要的特点就是没有第三个人参加。在线争议的解决方式只是向双方当事人提供一个解决争议的网络平台,由双方代理人直接接触,进行协商。而且通常在线协商不收取当事人的任何费用,减少了当事人因解决争议而支出的成本,符合电子商务争议解决的要求。相较于当事人私下利用其他工具联系,第三方平台更加能够保障当事人获得公平对话的机会,同时其保密性措施相对较好。例如,京东、天猫、拼多多等电商平台均提供在线协商机制,帮助消费者与商家快速解决纠纷。消费者可通过平台提交投诉,商家在线回应并协商解决方案。若协商不成,平台介入调解或提供仲裁服务。这种机制高效便捷,年均处理数百万件纠纷,显著提升了消费者满意度和市场信任度。

2. 在线调解

在线调解(Online Mediation)是在线协商的延伸,它是目前来说使用最为广泛、发展最为迅速的一种争议解决方式。顾名思义,在线调解主要是以调解为主要的争议解决方式。传统的调解需要当事人,在线调解是指在中立第三人的实质协调下,争议双方通过信息网络技术,在没有"面对面"的情况下,双方就争议事项达成调解协议并最终解决争议的过程。

在程序上,在线调解通常使用的流程可以包括六个阶段,分别为:申请人提出申请登记案件的相关信息、选择调解员、在线调解、达成调解书和履行调解书。所有程序都通过在线的方式进行,双方当事人通过随机创设的在线调解室,在网上以文字形式进行事实陈述和证据出示(主要是相关证据的电子照片),并由调解员介绍相关的法律规定,提出调解方案;双方当事人如果接受这一方案,则达成调解协议。

2004年,中国电子商务法律网建立了中国在线争议解决中心,使得在线交易双方可以在诸多专业调解员的帮助下进行在线实时调解,为我国在线争议解决(主要为在线调解)的发展开了先河。为了解决交易平台的商业争议,2018年3月,阿里巴巴集团建立的全国首个网络交易争议在线调解平台正式上线。

3. 在线行政投诉

《电子商务法》第六十条规定的"向有关部门投诉",是指向依法负有处理电子商务争议职责的行政机关投诉。随着电子政务的发展,越来越多的行政机关可以在线接受有关投诉。这样的平台主要有全国12315投诉平台等。

根据《消费者权益保护法》第四十六条的规定,"消费者向有关行政部门投诉的,该部门应当自收到投诉之日起七个工作日内,予以处理并告知消费者。"同时,该法第五十四条规定:"依法经有关行政部门认定为不合格的商品,消费者要求退货的,经营者应当负责退货。"该法第五十六条规定,经营者严重损害消费者权益的,"除承担相应的民事责任外,其他有关法律、法规对处罚机关和处罚方式有规定的,依照法律、法规的规定执行;法律、法规未做规定的,由工商行政管理部门或者其他有关行政部门责令改正,可以根据情节单处或者并处警告、没收违法所得、处以违法所得一倍以上十倍以下的罚款,没有违法所得的,处以五十万元以下的罚款;情节严重的,责令停业整顿,吊销营业执照"。

当事人不服行政机关对平等主体之间民事争议所作的调解、裁决或者其他处理,以对方当事人为被告就原争议向人民法院起诉的,由人民法院作为民事案件受理。作为行政案件受理的,人民法院在对行政行为进行审查时,可对其中的民事争议一并审理,并在作出行政判决的同时,依法对当事人之间的民事争议一并作出民事判决。

4. 在线仲裁

在线仲裁(Online Arbitration)是更加专业化的在线法律服务。在线仲裁是在线争议解决方式中程序最复杂,也最正式的一种争议解决途径。在线仲裁是指争议当事人根据事先订立的仲裁协议或者发生争议后订立的仲裁协议,利用互联网信息技术手段,在线上进行仲裁申请、仲裁员指定、证据提交、文书送达等一系列仲裁程序,并最终由仲裁员在线上根据争议双方提交的资料作出仲裁裁决。

仲裁实行一裁终局的制度,仲裁裁决书自作出之日起发生法律效力;裁决作出后,当事人就同一纠纷再申请仲裁或者向人民法院起诉的,仲裁委员会或者人民法院不予受理;当事人应当履行裁决,一方当事人不履行的,另一方当事人可以依照民事诉讼法的有关规定向人民法院申请执行,受申请的人民法院应当执行。

仲裁作为商事争议解决制度历史悠久,源远流长,在电子商务领域正在焕发新的生机。很多知名国际仲裁机构已经建立了网上仲裁的程序与规则。例如,我国最大的仲裁机构"中国国际经济贸易仲裁委员会"制定的《网上仲裁规则》,适用于解决电子商务争议或者其他当事人约定适用本规则的其他经济贸易争议。

5. 网络庭审

诉讼是电子商务争议解决的重要方式与终极保障。司法系统在改革过程中,一直重视信息技术的应用,以适应电子商务争议解决的需要。2017 年 8 月 18 日,中国首家互联网法院"杭州互联网法院"正式成立,此后又在北京、广州建立了互联网法院。

网络庭审是以网络服务平台为依托,把诉讼的每一个环节都搬到网络上,起诉、立案、举证、开庭、裁决都可以在线上完成,使电子商务争议可以更加快捷地得到处理,不仅提高了审判效率,而且节约了司法资源。电子商务网络庭审的诉讼流程严格按照《民事诉讼法》的有关规定进行,与传统的线下诉讼并无不同。

杭州互联网法院首审淘宝打假案，当庭判售假者赔偿 5 万元

因在淘宝网销售假冒品牌服装，高某某被法院判缓刑两年多后，又被淘宝网以违背合同约定为由告上法庭，索赔 11 万余元。

此后，杭州互联网法院开庭审理此案，认为高某某的售假行为侵害了淘宝网上的消费者及其他商家的权益，损害了淘宝网的商誉，给淘宝网造成了经济损失，当庭判决高某某赔偿损失 4 万元，并支付合理支出 1 万元。

据了解，杭州互联网法院自 2017 年 8 月成立以来就以快速审判为目标，利用互联网法院线上举证质证系统以及同案数据分析系统，将庭审加速。此次审理的案件，是该院首次受理的电商平台起诉售假卖家案，开庭审理后，法院当庭即作出宣判。

法庭调查、辩论、质证全程线上进行。当日，法官在线"隔空"审理了这起案件：庭审现场没有原告席、被告席，也没有书记员，法官面前仅有一块联网的大屏幕，上面实时显示着主审法官和原、被告代理律师的画面。

在法官的主持下，原被告双方的起诉状和答辩状、提交的相关证据、质证情况等，都可以在大屏幕上清晰地看到。

此案是杭州互联网法院成立以来审理的首起电商平台诉售假卖家案。除此案外，另有 6 起淘宝网诉售假卖家案已起诉至该院。

案例思考：党的二十大报告指出，加快发展数字经济，促进数字经济和实体经济深度融合，打造具有国际竞争力的数字产业集群。互联网法院的内容和运作方法具有综合性、集成性和辐射性等特点，需积极创新探索，加强建设，以便能够更好地服务数字经济发展。

8.3
电子商务争议管辖权

8.3.1　电子商务争议管辖权的国际规则

1. 管辖权的概念

管辖权的概念有广义和狭义两种理解。

广义的管辖权是从国际法的角度而言的国家管辖权。国家管辖权是指国家通过立法、司法和行政等手段对特定的人、物、事进行管理和处置的权力，是国家固有的、根本性权力之一,是国家主权的直接体现。

狭义的管辖权是从国内法的角度而言的司法管辖权,是指一国法院系统内部不同级别、不同地区的法院受理案件的权限,解决的是纠纷当事人应该向哪一个法院提起诉讼的程序问题,一般是由国内诉讼法具体规定的。

2. 国际民事诉讼管辖权的原则

在国际上,各国依据不同的原则确定国际民事诉讼案件的管辖权范围,形成以下几种管辖原则:

(1) 属地管辖原则。属地管辖原则,又称地域管辖原则,是指在确定某一具体案件应当由哪一国的法院管辖时,应该把地域作为确定管辖权的基础。也就是说,国家对主权范围内一切不享有特权和豁免权的人、物、事都有权进行管辖。在确定地域管辖时通常依据当事人住所地、行为人出现地、行为发生地和标的物所在地等。

(2) 属人管辖原则。属人管辖原则,是指一国根据人的范围来确定管辖范围的管辖权。具体可以分为两种:一是根据国籍来确定对人的管辖范围,称为公民管辖权;二是根据在本国的居住状况来确定对人的管辖范围,称为居民管辖权。根据属人管辖原则,凡是被一国确定为管辖范围的人,应当接受本国的管辖,而无论该人是否处于该国的地域范围内。

(3) 保护性管辖原则。保护性管辖原则,是指一国为了保护本国的利益以及本国国民的利益而行使管辖权。根据保护性管辖原则,当本国利益或国民利益受到侵害时,无论该种侵害行为是否发生在本土主权范围内,该国政府都可以行使管辖权。因为保护性管辖原则强调本国政府针对域外发生的侵害本国或本国国民利益的行为的管辖权,会涉及别国主权的行使。因此,并不是在所有的领域都可以行使保护管辖权,通常是指国家对在本国领土范围外,对凡有危害该国国家安全、领土完整、政治独立以及其他重大政治、经济利益等罪行的外国人进行管辖的权利。

(4) 普遍性管辖原则。普遍性原则又称世界性原则,以保护各国的共同利益为标准,不论犯罪人的国籍、地点在哪一个国家的领域内,只要发生国际条约所规定的侵害各国共同利益的犯罪,就可以实施逮捕并有权根据本国刑法加以处罚。它是主权国家对任何人、在任何地域从事的严重危害国际社会利益的国际罪行进行管辖的权利。

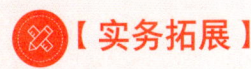 【实务拓展】

多种管辖权的并存

各国为了充分保护本国的利益,通常同时根据几种原则来确定本国的管辖权,同时行使几种管辖权。例如,大部分国家在税收上同时行使地域管辖权和居民管辖权;很多国家在刑法上根据自身需要同时行使多种管辖权,例如,我国《刑法》同时规定四种管辖权。只有极少数国家或地区在某些领域选择行使单一管辖权。

3. 电子商务争议对传统管辖权的挑战

在传统法律领域确定管辖权时，需要存在一个相对稳定、明确的关联因素，如当事人的国籍、住所地、经常居住地、合同签订地、合同履行地以及财产所在地等。但是，在网络环境下的电子商务活动中，大量的活动在虚拟的网络空间完成，上述因素与交易的关联性越来越弱，甚至无法确定其关联关系，这就使传统的确定管辖权的原则在适用于网络空间发生的纠纷时遇到困难。

(1) 网络位置与某一国家的地理位置没有必然联系。在网络环境下，大量的交易主体在相互不知道对方物理位置的情况下进行交易，电子商务活动主体可以在任何能够连接互联网的地点完成电子商务活动，其活动与某一国家或地区的联系丧失，因此，没有必要将其在网络上的"位置"与某一特定国家或地区的法律领域建立必要的联系。

由此可见，在网络环境下，地理位置并不重要，唯一重要的是构成计算机网址的"位置"，这实际上给确定地域管辖权形成了实质性的障碍。

(2) 信息来源地具有不确定性。互联网经常使用高速缓冲器，这是服务器复制信息的方法，使以后对某一网址的访问能够节省时间。为了更好地管理信息传输，互联网服务器可以将经常访问的网址中的资料部分或全部复制并存储下来，这一过程对于提高网速非常重要。但是，互联网用户不会知道由缓冲器储存的信息和最初信息之间的差别，分辨不出所显示的信息是来自信息的实际来源地还是缓冲存储器。

(3) 超链接使网址具有多样性。互联网的一个实用价值是超链接，即允许不同网址不论位置而相互连接，这使得网络环境下的电子商务活动可能出现多个不同的链接点。当一个网址位于某法院的管辖范围内时，其链接的第二个网址却不一定位于该法院的管辖范围内。因此，超链接以及多地域范围内链接的存在也是确定网络环境下管辖权的障碍。

4. 电子商务争议管辖权的国际立法

为了应对网络对管辖权的冲击，合理确定电子商务争议的管辖权，协调各国的管辖权纠纷，国际社会作出了很大努力，取得一定成果，为各国解决电子商务争议管辖权问题提供了重要的参考依据。

(1) 欧盟的《布鲁塞尔公约》。欧盟调整国际管辖权纠纷的主要公约是《关于民商事裁判管辖权和判决执行的公约》(简称《布鲁塞尔公约》)，确立了关于跨境交易中产生的管辖权争议规则，成为电子商务条件下规范欧盟成员国之间民商事司法管辖制度的基础性法律。

《布鲁塞尔公约》确立了新的消费者合同的司法管辖制度，重申被告住所地管辖的原则，同时增加了有关消费者合同纠纷管辖的特别规则，即在消费者受广告和针对消费者的购买邀请而采取必要步骤在消费者居住地国订立合同的情况下，合同的司法管辖按照以下原则处理：消费者作为原告时，消费者可以选择在被告企业设立地签约国法院起诉，也可以选择在自己居住国法院起诉；消费者作为被告时，只能由其居住国法院管辖。

(2) 海牙国际私法会议的进展。2000年2月28日至3月1日,海牙国际私法会议在加拿大渥太华召开工作组会议,就电子商务对传统管辖权规则的影响展开讨论,议题主要针对电子合同。

① 商务合同(B2B Contract)。电子合同可以分为"网上履行的合同"和"非网上履行的合同",二者都是在网上订立的,前者在网上履行,后者不在网上履行,仍然存在一个实际履行的地点,因此传统的管辖原则对其可以适用。但是对前者是否适用仍有争议。

② 消费者合同(B2C Contract)。关于电子形式的消费者合同管辖权争议,更多地体现为政策问题,而不单纯是法律问题。法国、德国、丹麦等欧洲国家主张由消费者惯常居所地法院管辖,这是因为消费者个人与公司签订电子形式的合同仍然处于相对弱势。英国、美国、日本等国家主张应适当保护公司的利益,认为在公司经营的地理范围空前扩大的情况下,适用消费者惯常居所地法院管辖原则将使公司面临在全球被起诉的风险,诉讼缺少预见性和公正性,可能阻碍电子商务的发展。

中国对上述公约的范围持灵活态度,但是反对在公约中规定政治性条款,强调公约的规定应平衡不同国家和法律制度的特点。

8.3.2　我国电子商务争议管辖权的法律规定

1. 我国网络争议管辖权的规则

《民事诉讼法》对于侵权案件的地域管辖秉持的原则是:侵权行为地、被告住所地。这一原则是在网络环境下确定管辖权时应当遵循的重要依据。因此,一般来说,在网络争议领域,法院依然采取侵权行为地或者被告住所地人民法院管辖,但将侵权行为地更加详细地分为侵权行为实施地以及侵权结果发生地,并进行了具体明确的界定,网络侵权案件当事人可以就近选择其住所地人民法院进行起诉。

微课:
电子商务争
议管辖权

对于难以确定侵权行为地和被告住所地的,如果原告发现侵权内容(或域名的)计算机终端等设备所在地可以视为侵权行为地,也就是说,如果原告在某一地点(并不限于原告住所地或营业地)接入了该网址,发现侵权内容,就可以在该地起诉被告。

【案例直击】

国内网络管辖权纠纷的典型裁决

我国在网络管辖权纠纷方面,较为著名的是"瑞得(集团)公司诉宜宾市翠屏区东方信息服务有限责任公司(简称'东方')网页著作权侵权案"。瑞得(集团)公司认为,东方网站主页的内容与"瑞得在线"主页部分内容近似,被告的网站首页的整体版式、色彩、图案、栏目设置、栏目表头、文案、下拉菜单的运用等,几乎完全照搬了原告的网站首页,其行为已经构成对原告著作权的侵犯。被告东方公司在提交答辩期间则对管辖权提出异议,认为被告东方公司的住所地及侵权行为地均不在北京市海淀区,故本案应由四川省宜宾市中级人民法院审理。

北京市海淀区法院认为,瑞得公司的主页在制作完成后,是储存在其特定的硬盘上并通过自有的 www 服务器向外界发布的,任何人在任何时间、任何地点通过主机接触 (包括浏览、复制) 该主页内容,必须经过设置在瑞得 (集团) 公司住所地的服务器及硬盘。瑞得 (集团) 公司以主页著作权为由提起诉讼,是基于其主页被复制侵权这一理由,北京市海淀区应当被视为侵权行为实施地。被告所提出的管辖权异议不能成立,海淀区法院对本案有管辖权。

案例思考:本案表明,我国法院在该裁决中并没有试图突破原有的管辖基础,而是将传统的管辖权规则适用于网络空间。

【法条速递】

因侵权行为提起的诉讼,由侵权行为地或者被告住所地人民法院管辖。

——《中华人民共和国民事诉讼法》第二十九条

信息网络侵权行为实施地包括实施被诉侵权行为的计算机等信息设备所在地,侵权结果发生地包括被侵权人住所地。

——《最高人民法院关于适用〈中华人民共和国民事诉讼法〉的解释》第二十五条

网络著作权侵权纠纷案件由侵权行为地或者被告住所地人民法院管辖。侵权行为地包括实施被诉侵权行为的网络服务器、计算机终端等设备所在地。对难以确定侵权行为地和被告住所地的,原告发现侵权内容的计算机终端等设备所在地可以视为侵权行为地。

——《最高人民法院〈关于审理涉及计算机网络著作权纠纷案件适用法律若干问题的解释〉》第一条

涉及域名的侵权纠纷案件,由侵权行为地或者被告住所地的中级人民法院管辖。对难以确定侵权行为地和被告住所地的,原告发现该域名的计算机终端等设备所在地可以视为侵权行为地。

涉外域名纠纷案件包括当事人一方或者双方是外国人、无国籍人、外国企业或组织、国际组织,或者域名注册地在外国的域名纠纷案件。在中华人民共和国领域内发生的涉外域名纠纷案件,依照民事诉讼法第四编的规定确定管辖。

——《最高人民法院〈关于审理涉及计算机网络域名民事纠纷案件适用法律若干问题的解释〉》第二条

2. 我国电子商务争议管辖权的新规则

当今，消费者在网购时很少意识到这是法律意义上的"合同行为"，往往没有注意到服务条款就按下"确认"键，不知不觉中就"默认同意"了规则，这其中就包括有利于经营者自身的管辖条款。

对此，《最高人民法院关于适用〈中华人民共和国民事诉讼法〉的解释》重新梳理了管辖规则，特别是在保护消费者合法权益方面有许多新的规定。其中第二十条的规定："以信息网络方式订立的买卖合同，通过信息网络交付标的的，以买受人住所地为合同履行地；通过其他方式交付标的的，收货地为合同履行地。合同对履行地有约定的，从其约定"。此外，第三十一条还规定："经营者使用格式条款与消费者订立管辖协议，未采取合理方式提请消费者注意，消费者主张管辖协议无效的，人民法院应予支持。"

 【案例直击】

天猫网站售后服务中的管辖权默认规则

苏州人许某通过支付宝付款的方式，从一家汽车用品公司的天猫旗舰店购买了3个木珠汽车坐垫。后来，因坐垫将汽车真皮座椅染色，许某与卖家多次协商未果，遂向住所地法院提起诉讼，要求对方赔偿。

一审中，卖家提出管辖权异议，认为其在天猫网站售后服务里明确规定，网购纠纷的地域管辖由"本公司所在地人民法院管辖（买家在本店购物后不管有无看到此地域管辖说明，一经交易付款均视为默认此条规则）"，故买卖双方已协议约定由卖家所在地法院管辖。

对此，一审法院认为，考虑网络交易的特殊性，该约定由网店住所地法院管辖的条款虽未经双方签字但仍应视为有效条款，故裁定将本案移送卖家所在地人民法院管辖。

许某不服一审裁定，提出上诉，认为天猫网店关于"买家在本店购物后不管有无看到此地域管辖说明，一经交易付款均视为默认此条规则"的约定显失公允，剥夺了消费者的合法权益，而且在许某购物时未进行合理提示，应认定无效。

苏州市中级人民法院根据《最高人民法院关于适用〈中华人民共和国民事诉讼法〉的解释》的规定，认定经营者在格式买卖合同中未履行明确说明义务的管辖条款无效，并以网络交易管辖新规则确定买家所在地基层法院为管辖法院。

案例思考：这一案例的价值，不仅在于其涉及经营者提供格式合同中管辖条款的效力认定，还涉及网络购物中的管辖确定原则。法院根据有关规定，因经营者未履行明确说明义务否定了管辖格式条款的效力，又根据网络交易中以买受人所在地作为合同履行地进而确定管辖法院，体现了该解释在管辖确定中保护消费者权益的应有精神。

8.4 电子商务经营者的法律责任

8.4.1 电子商务经营者的民事法律责任

根据《电子商务法》第七十四条的规定："电子商务经营者在销售商品或者提供服务，不履行合同义务或者履行合同义务不符合规定，或者造成他人损害的，依法承担民事责任。"如果发生违约与侵权的责任竞合，即因当事人一方的违约行为损害对方人身权益、财产权益的，受损害方有权选择请求其承担违约责任或者侵权责任。

1. 电子商务交易的违约责任

违约责任也称违反合同的民事责任，是指合同当事人因不履行合同义务或者履行合同义务不符合约定，而向对方承担的民事责任。根据线上线下一致原则，电子商务经营者销售商品或者提供服务，也应依照约定全面履行自己的义务，遵循诚实信用原则，根据合同的性质、目的和交易习惯履行通知、协助、保密等义务。当事人一方不履行合同义务或者履行合同义务不符合约定的，应当承担违约责任。

违约责任具有补偿性和一定的任意性，是财产责任，不是人身责任。违约责任有三种基本形式，即继续履行、采取补救措施和赔偿损失。另外，还有违约金责任和定金罚则等其他形式。

（1）电子商务交易违约责任的基本形式。

① 继续履行。继续履行也称强制实际履行，是指违约方根据对方当事人的请求继续履行合同规定的义务的违约责任形式。不同于一般意义上的合同履行，继续履行以违约为前提，体现了法律的强制性。继续履行是一种独立的违约责任形式，以守约方请求为条件，法院不得径行判决。

② 采取补救措施。作为一种独立的违约责任形式，采取补救措施是指矫正合同不适当履行（如质量不合格）使履行缺陷得以消除的具体措施，这种责任形式与继续履行（解决不履行问题）和赔偿损失具有互补性。补救措施的具体方式包括修理、重作、更换、退货、减少价款或者报酬等多种方式。

③ 赔偿损失。赔偿损失是指违约方以支付金钱的方式弥补受害方因违约行为所减少的财产或者所丧失的利益的责任形式。损害赔偿具有典型的补偿性，它以违约行为造成对方财产损失的事实为基础。赔偿损失与采取补救措施和继续履行可以并用。

微课：
电子商务经营者的民事法律责任

**【实务拓展】**

赔偿损失责任的构成

一是存在违约行为；

二是产生损失；

三是违约行为与损失之间具有因果关系；

四是违约一方没有免责事由。

④ 支付违约金。违约金是指当事人一方违反合同时应当向对方支付一定数量的金钱或财物。需要注意的是,违约金是在合同中预先约定的(合同条款之一)。约定的违约金低于造成损失的,人民法院或者仲裁机构可以根据当事人的请求予以增加；约定的违约金过分高于造成损失的,人民法院或者仲裁机构可以根据当事人的请求予以适当减少。

⑤ 定金罚则。定金是指合同当事人为了确保合同的履行,根据双方约定,由一方按合同金额的一定比例预先给付对方的金钱或其他替代物。《民法典》规定,"当事人可以约定一方向对方给付定金作为债权的担保"。定金数额由当事人约定,但是,不得超过主合同标的额的20%,超过部分不产生定金的效力。债务人履行债务后,定金应当抵作价款或者收回。给付定金的一方不履行约定债务的,无权要求返还定金；收受定金的一方不履行约定债务的,应当双倍返还定金。据此,在当事人约定了定金担保的情形下,如一方违约,定金罚则即成为一种违约责任形式。

(2) 电子商务交易违约责任的承担。违约责任的承担遵循无过错责任原则、赔偿原则和全面履行原则。

① 无过错责任原则。无过错责任原则要求凡违反合同的行为,除了免责的外,都必须追究违约方的违约责任。如果当事人双方都违反合同,应当各自承担相应的责任。

② 赔偿原则。因违约方的违约行为使受害人遭受的全部损失,都应由违约方负责赔偿,这就是赔偿原则。但赔偿损失不得超过违反合同一方订立合同时预见到或者应当预见到的因违反合同可能造成的损失。且当事人一方违约后,对方应当采取适当措施防止损失的扩大；没有采取适当措施致使损失扩大的,不得就扩大的损失要求赔偿。当事人因防止损失扩大支出的合理费用,由违约方承担。

③ 全面履行原则是指违约方承担经济责任(如支付违约金或者赔偿金等)后仍应按合同要求全面履行。也就是说,违约方承担经济责任并不能代替合同的履行,不能自然免除合同的法律约束力,不能免除过错方继续履行合同的责任。只要受害方要求继续履行合同,违约方又有能力履行,除了法律另有规定外,违约方就必须继续履行未完成的合同义务。

2. 电子商务经营者的侵权责任

侵权行为是指侵犯他人的人身权、财产权或知识产权,依法应承担民事责任的违法行为。电子商务经营者在销售商品或者提供服务的过程中,侵犯他人的民事权益,造成他人损害的,依法承担民事责任。此处的"依法"之"法",既包括《电子商务法》,也包括其他法律,强调与其他法律规定的民事责任制度的衔接。同时要注意,应当遵循特别法优于普通法的原则,《电子商务法》有规定的适用该法,未做规定的,依照其他有关法律行政法规的规定承担民事责任。

一般侵权责任适用过错责任原则,此原则是以行为人主观上的过错为承担民事责任基本条件的认定责任的准则。按照过错责任原则,行为人仅在有过错的情况下,才承担民事责任,没有过错,就不承担民事责任,法律特殊规定的除外。

 【案例直击】

网购消费维权诉天猫卖家"假一赔万"案

廖女士在天猫商城 SOOSIM 旗舰店以 299 元的价格购买了一件衣服,标明材质为真丝的裙子,店家的描述为:"真丝,面料主成分含量:91%~95%",同时标明"假一赔万"。收到裙子后,廖女士发觉不像是真丝的,检测机构的报告也证明裙子真丝含量为 0。廖女士和卖家联系无果,将卖家起诉到浙江省金华市婺城区人民法院。

法院判决,支持了廖女士的诉求,判令被告返还廖女士购买裙子的货款 299 元;判令被告于判决生效后十日内支付原告廖女士违约金 10 000 元;判令被告判决生效后十日内支付原告服装面料检测费用 200 元。

案例思考:网络经营者与消费者一旦建立合同,只要不侵害社会公共利益和他人的合法权益,且不违反法律强制性规定,双方就应按照合同履行自己的权利义务。如果经营者没有适当履行自己如实告知的义务,以虚假宣传误导消费者,甚至构成欺诈行为,就会严重侵害消费者的知情权,应当承担违约和侵权责任。

【法条速递】

电子商务经营者应当全面、真实、准确、及时地披露商品或者服务信息,保障消费者的知情权和选择权。电子商务经营者不得以虚构交易、编造用户评价等方式进行虚假或者引人误解的商业宣传,欺骗、误导消费者。

——《中华人民共和国电子商务法》第十七条

经营者向消费者提供有关商品或者服务的信息应当真实、全面、准确,不得有下列虚假或者引人误解的宣传行为:

(一)不以真实名称和标记提供商品或者服务;

（二）以虚假或者引人误解的商品说明、商品标准、实物样品等方式销售商品或者服务；

（三）作虚假或者引人误解的现场说明和演示；

（四）采用虚构交易、虚标成交量、虚假评论或者雇佣他人等方式进行欺骗性销售诱导；

（五）以虚假的"清仓价"、"甩卖价"、"最低价"、"优惠价"或者其他欺骗性价格表示销售商品或者服务；

（六）以虚假的"有奖销售"、"还本销售"、"体验销售"等方式销售商品或者服务；

（七）谎称正品销售"处理品"、"残次品"、"等外品"等商品；

（八）夸大或隐瞒所提供的商品或者服务的数量、质量、性能等与消费者有重大利害关系的信息误导消费者；

（九）以其他虚假或者引人误解的宣传方式误导消费者。

——《侵害消费者权益行为处罚办法》第六条

3. 电子商务平台经营者的连带责任

电子商务平台经营者的连带责任是指电子商务平台内经营者实施侵权行为后，电子商务平台经营者在法定情况下与侵权者承担连带责任的侵权责任形式。

《电子商务法》中对于电子商务平台经营者的连带责任，主要分为消费者权益受损和平台知识产权侵权两类情况。电子商务平台经营者知道或者应当知道平台内经营者销售的商品或者提供的服务不符合保障人身、财产安全的要求，或者有其他侵害消费者合法权益行为，未采取必要措施的，依法与该平台内经营者承担连带责任。

第一，电子商务平台经营者接到知识产权权利人要求电子商务平台经营者采取删除、屏蔽、断开链接、终止交易和服务等必要措施的通知，未及时采取必要措施的，对损害的扩大部分与平台内经营者承担连带责任。

第二，电子商务平台经营者知道或者应当知道平台内经营者侵犯知识产权的，应当采取删除、屏蔽、断开链接、终止交易和服务等必要措施；未采取必要措施的，与侵权人承担连带责任。

 【实务拓展】

判断电子商务平台经营者承担连带责任的关键点

判断电子商务平台经营者是否承担连带责任的关键在于提示规则和明知规则。

提示规则的要点是：

（1）被侵权人通知电子商务平台经营者侵权行为的存在；

（2）被侵权人要求电子商务平台经营者采取必要措施停止侵权行为。

电子商务平台经营者未及时采取措施，构成对平台内经营者侵权行为的放任，具有间接故意，视为与侵权人构成共同侵权行为。因此，就损害的扩大部分，与侵权人承担连带责任。

明知原则的要点是：

（1）电子商务平台经营者明知平台内经营者实施侵权行为；

（2）电子商务平台经营者未采取必要措施，放任侵权人实施侵权行为，具有间接故意；

（3）对被侵权人造成损害。

【案例直击】

电子商务平台承担专利侵权连带责任案

威海嘉易烤生活家电有限公司（简称"嘉易烤公司"）是名称为"红外线加热烹调装置"发明专利的专利权人。嘉易烤公司认为永康市金仕德工贸有限公司（简称"金仕德公司"）在天猫网上销售的烧烤炉侵犯其上述专利权，浙江天猫网络有限公司（简称"天猫公司"）在其发送侵权投诉的情况下未采取有效措施，应共同承担侵权责任。

浙江省金华市中级人民法院认为，金仕德公司的产品侵犯了嘉易烤公司的专利权，嘉易烤公司提交的投诉材料符合天猫公司的格式要求，天猫公司仅对该材料作出审核不通过的处理，其并未尽到合理的审查义务，也未采取必要措施防止损害扩大，应对损害扩大的部分与金仕德公司承担连带责任，故判决金仕德公司立即停止销售侵权产品，赔偿嘉易烤公司经济损失15万元，天猫公司对其中5万元承担连带赔偿责任。

案例思考：本案中天猫公司未采取必要措施防止损害扩大，应承担连带责任。本案借鉴了著作权领域的"通知—反通知"机制，在保护权利人利益的同时，也有助于防止其滥用投诉机制，既考虑到权利人和被投诉人之间的利益平衡，也有利于电子商务平台的健康有序发展。

8.4.2 电子商务经营者的行政法律责任

营造良好的网络购物环境既离不开政府有关行政执法部门的监管，也离不开广大网络经营者的诚信自律。近年来，国家市场监管管理总局一直在严厉打击通过互联网销售假冒伪劣商品和侵犯商标专用权的行为，不断营造公平竞争的网络市场环境和安全放心的网络消费环境。《电子商务法》第十五条至第二十五条更是详细规定了电子商务经营者的义务,违反相关规定就需要承担行政法律责任,并受到相应的行政处罚,行政处罚部门主要是市场监督管理部门。

1. 电子商务行政法律处罚的情形

(1) 电子商务经营者未获得许可从事电子商务活动。电子商务经营者从事经营活动,依法需要取得相关行政许可的,应当依法取得行政许可,如食品药品销售、开展增值电信业务等。

**【案例直击】**

个人违法网络经营化妆品及食品案

临沂市罗庄区市场监督管理局接到群众举报,周某开设的淘宝店铺,非法经营进口化妆品及预包装食品。执法人员对周某的线下经营场所进行检查,发现当事人不能提供营业执照、食品经营许可证、进货票据、国家商检部门出具的检验合格证明等材料。经调查,当事人在未办理营业执照和食品经营许可证的情况下,通过网店销售食品经营额达 68 200 元,获利 12 650 元;销售无中文标签的化妆品货值达685 000 元,获利 12 486 元。罗庄区市场监督管理局根据《电子商务法》《化妆品监督管理条例》,对当事人作出没收违法所得 25 136 元,没收尚未出售的饮料、进口化妆品,罚款 105 658 元的行政处罚。

案例思考:周某经营化妆品和食品的电子商务经营活动却没有依法取得个体工商户营业执照和食品经营许可证,市场监督管理部门可以依法采取罚款、责令停业整顿、停网整顿、吊销营业执照处罚措施。

(2) 电子商务经营者违反法律、行政法规提供禁止交易的商品或者服务。无论线上线下,交易的商品或者服务都应当符合法律、法规的规定,禁止交易毒品、淫秽物品、非法出版物等法律、法规规定禁止交易的物品;禁止交易枪支、弹药、管制刀具、民用爆炸物品、窃听窃照专用器材、剧毒化学品、易制毒化学品等法律、法规规定禁止擅自交易的物品,禁止提供代孕、性交易,禁止进行人体器官买卖。

(3) 电子商务经营者违反信息提供的义务。电子商务经营者利用互联网从事电子商务经营活动,因此对维护网上经营秩序,保障网上交易安全,向有关主管部门提供相关数据信息负有相应的义务。如果违反了这一义务,则可以予以行政处罚。

(4) 电子商务经营者违反信息公示及用户信息管理的相关规定。电子商务经营者需要对营业执照信息,行政许可信息,终止电子商务的有关信息,用户信息查询、更正、删除以及用户注销方式、程序以有效的方式予以公示。电子商务经营者依法履行信息披露和公示义务是保障消费者权益的关键,经营者的信息披露义务也被称为强制说明义务,其目的是通过国家强制力保护消费者的权利,从而使得权利义务趋于公平。

微商未公示营业执照和行政许可信息被处罚案

湖州市南浔区市场监督管理局执法人员在日常网络巡查中发现,个体户卢某在其微信朋友圈内从事饼干、蛋糕等糕点食品销售,但未公示其营业执照、食品经营许可证等信息。由此,执法人员立即前往当事人所描述的某地址进行现场检查。

经查,当事人在上述地址开设了一家从事糕点类食品制售的店铺,并且能提供合法有效的个体工商户营业执照以及食品经营许可证。不过,当事人为了提高知名度,开拓市场,吸引消费者,卢某通过微信朋友圈发布了数十条关于店内所制售的饼干、蛋糕、饮料等食品信息,但未在其销售食品的微信朋友圈内公示营业执照、食品经营许可证信息。

湖州市南浔区市场监督管理局依据《电子商务法》第十五条第一款的相关规定开出了 2 000 元的行政处罚罚单。

案例思考:《电子商务法》将微商列入电子商务经营者,同样需要遵守法律相关规定。因此,在微信朋友圈发布产品销售信息,必须在微信朋友圈的显著位置公示营业执照,对于从事需要许可的经营活动,还需公示经营许可证等信息,否则将被处以行政处罚。

（5）电子商务经营者违法提供搜索结果或者搭售商品与服务。经营者与消费者交易,应当遵循自愿、平等、公平、诚实守信的原则。其中包括尊重和保护消费者的知情权和选择权。违法提供搜索结果、搭售商品和服务影响了消费者比较、鉴别和挑选商品的自主性,侵害了消费者的选择权。

网络交易强制捆绑搭售构成违法

临沂市罗庄区市场监督管理局发现山东某电子科技有限公司在其天猫店铺"丽波官方旗舰店"销售的某款商品强制捆绑搭售了 4 款同类商品,但并未在店铺详情页的醒目位置以显著方式提醒消费者注意该搭售行为,同时将搭售产品作为默认同意选项,且没有选项可以取消不购买搭售的商品。经调查,该公司共销售该款商品5 000 个,违法搭售销售产生违法所得 10 000 元。罗庄区市场监督管理局根据《电子商务法》的规定,对其作出了责令改正违法行为、没收违法所得 10 000 元、予以罚款 50 000 元的处罚。

案例思考:该公司的行为违反了《电子商务法》的规定,构成了违法搭售商品的违法行为。因此,在电子商务经营过程中,如果有搭售商品或者服务的,应当以显著方式提请消费者注意,同时不得将搭售商品或者服务设置为默认同意的选项。

(6) 电子商务经营者违反押金管理规定。对于未向消费者明示押金退还的方式、程序，对押金退还设置不合理条件，或者不及时退还押金的行为进行处罚，一般情节处以五万元到二十万元的罚款，情节严重者处以二十万元到五十万元的罚款。这一规定主要是回应共享单车、健身房、美容院等发展中的押金退还问题。

(7) 电子商务经营者违反个人信息保护和网络安全保障义务。在《电子商务法》中，保护个人信息、保障网络安全是电子商务经营者的两项重要义务，违反这两项义务，皆依照《网络安全法》等法律、行政法规的规定处罚。

(8) 电子商务经营者违反产品质量、反垄断、反不正当竞争、知识产权保护、消费者权益保护等法律。《电子商务法》对于违反法律规定，销售的商品或者提供的服务不符合保障人身、财产安全的要求，实施虚假或者引人误解的商业宣传等不正当竞争行为，滥用市场支配地位，或者实施侵犯知识产权、侵害消费者权益等行为的，依照相关法律法规进行处罚。

(9) 电子商务平台采取集中竞价、做市商等集中交易方式进行标准化合约交易。根据《国务院关于清理整顿各类交易场所切实防范金融风险的决定》，除了依法经国务院或国务院期货监管机构批准设立从事期货交易的交易场所外，其他任何单位一律不得以集中竞价、匿名交易、做市商等集中方式进行标准化合约交易。因此，电子商务平台经营者应当遵守相关规定，否则将面临行政处罚。

(10) 电子商务平台违反核验登记、信息报送、违法信息处置、商品和服务信息、交易信息保存义务。电子商务平台经营者掌握着平台内经营者的大量数据信息，并且可以通过制定和修改平台服务协议和交易规则行使部分原本属于监管部门的"权力"。在很多情况下，政府监督管理部门必须借助电子商务平台经营者实行有效监管。因此，电子商务平台经营者能否依法履行对平台内经营者的身份核验、登记义务，向市场监督管理部门、税务部门提供有关信息，对违法情形采取必要的处置措施或者向有关部门报告，履行商品和服务信息、交易记录信息的保存义务，对于商品与服务的质量、对平台内经营者的追责、消费者权益保障、电子商务活动的健康发展都至关重要。

✱【案例直击】

电商平台不得删除消费者评价

河北省唐山市消费者杨女士投诉称，怀疑其在某平台购买的护肤化妆品为假货，与之前所用同款产品差距较大。之前自己曾因特价购买的面膜质量不佳给予差评，但该评价根本看不到。杨女士认为，消费者评价是消费者体验的重要环节，也是后续顾客购物的重要参考。故投诉该平台不顾消费者感受删除差评的行为。

案例思考：《电子商务法》第三十九条第二款规定："电子商务平台经营者不得删除消费者对其平台销售的商品或提供服务的评价。"这一规定有利于消除了电商行业"刷好评""删差评"等不规范现象，保障了消费者的权益。

(11) 电子商务平台违反服务协议、随意修改交易规则、未显著标注自营业务、擅自修改信用评价、未显著标注广告的。电子商务平台服务协议、交易规则、经营内容、信用评价等信息是电子商务法律制度和秩序的重要组成部分。该行政责任的规定旨在规范电子商务平台经营者的行为，促使其公平、公开、透明地进行交易，从而有效保护交易的合法、合理、公平性，保障平台内经营者和消费者的合法权益。

【案例直击】

消费者诉"京东自营"手表质量纠纷案

范先生在京东商城网站购买了四款标注"自营"的品牌手表。收货后发现，商品说明书载明的手表材质与宣传不符。检测结果也证明了这一点。在诉讼维权过程中，该网络平台辩称"自营"不是平台经营者自营，而是平台所属集团下属公司经营，平台经营者并非适合作为被告，要求驳回消费者的起诉。

法院认为，销售主体的模糊会侵害消费者的知情权，该电商平台的信息披露方式存在明显瑕疵，容易误导消费者，该公司应当在网站页面的显著位置对"自营"等专有概念作出明确解释，所有商品销售页面均应披露销售者的详细信息，并将销售授权书在明显位置予以公示。

案例思考：《电子商务法》出台后，电子商务平台应当以显著方式区分标记自营业务和平台内经营者开展的业务，不得误导消费者，且应当对其标记为自营的业务依法承担商品销售者或者服务提供者的民事责任。

(12) 电子商务平台对平台内经营者进行不合理限制、附加不合理条件、收取不合理费用。电子商务平台利用服务协议、交易规则以及技术手段等，对平台内经营者进行不合理的限制、附加不合理条件、收取不合理费用的行为属于不正当竞争行为，不仅侵害其他经营者的合法权益，而且损害消费者的合法权益，扰乱市场秩序。

【实务拓展】

电子商务平台能否限制商家大促"二选一"？

《电子商务法》出台后，电子商务平台经营者不得要求入驻商家只能在一家平台参加促销活动，特别是在类似"双11""6·18"等几个重要时间节点更是如此。

如果电子商务平台经营者违反相关规定，由市场监督管理部门责令限期改正，可以处以五万元以上五十万元以下的罚款；情节严重的，处以五十万元以上二百万元以下的罚款。

【案例直击】

外卖运营中心随意限定配送范围被罚案

海东市场监督管理局执法人员接到来自某区 47 名餐饮经营者对某公司美团外卖运营中心的联名投诉书,报经批准后立案调查。经查,当事人将美团外卖平台内经营者的配送区域划定到平台经营区外的西宁、青海湖等地,导致经营者无法配送;或将配送范围缩小限制至某一街道,影响了美团外卖平台内经营者的正常配送和经营。海东市市场监督管理局依据新出台的《电子商务法》,对某公司美团外卖运营中心开出了 5 万元的行政处罚罚单。

案例思考:本案中外卖运营平台随意限定或缩小配送范围,属于利用网络技术手段对平台内经营者在平台内的交易进行不合理限制的违法行为,应当被处以行政处罚。

(13) 电子商务平台未履行审核义务以及未尽到安全保障义务。对关系消费者生命健康的商品或者服务,电子商务平台经营者对平台内经营者的资质资格未尽到审核义务,或者对消费者未尽到安全保障义务,造成消费者损害的,需要依法承担相关责任。

【案例直击】

A 平台销售不达标保健品被判十倍赔偿案

消费者王某在 A 平台订购了 6 盒减肥胶囊,共计 336 元,并于当月 27 日确认收到上述货物。王某食用其中 2 盒后发现无任何减肥效果,且生产厂家及批准文号均为伪造,遂向工商部门进行举报。工商部门经调查核实,作出没收 A 平台 152.86 元违法所得、罚款 3 万元的处罚决定。

随后,王某诉至法院称,A 平台作为经营主体,违反了《食品安全法》和《民法典》的相关规定,应承担相应的法律责任,要求该公司退还货款并给付 10 倍赔偿金。法院审理认为,A 平台怠于履行审查义务,销售明知不符合食品安全标准的食品,依法应承担 10 倍货款的赔偿责任。

案例思考:A 平台作为电商平台,对其平台内经营者的资质资格未尽到审核义务,造成消费者权益受损,应当承担责任。市场监督管理部门可以依法责令其改正、停业整顿和罚款。

(14) 电子商务平台对平台内经营者实施侵犯知识产权行为未依法采取必要措施。电子商务平台经营者对平台内经营者实施侵犯知识产权行为未采取必要措施的,除了承担民事责任外,还要承担行政责任甚至是刑事责任。其中,关于行政责任,除了按照现行的知识产权法律法规进行责罚外,《电子商务法》还做了进一步的处罚规定,这有利于发挥电子商务平台经营者的作用,增强对经营者侵犯知识产权行为的打击力度,建立良好的市场秩序,促进我国电子商务知识产权保护与国际接轨。

(15) 电子商务监管部门工作人员存在违法行为。依法负有电子商务监督管理职责的工作人员玩忽职守、滥用职权、徇私舞弊,泄露、出售或者非法向他人提供在履行职责中所知悉的个人信息、隐私和商业秘密的,依法给予行政处分。

2. 电子商务行政处罚的种类

行政处罚是对违法行为人采取的法律制裁措施,旨在纠正违法行为、维护社会秩序和公共利益。根据《中华人民共和国行政处罚法》第九条,行政处罚包括以下种类:

(1) 警告、通报批评。警告是对违法行为人进行口头或书面的告诫,使其认识到行为的违法性。通报批评是通过公开方式对违法行为人进行谴责。这类处罚属于较轻的形式,适用于情节轻微或初犯的情况,旨在通过教育和警示纠正违法行为。

(2) 罚款、没收违法所得、没收非法财物。罚款是要求违法行为人缴纳一定数额的金钱。没收违法所得是收缴违法行为人因违法所获得的利益。没收非法财物是收缴与违法行为直接相关的财物。这类处罚通过经济手段制裁违法行为,剥夺违法行为人的非法利益,具有较强的惩戒作用。

(3) 暂扣许可证件、降低资质等级、吊销许可证件。暂扣许可证件是暂时收回违法行为人的行政许可文件。降低资质等级是降低违法行为人的从业资格等级。吊销许可证件是永久取消违法行为人的行政许可文件。这类处罚针对特定行业或领域,通过限制或取消从业资格,防止违法行为人继续从事相关活动。

(4) 限制开展生产经营活动、责令停产停业、责令关闭、限制从业。限制开展生产经营活动是限制违法行为人的经营范围或规模。责令停产停业是要求违法行为人暂停生产经营活动。责令关闭是要求违法行为人终止经营活动。限制从业是限制违法行为人从事特定职业或行业。这类处罚通过限制或终止违法行为人的经营活动,防止其继续危害社会秩序或公共利益。

(5) 行政拘留。行政拘留是短期内限制违法行为人人身自由的处罚措施。这是最严厉的行政处罚形式之一,适用于情节严重或屡教不改的违法行为,通常由公安机关执行。

(6) 法律、行政法规规定的其他行政处罚。是指除上述种类外,其他法律或行政法规规定的行政处罚形式。这类处罚为法律预留了灵活性,以适应不同领域和特殊情况的处罚需求。

8.4.3 电子商务经营者的刑事法律责任

1. 电子商务刑事法律责任的判定

《电子商务法》的性质决定法律责任的性质,该法的商法兼经济法的性质决定了其法律责任主要是民商事责任。然而,作为所有法律中调整社会关系、处理矛盾纠纷的最后一道防线,刑事责任的规定对保障消费者合法权益,维护公平、公正、健康电子商务市场秩序极为重要。

作为非刑事法律文件,《电子商务法》规定刑事法律责任时,在违法行为后加上"构成犯罪的,依法追究刑事责任",表明违法行为的社会危害性若严重到一定程度,构成犯罪,需要追究刑事责任。由于我国并无绝对意义上的附属刑法,无法在《刑法》之外的法律中直接规定罪名、罪状与刑事责任,因此,该条款中的"依法",不是依据《电子商务法》,而是依据《刑法》。对于该条款的理解需要注意以下两点:

第一,对电子商务违法行为的定性,需要参照《电子商务法》及其他法律或行政法规、地方性法规、部门规章作出判断。

第二,对刑事违法性、可罚性的判断,需要依据《刑法》中的相关规定追究刑事责任。

【法条速递】

违反本法规定,构成违反治安管理行为的,依法给予治安管理处罚;构成犯罪的,依法追究刑事责任。

——《中华人民共和国电子商务法》第八十八条

另外,由于我国《刑法》中"犯罪"的门槛较高,不可能动辄用刑罚来处罚电子商务中需要处罚的行为,因此,包括治安管理处罚在内的行政责任的规定与适用必不可少,同时要考虑其与《刑法》有关规定的衔接。在刑事立法方面,鉴于电子商务的积极作用和发展趋势,涉及电子商务的网络犯罪成因的复杂性,相关罪名、罪状与刑罚的立法也应当保持适度的谦抑,符合罪责刑相适应原则。

2. 电子商务犯罪的特征

电子商务快速发展的同时,电子商务领域的犯罪也在急剧增多,严重影响了电子商务的健康发展。与传统犯罪行为相比,电子商务犯罪具有明显的特征。

(1) 犯罪主体多样性。电子商务犯罪主要涉及经济性犯罪,从犯罪主体的构成来看,自然人和法人都可以成为犯罪主体,特别是法人,为了追求经济利益,各种不同的经济组织往往利用其法人的名义,在进行电子商务活动中实施犯罪。从犯罪年龄来看,电子商务体现的犯罪主体有年轻化的趋势,青少年实施的此类犯罪比例越来越大,但是中老年犯罪也占有一定比例。从犯罪行为人的文化程度来看,从小学文化到研究生均有,呈现出多样化的特点。

(2) 犯罪行为隐蔽性。电子商务犯罪的隐蔽性表现在:作案时间和地点不受限制,在网络世界里,人们的时空观念发生了很大变化,能同时在多个地方作案;犯罪行为人身份隐蔽性强,其犯罪身份与现实身份完全不同,而且很难查实;犯罪不留痕迹,没有客观表现形态,不易被识别。

(3) 低成本、低风险、高产出。首先,犯罪成本低。犯罪行为人只要具备一定的专业水平,在各种技术设备的保障下,其投入的成本有时可能是零。其次,犯罪风险低。电子商务犯罪借助网络平台实施,网络的虚拟性不利于犯罪行为的侦查,降低了犯罪行为的风险。最后,犯罪回报率高。这里所说回报,并不仅仅指经济上的回报,还可以是报复、炫耀技术等。犯罪行为人一旦发现网络漏洞或者攻破安全防护体系,就能很容易实现他们的犯罪目的。

(4) 犯罪危害性大。电子商务犯罪危害大主要表现在两方面:一是波及范围大,电子商务自身的特点为犯罪分子的跨地域甚至跨国界作案提供了方便;二是受害程度大,电子商务的覆盖区域广,一次网络攻击,可以造成成千上万台计算机瘫痪,而电子商务的经济犯罪动辄涉及上百万元,甚至上亿元资金。

(5) 犯罪证据难采集。电子商务犯罪利用网络的技术特点,犯罪手段多样化且虚拟化,犯罪动作迅速,使得犯罪证据难以采集,且多为电子证据,易被修改,很难确认其效力。

3. 电子商务犯罪的类型

根据犯罪行为的主体和方式不同,可将电子商务犯罪分为以下三种类型:

(1) 危害电子商务信息系统安全的犯罪。这类犯罪行为以电子商务交易过程中的信息、数据资源安全为攻击对象,涉及的罪名有:盗窃罪、诈骗罪、侵占罪、信用卡诈骗等与支付相关的犯罪、侵犯公民个人信息罪、非法侵入计算机信息系统罪、非法获取计算机信息系统数据、非法控制计算机信息系统罪等。《中华人民共和国刑法修正案(七)》《中华人民共和国刑法修正案(九)》又新增加了与之相关的罪名,如拒不履行信息网络安全管理义务罪、非法利用信息网络罪、帮助信息网络犯罪活动罪等。

(2) 以电子商务交易方式为作案工具的犯罪。这是指以电子商务交易方式的跨国性、隐蔽性为掩护从事非法交易或其他破坏电子商务交易正常秩序的行为。涉及的罪名有:销售伪劣商品罪,侵犯知识产权罪,洗钱罪,逃税罪等涉税犯罪,走私罪,虚假广告罪,损害商业信誉、商品声誉罪,合同诈骗罪,非法经营罪,强迫交易罪等。

(3) 监督管理部门工作人员渎职、失职罪。这是指电子商务的市场监督管理部门工作人员玩忽职守、滥用职权的相关犯罪行为。例如,食品监管渎职罪、放纵走私罪、商检徇私舞弊罪、商检失职罪、动植物检疫徇私舞弊罪、动植物检疫失职罪、放纵制售伪劣商品犯罪行为罪等。

4. 电子商务犯罪的刑罚

对于电子商务犯罪行为,应当依据《刑法》予以刑事处罚,即刑罚。刑罚分为主刑和附加刑。

(1) 主刑。它是对犯罪分子适用的主要刑罚方法,只能独立适用,不能附加适用,对犯罪分子只能判一种主刑。主刑分为管制、拘役、有期徒刑、无期徒刑和死刑。

(2) 附加刑。它既可以独立适用又可以附加适用的刑罚方法。即对同一犯罪行为既可以在主刑之后判处一个或两个以上的附加刑,也可以独立判处一个或两个以上的附加刑。附加刑分为罚金、剥夺政治权利、没收财产。对犯罪的外国人,也可以独立或者附加适用驱除出境。

 【德技并修】

电子商务从业者需合法合规经营

随着电子商务行业的快速发展,国家法律法规体系不断完善,行业监管日益严格,电子商务正朝着更加规范化、法治化的方向迈进。作为未来电子商务的从业者,无论是创业还是就业,都必须深刻认识到合法合规经营的重要性,牢固树立守法意识和责任意识,始终坚守法律底线,为行业的健康可持续发展贡献力量。

当前,我国电子商务行业已进入高质量发展的新阶段,国家对电商领域的监管力度持续加强,相关法律法规和政策不断出台,旨在构建公平竞争、诚信守法的市场环境。作为新时代的电商从业者,必须紧跟时代步伐,深入学习并严格遵守《电子商务法》《民法典》《个人信息保护法》《公司法》等相关法律法规,确保经营活动合法合规。这不仅是对自身职业发展的基本要求,更是对消费者权益和社会公共利益的高度负责。

电子商务作为数字经济的重要组成部分,已成为推动经济增长、促进就业创业的重要引擎。从业者必须深刻认识到,合法合规经营不仅是法律的要求,更是践行社会主义核心价值观、服务国家发展战略的具体体现。我们要以高度的政治责任感和使命感,自觉将个人发展与国家发展紧密结合,在守法经营中实现个人价值,在规范运作中助力行业进步。

案例思考:请同学们结合自身未来的职业规划,作为电商从业者,如何在日常经营中切实保护消费者权益,避免触碰法律红线?

【模拟法庭】

电子商务犯罪案及争议解决

阮某租下金华开发区苏孟乡的一间出租房,雇用朱某等人,开始生产假冒减肥产品。在未取得任何营业执照、生产许可证的情况下,阮某等人伪造或假冒保健品批准文号,生产十几种假冒减肥产品。为了扩大销售范围,阮某等人在网上开设店铺,通过微信群、微信朋友圈、淘宝、网页广告、订单邮寄等方式将假冒的减肥产品销往全国各地。案发时,执法人员在现场缴获假冒减肥胶囊达到 45 万粒,而这并不包含阮某三年来已销售的假冒减肥产品,这些号称减肥效果明显的假冒减肥产品中检测出

"西布曲明"有毒有害成分,该成分含抑制食欲作用,是被国家明令禁止的。有很多人吃了该减肥产品后常常觉得口干、没有食欲、心跳加快、人没有精神,有一位受害人林女士起床时突感双腿无力、心跳加快、头晕目眩,家人立即将林女士送往医院。经医生检查,林女士属于重度药物中毒后肾衰竭。

请同学们以小组为单位,以模拟法庭为训练形式,分析:

(1)阮某等人应该承担哪些法律责任,并说明原因?

(2)像林女士这样的受害人,应通过哪些线上、线下争议解决方式进行维权?

实训目的:

将法律法规教育与司法实践结合起来,旨在加深学生对电子商务争议解决与法律责任的理解,了解民事诉讼活动程序,体验法官、律师、当事人等角色,熟悉法庭氛围和司法审判实践过程,培养学生探寻法律事实的能力和综合运用法律解决实际问题的能力,提高学生在电子商务经营过程中解决电子商务争议的能力。

实训要求:

(1)学生训练前复习《电子商务法》《民事诉讼法》《侵害消费者权益行为处罚办法》《最高人民法院关于适用〈中华人民共和国民事诉讼法〉的解释》等的有关内容,明确训练要求。

(2)采取分组训练方式,小组进行模拟角色分工,明确审判长、审判员、控诉人、辩护人、原告、被告、书记员等各个角色工作职责,在老师指导下熟悉案情。

实训内容:

1. 模拟法庭的组织

学生分组:① 审判组,包括审判长、审判员和书记员,进行角色分工,制作审判流程、案由、案件争议焦点、庭审笔录等;② 当事人组,包括原告、被告,进行角色分工,并制作起诉状、答辩状、证据等;③ 辩论组,包括控诉人和辩护人,与当事人沟通,制作代理词、辩论词等。

2. 开庭审理

(1)庭审准备。

诉讼参与人入场,书记员宣布法庭纪律:

_____

_____

审判人员入场,审判长宣布开庭:

_____

(2)法庭调查。

① 起诉与答辩:

原告宣读起诉书:_____

_____

_____

被告方宣读答辩状：_____

_____

_____

② 法庭调查取证：

原告方举证：_____

_____

_____

被告方举证：_____

_____

_____

原、被告双方进行质证：_____

_____

_____

③ 案件事实交叉提问：

_____

_____

_____

④ 案件争议焦点归纳：

_____

_____

_____

（3）法庭辩论。

原告方发言：_____

_____

_____

被告方发言：_____

_____

自由辩论：_____

_____

_____

（4）休庭评议、宣判。

_____

_____

_____

3. 教师点评

_____

实训思考：

（1）本案件的争议焦点有哪些？

（2）本人所扮演的角色在审判活动有哪些注意事项？

（3）法庭辩论过程的成功与不足之处有哪些？

（4）在参与模拟审判训练中，有哪些收获与不足，如何改进？

【课后习题】

一、单选题

1. 双方当事人在发生电子商务争议时，提请第三者对争议进行审理，居中调解做出裁决的争议解决方式是（   ）。

    A. 和解   B. 调解   C. 仲裁   D. 诉讼

2. 根据规定，涉及域名的侵权纠纷案件，由侵权行为地或者被告所在地的中级人民法院管辖。对难以确定的，原告发现该域名的计算机终端等设备所在地可以视为（   ）。

    A. 原告所在地   B. 被告所在地

    C. 侵权结果所在地   D. 侵权行为地

3. 2017 年 8 月 18 日（   ）挂牌成立，成为全国第一家集中审理涉网案件的试点法院。

    A. 北京互联网法院   B. 杭州互联网法院

    C. 上海互联网法院   D. 深圳互联网法院

4. 《刑法》规定：已满（   ）周岁的人犯罪，应当负刑事责任，称完全刑事责任年龄。

    A. 14   B. 16

    C. 18   D. 男性 22、女性 20

5. 以下不属于我国《刑法》规定的主刑的是（   ）。

    A. 管制、拘役   B. 有期徒刑、无期徒刑

    C. 驱逐出境、没收财产   D. 死刑

二、多选题

1. 电子商务活动当事人之间发生争议的，可以通过（   ）等方式解决。

    A. 协商和解   B. 请求消费者组织调解

    C. 向有关部门投诉   D. 向人民法院提起诉讼

2. 网络庭审是指将涉及网络的案件从现有审判体系中剥离出来，充分依托互联网技

术,完成（　　　　）裁判、执行全流程在线化,实现便民诉讼,节约司法资源。

    A. 起诉   B. 立案   C. 举证   D. 开庭

3. 电子商务交易违约责任的基本形式包括（　　　　）。

    A. 继续履行   B. 采取补救措施

    C. 赔偿损失   D. 支付违约金和定金罚则

4. 电子商务在线争议解决机制包括（　　　　）。

    A. 商品或服务质量担保机制   B. 消费者权益保证金机制

    C. 先行赔偿责任机制   D. 电子商务经营者的投诉举报机制

5. 常见的电子商务争议在线解决方式有（　　　　）。

    A. 在线协商和解   B. 在线调解

    C. 在线行政投诉   D. 在线仲裁和网络庭审

三、判断题

1. 违约责任的承担遵循无过错责任原则、赔偿原则和全面履行原则。（　　　）

2. 没收违法所得是国家对行政违法行为人的谴责和告诫,是国家对行为人违法行为所作的正式否定评价。（　　　）

3. 对于电子商务犯罪行为,应当依据《刑法》予以刑事处罚,即刑罚。刑罚分为主刑和附加刑。（　　　）

4. 在线仲裁是在线争议解决方式中程序最复杂,也最正式的一种争议解决途径。
（　　　）

5. 诉讼是电子商务争议解决的重要方式与终极保障。（　　　）

四、案例题

    幸福久久公司在某电商平台商铺发布销售一批市场价格在 4 000 元以上的裸钻。然而,由于工作人员马虎,商品上架时价格仅标注为 1 000 元。发现错误后,工作人员紧急将价格修改为定金。但系统显示,13 分钟内仍然产生了 67 笔订单并已经付款。幸福久久公司觉得,如此火爆的订购很不正常,可能"遇到了团伙敲诈"。众多顾客向该电商平台投诉,还有的向上海市消保委投诉,称"购买时商家未写明定金,付款后反悔,篡改订单详情页面,这已属于欺诈行为"。随后,该电商平台根据规则对顾客进行了补偿,并冻结了幸福久久公司的商铺。幸福久久公司认为,该电商平台此举严重损害了自己的商誉并造成经济损失,遂向法院起诉,请求判令该电商平台赔偿并退还相关钱款,同时要求解除双方合同。

    1 号店辩称,顾客通过正常流程下单购买,没有看出有恶意敲诈的情况。幸福久久公司未履行按期发货义务,也没有与顾客协商解决,按照该电商平台延迟发货的规则需按货款的 30% 对买家予以赔偿。同时,根据该电商平台规则,平台进行了冻结店铺的处罚,损失应由店铺自行承担。据此,该电商平台表示不同意赔偿,但同意解除合同,平台管理费不退,同意保证金剩余部分、营业款以及广告费余额在双方解除合同后退还。

请分析:

1. 商家幸福久久公司的"恶意订单说辞"能否成立? 谈谈你的分析和理由。

2. 该电商平台是否具有冻结幸福久久公司商铺的权利? 其权利源自何种法律事实和基础?

参考文献

[1] 王庆春,刘溪,王晓亮.电子商务法律法规(第三版).北京:高等教育出版社,
     2022.

[2] 杨合庆.中华人民共和国网络安全法释义.北京:中国民主法制出版社,2017.

[3] 杨立钒,万以娴.电子商务安全与电子支付(第四版).北京:机械工业出版社,
     2020.

[4] 王迁.知识产权法教程(第七版).北京:中国人民大学出版社,2021.

[5] 韩旭,崔今丹.跨境电子商务与知识产权保护.北京:电子工业出版社,2020.

[6] 刘志慧,高慧云,戚会庆.电子商务法律法规.北京:清华大学出版社,2015.

[7] 韩晓平.电子商务法律法规(第五版).北京:机械工业出版社,2024.

[8] 朱晓娟.电子商务法(第二版).北京:中国人民大学出版社,2024.

[9] 孙祥和.电子商务法律实务(第四版).北京:中国人民大学出版社,2024.

[10] 罗佩华,魏彦珩,张冠男,邵莉莉.电子商务法律法规(第三版).北京:清华大学
     出版社,2019.

[11] 电子商务法起草组.中国电子商务法律法规政策汇编.北京:中国法制出版
     社,2018.

[12] 全国人大财经委员会电子商务法起草组.中华人民共和国电子商务法条文释
     义.北京:法律出版社,2018.

[13] 电子商务法起草组.中华人民共和国电子商务法解读.北京:中国法制出版
     社,2018.

▌主编简介

赵莉,中共党员,武汉大学信息管理专业毕业,博士,管理学教授,现任广东科学技术职业学院商学院副院长。广东省优秀青年教师,广东省珠海市金湾区产业发展智库专家,从事电子商务、国际贸易、知识产权管理相关教学与研究工作,主持、参加多项省市级科研与教改课题,出版多部专著、教材,发表论文20多篇。

翟小可,中共党员,管理科学与工程专业硕士研究生,副教授,信息系统项目管理师。现任广东科学技术职业学院商学院教师,从事电子商务相关教学与研究工作,荣获教学能力比赛省级奖项多项,主持、参加多项省级教科研项目,发表论文多篇。

郑重声明

高等教育出版社依法对本书享有专有出版权。任何未经许可的复制、销售行为均违反《中华人民共和国著作权法》，其行为人将承担相应的民事责任和行政责任；构成犯罪的，将被依法追究刑事责任。为了维护市场秩序，保护读者的合法权益，避免读者误用盗版书造成不良后果，我社将配合行政执法部门和司法机关对违法犯罪的单位和个人进行严厉打击。社会各界人士如发现上述侵权行为，希望及时举报，我社将奖励举报有功人员。

反盗版举报电话　(010) 58581999　58582371

反盗版举报邮箱　dd@hep.com.cn

通信地址　北京市西城区德外大街 4 号
　　　　　高等教育出版社知识产权与法律事务部

邮政编码　100120

读者意见反馈

为收集对教材的意见建议，进一步完善教材编写并做好服务工作，读者可将对本教材的意见建议通过如下渠道反馈至我社。

咨询电话　400-810-0598

反馈邮箱　gjdzfwb@pub.hep.cn

通信地址　北京市朝阳区惠新东街 4 号富盛大厦 1 座
　　　　　高等教育出版社总编辑办公室

邮政编码　100029

防伪查询说明

用户购书后刮开封底防伪涂层，使用手机微信等软件扫描二维码，会跳转至防伪查询网页，获得所购图书详细信息。

防伪客服电话　(010) 58582300

网络增值服务使用说明

授课教师如需获取本书配套教辅资源，请登录"高等教育出版社产品信息检索系统"（xuanshu.hep.com.cn），搜索本书并下载资源。首次使用本系统的用户，请先注册并完成教师资格认证。

高教社高职电子商务专业教师交流及资源服务 QQ 群：218668588